国家文化产业资金支持媒体融合重大项目

高等职业教育教学改革融合创新型教材·旅游类

U0648744

LÜYOUXUE GAILUN

旅游学概论

第五版

夏正超 主编 | 罗冬梅 副主编

东北财经大学出版社
Dongbei University of Finance & Economics Press

大连

图书在版编目（CIP）数据

旅游学概论 / 夏正超主编．—5版．—大连：东北财经大学出版社，
2022.12

（高等职业教育教学改革融合创新型教材·旅游类）
ISBN 978-7-5654-4700-6

Ⅰ．旅…　Ⅱ．夏…　Ⅲ．旅游学-高等职业教育-教材　Ⅳ．F590

中国版本图书馆CIP数据核字（2022）第218873号

东北财经大学出版社出版
（大连市黑石礁尖山街217号　邮政编码　116025）
网　　　址：http://www.dufep.cn
读者信箱：dufep@dufe.edu.cn

大连天骄彩色印刷有限公司印刷　东北财经大学出版社发行
幅面尺寸：185mm×260mm　　　字数：346千字　　　印张：16.75
2022年12月第5版　　　　　　　2022年12月第1次印刷
责任编辑：魏　巍　　　　　　　　　　责任校对：宋雪凌
封面设计：冀贵收　　　　　　　　　　版式设计：原　皓

定价：38.00元

教学支持　售后服务　联系电话：（0411）84710309
版权所有　侵权必究　举报电话：（0411）84710523
如有印装质量问题，请联系营销部：（0411）84710711

富媒体智能型教材出版说明

"财经高等职业教育富媒体智能型教材开发系统工程"入选国家新闻出版广电总局新闻出版改革发展项目库，并获得文化产业专项资金支持，是"国家文化产业资金支持媒体融合重大项目"。项目以"融通""融合""共建""共享"为特色，是东北财经大学出版社积极落实国家推动传统媒体与新媒体融合发展的重要举措之一。

"财济书院"智能教学互动平台是该工程项目建设成果之一。该平台通过系统、合理的架构设计，将教学资源与教学应用集成于一体，具有教学内容多元呈现、课堂教学实时交互、测试考评个性设置、用户学情高效分析等核心功能，是高校开展信息化教学的有力支撑和应用保障。

富媒体智能型教材是该工程项目建设成果之二。该类教材是我社供给侧结构性改革探索性策划的创新型产品，是一种新形态立体化教材。富媒体智能型教材秉持严谨的教学设计思想和先进的教材设计理念，为财经职业教育教与学、课程与教材的融通奠定了基础，较好地避免了传统教学模式和单一纸质教材容易出现的"两张皮"现象，有助于教学质量的提高和教学效果的提升。

从教材资源的呈现形式来说，富媒体智能型教材实现了传统纸质教材与数字技术的融合，通过二维码建立链接，将VR、微课、视频、动画、音频、图文和试题库等富媒体资源丰富地呈现给用户；从教材内容的选取整合来说，其实现了职业教育与产业发展的融合，不仅注重专业教学内容与职业能力培养的有效对接，而且很好地解决了部分专业课程学与训、训与评的难题；从教材的教学使用过程来说，其实现了线下自主与线上互动的融合，学生可以在有网络支持的任何地方自主完成预习、巩固、复习等，教师可以在教学中灵活使用随堂点名、作业布置及批改、自测及组卷考试、成绩统计分析等平台辅助教学工具。

富媒体智能型教材设计新颖，一书一码，使用便捷。使用富媒体智能型教材的师生首先下载"财济书院"App或者进入"财济书院"（www.idufep.com）平台完成注册，然后登录"财济书院"，输入教材封四学习卡中的激活码，建立或找到班级和课程对应教材，就可以开启个性化教与学之旅。

"重塑教学空间，回归教学本源！""财济书院"平台不仅仅是出版社提供教学资源和服务的平台，更是出版社为作者和广大院校创设的一个教学空间，作者和院校师生既是这个空间的使用者和消费者，也是这个空间的创造者和建设者，在这里，出版社、作者、院校共建资源，共享回报，共创未来。

最后，感谢各位作者为支持项目建设所付出的辛劳和智慧，也欢迎广大院校在教学中积极使用富媒体智能型教材和"财济书院"平台，东北财经大学出版社愿意也必将陪伴广大职业教育工作者走向更加光明而美好的职教发展新阶段。

东北财经大学出版社

第五版前言

近年来，我国旅游交通突飞猛进，旅游数字化发展愈演愈烈，文旅融合发展深入推进，旅游业态不断变革，旅游发展模式不断创新，旅游供给水平和供给能力显著提升；同时，旅游消费需求不断变化，人们对休闲度假游、文化体验游、健康娱乐游等的需求比重不断增加，微旅游、微度假、自驾旅游、定制旅游成为新的时尚。旅游业已经成为国民经济的战略性支柱产业，具有重要的经济价值、生态价值、社会价值。新时代旅游业新的价值将更加凸显，"文因景传，景因文显"，旅游不断传播文化、增进文明，满足人们更高层次的文化和精神需求。中国旅游的国际影响力不断凸显，旅游外交已经上升为国家战略，中国旅游业正在走向世界舞台的中央。党的二十大报告明确提出："坚持以文塑旅、以旅彰文，推进文化和旅游深度融合发展。"这标志着党中央对文化和旅游工作又提出了新的更高要求，也表明文化和旅游融合发展前景广阔、大有可为。

旅游业的品质发展和世界旅游强国建设，需要数以万计的高素质旅游人才，旅游高等职业教育在培养高素质应用型人才方面做出了巨大的贡献。"旅游学概论"是旅游大类专业学生了解旅游及相关知识的基础课程，对旅游知识和技能的传授，以及学生正确世界观、人生观、价值观的树立具有重要的作用。《旅游学概论》一书自出版以来，受到了广大师生的喜爱，为了保持内容的新颖准确，强化教材"三全育人"实效，我们对本书进行了第四次修订。本次修订力图将理论性与实践性、知识性与趣味性、系统性与碎片化的资源相结合，使读者能够在学习中轻松自如地掌握旅游学的相关理论和知识。具体来说，本次修订体现了以下几个特点：

1. 融入思政元素，落实立德树人

"育人"先"育德"，注重传道授业解惑、育人育才的有机统一，一直是我国教育的优良传统。本书坚持立德树人、德技并修，以社会主义核心价值观为引领，将专业精神、职业精神和工匠精神融入教材内容。例如，在各章"学习目标"中增加有关思政内容的目标；新设"育德启智"二维码，深入挖掘爱国情怀、工匠精神、文明意识等思政元素，通过具有鲜明时代特色的思政案例，教育引导学生热爱祖国，热爱旅游事业，从而不断提高学生的思想道德素养，提高学生服务国家、服务人民的社会责任感，坚定中国特色社会主义道路自信、理论自信、制度自信、文化自信，努力实现职业素养养成和专业技术积累的高度融合。

2. 坚持职教特色，紧跟产业发展

本书坚持校企双元合作开发，编写团队深入企业进行调研，紧密对接产业升级和技术变革趋势，及时将旅游业发展的新技术、新规范、新趋势、典型生产案例纳入教材内容，以反映旅游从业者的职业能力要求。例如，新设"旅游广角"二维码，将冰雪旅游、红色旅游、智慧旅游、旅游大数据、国家公园建设、文旅融合、新冠肺炎疫情影响下旅游业的转型升级等内容充实到教材中，使学生了解旅游业日新月异的发展，提高解决旅游工作中的实际问题的能力。

3.链接数字资源，丰富学习体验

本书围绕深化教学改革和职业教育数字化转型的发展需求，充分运用现代信息技术改进教学方式，配套丰富的数字资源，主要包括"旅游广角""育德启智""课堂互动""边听边学""在线测评"等，并用二维码的形式呈现，以加深学生对相关知识的了解和掌握，丰富学生的学习体验。

本书由浙江工贸职业技术学院夏正超担任主编，浙江工贸职业技术学院罗冬梅担任副主编。具体编写分工如下：夏正超编写第1章至第7章；罗冬梅编写第8章至第10章。

本书在修订过程中参考和借鉴了相关旅游研究者的观点和文章，在此一并表示感谢。由于编者水平有限，疏漏与不足之处在所难免，敬请各位读者批评和指正。

编 者

2022年11月

目 录

数字资源目录

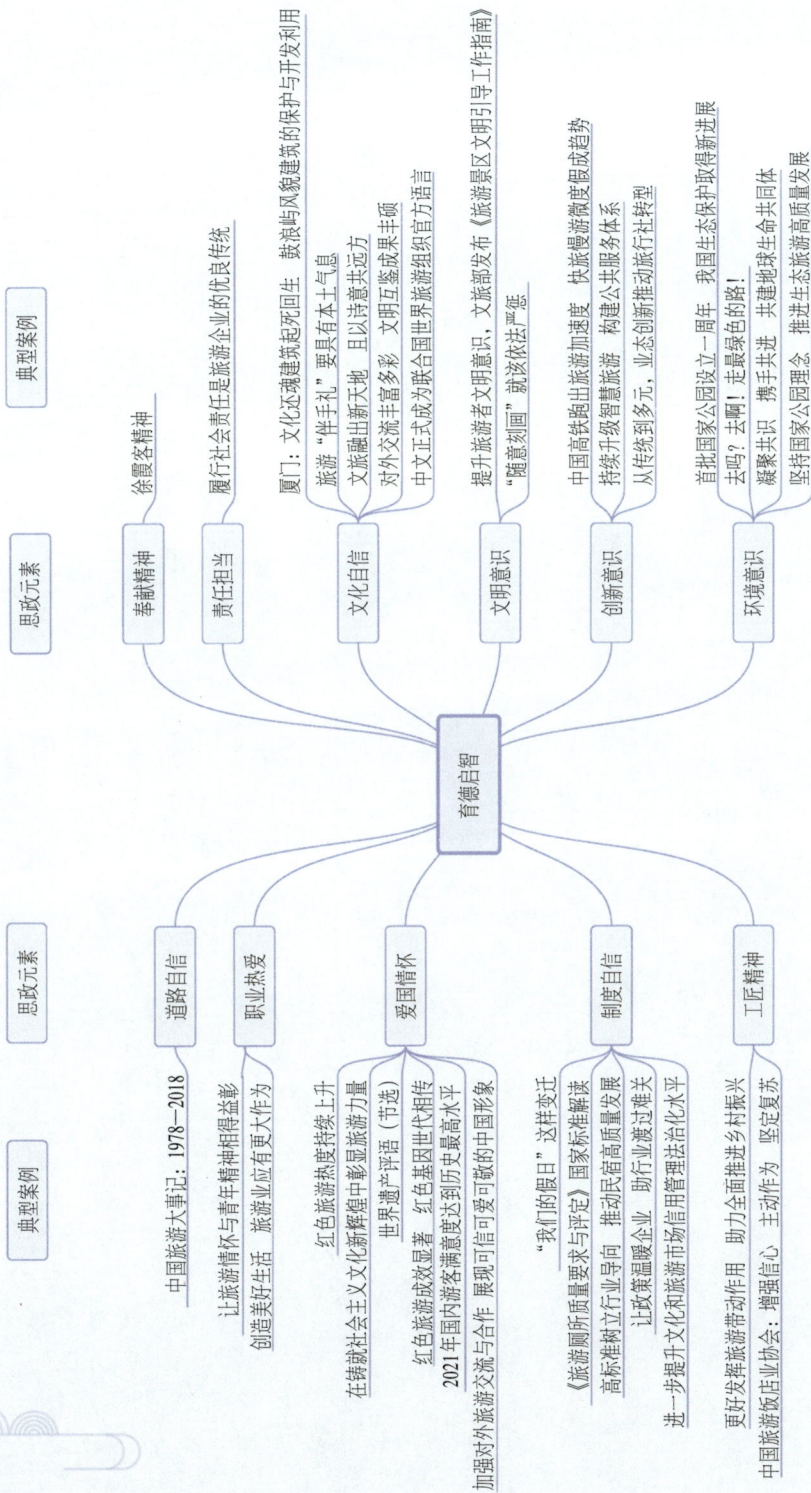

典型案例　　思政元素　　　　　育德启智　　　　　思政元素　　典型案例

育德启智

奉献精神
- 徐霞客精神

责任担当
- 履行社会责任是旅游企业的优良传统

文化自信
- 厦门：文化还魂 建筑起死回生 鼓浪屿风貌建筑的保护与开发利用
- 旅游"伴手礼" 要员有本土气息
- 文旅融出新天地 日以诗意共远方
- 对外交流丰富多彩 文明互鉴成果丰硕
- 中文正式成为联合国世界旅游组织官方语言

文明意识
- 提升旅游者文明意识，文旅部发布《旅游景区文明引导工作指南》
- "随意刻画" 救该依法严惩

创新意识
- 中国高铁跨出旅游加速度 快旅慢游度假成相势
- 持续升级智慧旅游 构建公共服务体系
- 从传统到多元，业态创新推动旅行业转型

环境意识
- 首批国家公园设立一周年 我国生态保护取得新进展
- 去吗？去啊！走最绿色的路！
- 凝聚共识 携手共进 共建地球生命共同体
- 坚持国家公园理念 推进生态旅游高质量发展

道路自信
- 中国旅游大事记：1978—2018
- 让旅游情怀与青年精神相得益彰
- 创造美好生活 旅游业应有更大作为

职业热爱
- 红色旅游热度持续上升
- 在铸就社会主义文化新辉煌中彰显旅游力量

爱国情怀
- 世界遗产评语（节选）
- 红色基因世代相传
- 2021年国内游客满意度达到历史最高水平
- 加强对外旅游交流与合作 展现可信可爱可敬的中国形象

制度自信
- "我们的假日" 这样变迁
- 《旅游圈所质量要求与评定》国家标准推解读
- 高标准树立行业导向 推动民宿高质量发展
- 政策暖温企业 助行业渡过难关
- 进一步提升文化和旅游市场信用管理法治化水平

工匠精神
- 更好发挥旅游带动作用 助力全面推进乡村振兴
- 中国旅游饭店业协会：增强信心 主动有为 坚定复苏

第1章

旅游学概述

【学习目标】

1. 了解国际、国内旅游学的发展历史和研究现状；
2. 掌握旅游学的研究对象和研究内容；
3. 熟悉旅游学的学科体系及研究方法；
4. 提升对本专业的理解和热爱，强化旅游青年的使命感，为实现人民的美好生活而不断努力。

【知识导图】

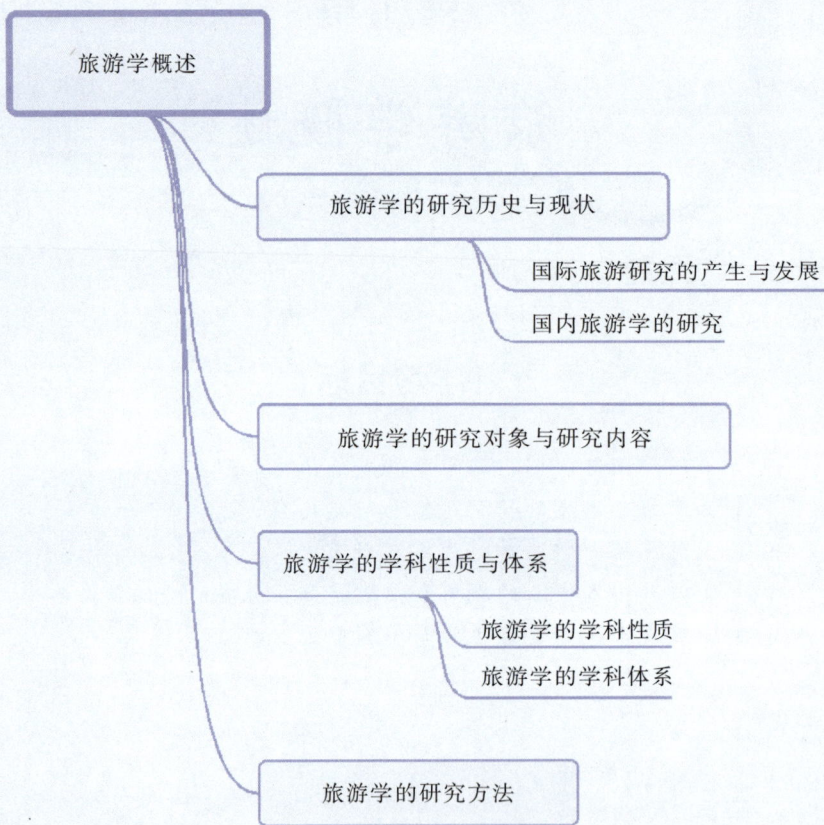

旅游学概述
旅游学的研究历史与现状
国际旅游研究的产生与发展
国内旅游学的研究
旅游学的研究对象与研究内容
旅游学的学科性质与体系
旅游学的学科性质
旅游学的学科体系
旅游学的研究方法

∽◦ 引 例 ◦∽

旅游的本质

旅游是人成长和成熟的一个重要途径。然而，并非所有的旅游活动都能让人诗意地栖居，这要看旅游是否具有旅游性，旅游本身是否有诗意。无诗意的旅游也是大量存在的，那些没有诗意和艺术经验的旅游，那些只是去远让景观来照面而远离旅游本性的旅游，都不是诗意的旅游。诗意的旅游是要让旅游者体验到与繁忙的日常生活世界完全不同的存在状态，是让旅游者体验到世界本来的样子，而不是换个地方体验另一种现代科技生活与智能生活。

诗意的旅游让人不断成长、不断成熟。人每一次出行，都可能是一次走向诗意的生活，诗意的生活是人逃离繁忙世界所追求的基本目标，是人生命质量提升、获得幸福感的重要表现。若一个人经常逃离繁忙，旅行频次较高，就容易获得诗意的人生。旅游的终极目的是什么？是寻找一个人的诗意的存在。诗意的存在，是一个人在旅行中悟道、寻找到自我、认识到自我存在的价值的过程。所以，旅游就是人生的幸福之源、教育之本、成长之基。

所以，旅游的本质是人诗意地栖居，这既是旅游的原动力，也是旅游的目标。如果将旅游视为每个人毕生的修行，人就是在这样的修行中慢慢悟道、慢慢发现自我的过程。

资料来源　杨振之.再论旅游的本质［J］.旅游学刊，2022，37（4）.

思考：阅读上面的文章，思考旅游的本质。

分析：让旅游重新回到生活世界，在生活世界中认识旅游的本质；让旅游回到人的存在性，从生活世界"烦"的生存机制中探讨旅游的起源和动力；旅游是去远，去远本质上不是空间的移动，是人生活在这个世界上的本质，旅游的终极目标是寻找到本真的自我，在旅游中，人显现自身，澄明自身，获得自我的觉悟，认识到自我存在于世的价值。

作为一门研究意义重大且成分复杂的产业的学科，旅游学的任务十分艰巨。研究人员需要站在时代前列，了解旅游的产业地位和经济作用，从全局意义上把握旅游对经济、文化和社会的影响，探索旅游业面临的机遇与挑战，有预见性地制定旅游业的发展规划。总体来说，旅游学是研究旅游以及旅游业的发展历史和运动规律的科学。旅游学的研究任务是认识、了解旅游活动及与旅游活动有关的各种社会现象。

1.1　旅游学的研究历史与现状

社会实践是科学的先导。长期的实践活动必然会产生相应的科学，这是科学发展的必然规律，也是社会实践的客观要求。旅游学就是在旅游实践活动漫长发展历史的基础上应运而生的。

旅游活动古已有之，但在相当长的历史时期内，人们对这一活动的认识仅限于肤浅的现象描述，还没有上升到理论的高度。19世纪末至20世纪初，旅游业作为一个朝阳产业在西方一些发达国家获得迅猛发展，并成为这些国家的重要经济来源。同时，旅游业在国民经济中，尤其是在平衡国际收支关系的过程中，发挥着日益重要的作用。旅游活动和旅游业已开始引起人们的广泛关注，一些学者开始探寻旅游活动和旅游业发展的规律性，并逐步展开了较系统的旅游研究。

1.1.1　国际旅游研究的产生与发展

国际旅游研究的产生与发展可分为三个阶段。

1）旅游的经济研究阶段（19世纪末至20世纪60年代）

旅游研究之所以兴起，最初的和最重要的原因是旅游活动和旅游业给人们带来了显著的经济效益。因此，旅游研究发端于旅游经济研究，即从经济学的角度去研究旅游问题。1899年，意大利政府官员博迪奥（Bodio）发表了《关于在意大利的外国旅游者的流动及其花费》一文，对本国的旅游经济影响进行了研究。1927年，另一位意大利人——罗马大学经济学教授马里奥蒂公开出版了《旅游经济讲义》一书，其内容不仅限于国际旅游，还涉及国内旅游状况、旅游统计、旅游代理商等问题，该书被认为是对旅游经济进行系统化研究的第一次尝试。20世纪30年代，欧洲的旅游研究曾出现过几个小高潮，先后有多部旅游研究著作问世。其中，影响最大的是英国人奥格尔维所著的《旅游活动》（1933）和德国学者格吕克斯曼所著的《旅游业概论》（1935）两部著作。前者用数学统计方法科学地研究了旅游者的流动规律，并从经济学的角度给旅游者下了定义；后者不仅研究了旅游的经济作用，还研究了旅游的社会影响，并指出旅游政策和旅游宣传是促进旅游业发展的重要手段。与此同时，在大西洋另一岸的美国，旅游研究和旅游教育也取得了很大的发展。1922年，应美国饭店协会的请求，康奈尔大学创办了四年制的饭店管理学院，这是一个创举。到1945年，这个学院已成为一个完全独立的教育和学术部门，专门从事有关旅游业发展及管理的研究和教学工作。

第二次世界大战期间，受战争的影响，旅游活动和旅游业受到了极大的限制，旅游研究也步入低谷。第二次世界大战以后，随着世界政治形势的逐步稳定和世界经济的恢复与发展，旅游活动和旅游业也迅速发展起来。各国政府对旅游业的经济作用更加重视，旅游研究因此获得了前所未有的发展。德国学者克拉普特在《旅游消费》（1954）一书中对旅游消费的动力和过程进行了专题研究。意大利学者特罗伊西在《旅游及旅游收入的经济理论》（1955）一书中，对旅游经济的概念、旅游收入及旅游经济效益进行了较深入的论述。在亚洲，第二次世界大战后的日本也非常重视旅游业的发展及旅游研究，不少高等院校都设置了旅游专业和旅游研究机构。1950年，日本著名学者田中喜一教授所著的《旅游事业论》出版，该书从经济学的角度研究了国际旅游，在日本的旅游研究中具有开创意义和重要的学术地位。

旅游的经济研究为旅游业的发展提供了理论上的指导，也为旅游学的形成奠定了良好的基础。

2）旅游研究的全面发展和旅游学的形成阶段（20世纪70至80年代）

从20世纪60年代末期开始，尤其是进入70年代以后，国际旅游业在世界范围内呈现出了越来越广阔的发展前景，旅游研究也得到了空前的发展和深化。旅游活动渗透到各个领域，旅游研究的范围也不仅仅限于旅游经济，而是朝着多学科性的方向发展。各种学科都从不同的侧面来研究旅游，形成了一个个相对独立的旅游学科，如旅游经济学、旅游市场学、旅游地理学、旅游心理学、旅游社会学、旅游美学及饭店管理学等。这些学科以"旅游"为中心，以"旅游"为纽带，相互联系、相互补充，共同组成了一个较为完整的学科体系——旅游学。

20世纪70年代，美国学者德伯格所著的《旅游业》一书，对旅游业的各个方面，特别是经营管理方面进行了比较完整的论述。美国学者罗伯特·麦金托什和夏希肯特·格波特合著的《旅游学——要素·实践·基本原理》一书，则是一本体系较为完整、理论性较强的旅游学教科书。在该书的前言中，作者指出："'旅游学'这个概念，不仅包含了交通运输、旅馆住宿、饭店食品等因素，而且包含了科学、艺术和经济的概念。"该书是一部具有权威性和综合性的旅游学著作，对旅游学的形成做出了突出贡献。1975年，日本学者盐田正志所著的《观光学研究》出版。在该书中，作者认为作为应用科学范畴的旅游学，可以包括旅游经济学、旅游营销学、旅游地理学、旅游社会学、旅游心理学等。1979年，另一位日本学者前田勇主编的《观光概论》一书出版，书中对现代旅游的要素和特点、旅游资源的开发、旅游业的形成、旅游政策和旅游组织等方面进行了全面论述，具有现代旅游学的基本体系。

3）旅游学的综合研究阶段（20世纪90年代至今）

旅游学虽已初步形成，并得到了社会的认可，但是其缺陷也是显而易见的。与其他学科相比，旅游学缺乏一个综合的、有机统一的理论和方法体系，因此必须深入开展有关旅游的综合研究。这是旅游学发展的要求，也是旅游业得以持续、健康发展的保证。目前，这方面的工作已经开始，还有许多问题需要我们去探索。

1.1.2　国内旅游学的研究

我国的旅游研究起步较晚，在1978年以前，旅游在我国仅仅与外事接待和国内公务活动联系在一起。因此，旅游研究也未真正发展起来。以1978年党的十一届三中全会为契机，旅游业同其他行业一样，在我国得到迅速发展，与此相适应的旅游研究和旅游教育也蓬勃发展起来。40多年来，我国的旅游研究取得了重大进展，涌现出了一批优秀的旅游研究者与实践者，产生了一批有影响力的旅游研究期刊，众多旅游学术交流活动为旅游研究者搭建了交流沟通的平台。同时，大量专题论文和专著先后问世，内容涉及我国旅游业发展的各个方面，既促进了旅游学的发展，也对实际工作起到了一定的指导作用。需要特别指出的是，李经龙等以2006—2015年人大复印资料《旅游管理》转载的1 607篇文献为样本，探讨了我国在上述十年间旅游研究的热点。结果发现：①研究热点主要集中在旅游业、旅游资源、入境旅游、旅游产业、旅游目的地、旅行社、旅游企业、可持续发展、旅游开发等方面。其中，旅游业、旅游资源、旅游企业、旅游目的地和旅游产业等主题研究领域一直是学者们持续关注的重点，并且贯穿了整个旅游发展阶段。每个研究主题都涉及众多方面，各个研究领域不断发现新问题、适应新情况，共同构成了我国旅游学科的研究框架和基本体系。②热点型、实证型和创新型的文章更受《旅游管理》青睐。首先，研究成果是随着旅游发展阶段的热点事件、政策法规和前沿问题等的变化而改变的；其次，我国的旅游研究不再只注重定性描述分析、理论和现状的解释说明等，而是在定性分析的基础上运用案例进行实证分析；最后，学者们不断从技术创新、视角创新、理论创新等方面进行深入研究，并且取得了一定数量的研究成果。①

旅游广角1-1

中国旅游
研究院

目前，我国的旅游研究工作正在向一个新的高度迈进，具体体现在三个"转变"上：一是由以单兵作战为主向以群体攻关为主转变；二是由回顾、总结、翻译向探索有中国特色的新的旅游学理论转变；三是旅游科研成果由宣传教育普及型向开发、设计、规划型转变。这三个"转变"的实现标志着我国旅游学的理论和方法逐步趋于成熟。

当然，我国的旅游研究工作还面临不少困难和问题。例如，旅游研究还不能满足实践发展的需要，存在着理论落后于实践的现象；现代科学研究中的大量新方法、新工具在旅游研究中的运用有待加强；旅游研究在思维方法上多是归纳性和总结性的，推理性和演绎性的很少等。有效解决这些问题是我国旅游研究面临的紧迫任务。

课堂互动1-1

答案提示

课堂互动1-1

综观国内外旅游学的研究历程，思考两者之间的相同点。

1.2　旅游学的研究对象与研究内容

任何一门学科都有其特定的研究领域和研究对象。正如毛泽东同志所指出的："对于某一现象的领域所特有的某一种矛盾的研究，就构成某一门科学的对象。"就旅游学来讲，旅游活动及与旅游活动有关的各种社会现象所特有的规律性的东西，就是旅游学的研究对象。

旅游是一项由人的主观意志及其他有关的客观条件共同引发的社会活动，是一种

---

　　① 李经龙，王亚茹，周金陵，等. 近十年我国旅游研究热点分析——基于人大复印资料《旅游管理》（2006—2015）转载文献的统计［J］. 广州大学学报（社会科学版），2017，16（6）.

综合性的社会现象。这一活动的实现或现象的发生，有三个方面的要素是不可或缺的：一是旅游主体，即旅游者；二是旅游客体，即旅游对象，或称旅游资源；三是连接主体与客体的旅游媒体，即现代意义上的旅游业。旅游主体、旅游客体和旅游媒体三者之间相互联系、相互影响、相互制约，共同构成了一个综合性的矛盾统一体——旅游活动，或称旅游现象。旅游学就是以这个矛盾统一体为研究对象，研究其产生、发展及运行的一般规律的科学。由此可见，旅游学的研究对象是十分复杂的，这就决定了旅游学本身的内容必然是非常广泛的。

关于旅游学的研究内容，归纳起来主要有以下几个方面：

①旅游发展史。旅游不是人类本能的、随意的行动，其产生和发展需要一定的社会经济条件。在不同的时代，旅游活动具有不同的特征。旅游发展史是人类社会发展史的一部分，研究旅游发展史，有助于揭示旅游的社会性质，认识旅游的经济意义和社会影响。有关旅游发展史的研究形成了旅游学的分支学科之一——旅游史学。

②旅游活动的基本要素以及各要素之间的关系。旅游是由旅游主体、旅游客体和旅游媒体三个要素构成的。旅游资源是旅游的客体，是旅游活动的客观基础，但旅游资源只有与一定的旅游主体——旅游者相结合，成为旅游者游览、审美的对象，其价值才能体现出来，其效益才能发挥出来。使二者联系在一起的就是旅游媒体，即旅游业。传统旅游业包括的范围很广，主要有旅行社、旅游交通和酒店餐饮等，但随着现代社会经济的发展，会展业、休闲产业等逐渐被旅游业所吸收，成为现代旅游业的重要组成部分。研究旅游活动的各要素及其相互关系，是旅游学的根本任务和中心内容，整个旅游学的学科体系也是围绕着这个中心逐步展开的。有关旅游活动的基本要素以及各要素之间关系的研究形成了旅游学的多个分支学科，如旅游资源学、旅游美学、旅游心理学、旅游企业管理（包括旅行社管理、酒店管理等）学、旅游经济学、旅游市场学、旅游休闲学、旅游人类学等。

③旅游与文化及旅游与社会。旅游既是一种社会经济现象，又是一种社会文化现象。旅游业的发展，必然会对社会政治、经济和文化产生广泛的影响。这种影响既有积极的，也有消极的。因此，还要注意研究发展旅游业、开展旅游活动可能产生的各种社会效应，并制定出扩大其积极影响和抑制其消极影响的措施，以保证旅游业的健康发展。有关旅游与文化及旅游与社会的研究形成了旅游文化学、旅游社会学、旅游行为学等多个分支学科。

④旅游地理现象。任何旅游活动，都发生在一定的地点或地域范围之内。从这个意义上来讲，旅游是一种地理现象，必然要遵循一定的地理规律。因此，旅游地理研究是旅游研究的重要途径之一。有关旅游地理现象的研究形成了旅游学的重要分支学科之一——旅游地理学，其具体内容包括旅游地的地理描述（包括文字的和图像的描述）、旅游区（包括旅游功能区）的划分、旅游流量的预测、旅游区域的形态学分析及地理规划设计等。

⑤旅游行政组织和旅游政策法规。旅游业是一个政策性很强的行业，旅游业的发展涉及政治、经济、文化等许多方面，是一项复杂的系统工程，必须建立一整套旅游

行政组织体系。该体系中应包括旅游工作的管理者、组织者、指导者，以及旅游政策的策划者、制定者、实施者。那么，应当如何设立旅游行政组织呢？应当如何制定旅游方针政策呢？这些问题能否有效解决对于一个国家或地区旅游业的发展具有重要的影响，因此旅游行政组织和旅游政策法规也是旅游学重要的研究内容之一。有关旅游行政组织和旅游政策法规的研究形成了旅游学的多个分支学科——旅游管理学、旅游规划学、旅游产业政策、旅游法学等。

⑥旅游实务。旅游业是一个实务操作性很强的产业，是在长期的旅游实践活动基础上产生的。可以说，没有旅游实践，就没有旅游业，也就没有旅游学。因此，旅游实务是旅游研究的重要内容之一。旅游实务的内容主要包括导游、旅行社计调、旅游市场营销、旅游会计、旅游服务、旅游统计和信息咨询、旅游公共关系、旅游景点开发与规划、旅游设施的装备与运转等。这些内容都有一定的规律性，都需要一定的理论、方法加以指导。有关旅游实务的研究形成了导游学、旅行社计调学、旅游市场营销学、旅游会计学、旅游服务学、旅游统计学、旅游公共关系学、旅游规划学等多个分支学科。

⑦随着现代信息技术的发展（如人工智能、大数据、元宇宙等），以及旅游新业态的不断涌现（如旅游+康养、旅游+体育、旅游+休闲农业等），计算机科学、医学、体育学、农学等学科也被纳入了现代旅游学的研究视野，相应形成了旅游学的新的研究内容。

综上所述，旅游学的研究内容是极其复杂的，可以说，旅游学是一门崭新的综合性的交叉学科。对旅游活动和旅游业的研究需要借助其他学科；反过来，旅游学的形成和发展又对其他学科的旅游研究提出了要求，提供了动力，指明了方向。从这个意义上讲，旅游学和其他学科的旅游研究之间是一种相辅相成、相互促进的关系。目前，其他学科对旅游的研究还处于初级阶段，还存在一些概念上的重叠和研究资料上的重复现象，从而导致旅游学的研究出现了概念模糊、内容混乱等问题，这是新学科在研究发展过程中不可避免的，我们不能因此对旅游学的研究产生怀疑。事实上，随着旅游业的日益兴旺和繁荣，旅游研究必将进一步深入和发展，旅游学也必将逐步走向完善和成熟。这是旅游学发展的必然趋势，也是摆在各国旅游学者面前的一项重要而紧迫的任务。

课堂互动 1-2

从旅游管理各个要素的角度考虑，旅游学应该研究哪些内容？

课堂互动1-2

答案提示

1.3　旅游学的学科性质与体系

旅游学的学科体系建设是旅游学术界讨论较多的一个问题。那么，什么是学科（discipline）？一门新学科的出现需要什么条件？英国教育学家赫斯特（Hirst）认为，学科就是"采用公众已接受的符号，将我们的经验结构化的一种独特方式"。他提出，一门学科的成立需要满足以下四个条件：

①它必须具有一系列相互关联的概念，就像物理学的核心概念——重力、热、光和加速度一样；

②这些概念要形成一个独特的逻辑结构；

③它的命题或陈述都是经过经验检验的（以本学科特有的标准）；

④它是不可化约的，即它不可能再分解下去，是基本材料。每一门学科代表一种分析外部世界并形成概念的方法，都呈现一套概念、理论和通过研究项目和研究方法来促进学科进步的方式。①

用以上标准来衡量我国的旅游学科，"我们必须承认，旅游学科至今还没有最终形成"（谢彦君，1999）。虽然"旅游学"这一概念早在1988年就已在我国出现，旅游学作为一门新兴学科也已基本形成，但是将旅游学发展成一个成熟的学科体系，还需要长期艰苦的努力。

旅游广角1-2

旅游学与
旅游专业

1.3.1　旅游学的学科性质

认识旅游学的学科性质，不仅可以解决旅游学的归属问题，对旅游学的理论研究和实践应用也具有深刻意义。正如上文所提及的那样，在旅游的发展过程中，人们对旅游学的学科性质有过不同的认识。20世纪初，根据旅游呈现出来的经济效益，人们认为旅游学是单纯的经济学科。到了三四十年代，随着旅游的社会影响日益明显，旅游学又被认为是一门社会学科。而在1935年，德国学者葛留克斯曼提出，旅游现象是一个涉及旅游活动基础、发展原因、运行手段及旅游对社会的影响等问题的、范围非常广泛的领域，需要从不同的学科去研究，而不只是从经济学的角度去考察它（申葆嘉，1996）。现在，大部分学者认为旅游学是综合性的社会学科。

然而，这种认知虽然在理论上深化了对旅游学的认识，但仍不够全面。首先，旅游实践活动具有极大的综合性，由此决定了旅游产业构成的综合性，这使得旅游学的理论研究必须体现多学科综合的特征。其次，作为一种综合性的社会文化经济现象，旅游活动涉及社会的各个方面。例如，传统的观光旅游需要人们从历史人文或自然地理的角度去研究；潜在的客源市场需要人们利用市场学、营销学知识去发掘；旅行社、酒店、风景区等经营机构的日常运行需要运用管理学的方法去研究；旅游业及其所带动的第三产业的飞速发展，还会引起立法机构的重视，由于立法机构为旅游业制定法律、法规，创造法律环境，因此又涉及法学问题等。总之，旅游涉及的范围非常广泛，要研究由此而引发的各种现象也必然涉及许多社会领域和相关学科，如心理学、社会学、人类学、文化学、经济学、统计学、环境学、规划学、地理学等，但任何一门学科都无法单独解决旅游活动所引发的全部矛盾和问

---

① 李建欣. 旅游学科体系研究：回顾与展望［J］. 旅游学刊·基础理论与教育专刊，1999（9）.

题，所以必须运用跨学科的方法来研究该领域，或者说，不同的方法适用于不同目的的旅游研究。

综合以上论述，本书认为王德刚等学者提出的关于旅游学学科性质的观点更为全面，即旅游学是一门综合性的边缘学科。

1.3.2 旅游学的学科体系

1）旅游学学科体系的发展阶段

现代科学发展的突出特点就是一方面高度分化，另一方面相互渗透。相应地，学科体系一方面不断分化，另一方面不断综合，其细分的过程其实也是综合的过程。旅游学作为新兴的跨学科领域，其理论主要是在实践研究中逐步从以上相关学科移植、渗透和融合而来的。这些理论进入旅游学领域之后，逐渐与旅游学中特有的概念、问题及研究对象相结合，经过长时间的积淀和整合后，最终成为旅游学独特的理论体系。

旅游学的理论体系涉及众多学科，那么它们如何综合呢？李建欣提出了这样一种思路：由交叉学科到多学科，再到跨学科，最后是超学科。其中，交叉学科研究即从另一学科的角度来研究这一学科。多学科研究即从许多学科的角度来研究一个领域或问题，但彼此间没有相关性和综合性。跨学科研究即将这些学科提供的概念、理论、方法融合在一起，最后形成自己独特的概念体系。超学科研究是综合研究的最高境界，它不是从学科出发进行研究，而是从问题出发进行研究，打破学科界限，调动所有相关学科的知识，致力于问题的解决。严格说来，从交叉学科到多学科，再到跨学科乃至超学科，并不是由高到低、前后相继的几个不同阶段，在许多情况下，这些方法会在同一时期共同出现，尽管它们在综合程度上是越来越高的。这种过程也可以看成旅游学学科体系形成的几个主要阶段。

2）旅游学学科体系的框架

目前，我国旅游学界对旅游学的学科体系尚没有统一的看法，许多学者从不同的角度出发，提出了不同的框架体系。其中，谢彦君（1999）认为，旅游学的学科体系包含了不同但相互关联的三大模块：第一个模块集中研究旅游者活动，这是旅游学的核心领域，旅游学作为一门跨学科专业的性质集中体现在这一模块中，这一模块在方法论中也比较集中地吸收了诸多人文学科的成果；第二个模块集中研究旅游产业活动，这是旅游学的扩展领域，在方法论上比较多地吸收了管理学和经济学的成果；第三个模块是由一些研究旅游者需要（或需求）与旅游产业供给之间关系的学科构成的。这个综合性的交叉学科体系可以用一个框架图来描述，如图1-1所示。

3）我国旅游学学科体系建设中存在的问题

用上文提到的学科的定义和成立的条件对照我国的旅游研究现状，我们可以看到，我国旅游学学科体系建设存在以下问题：

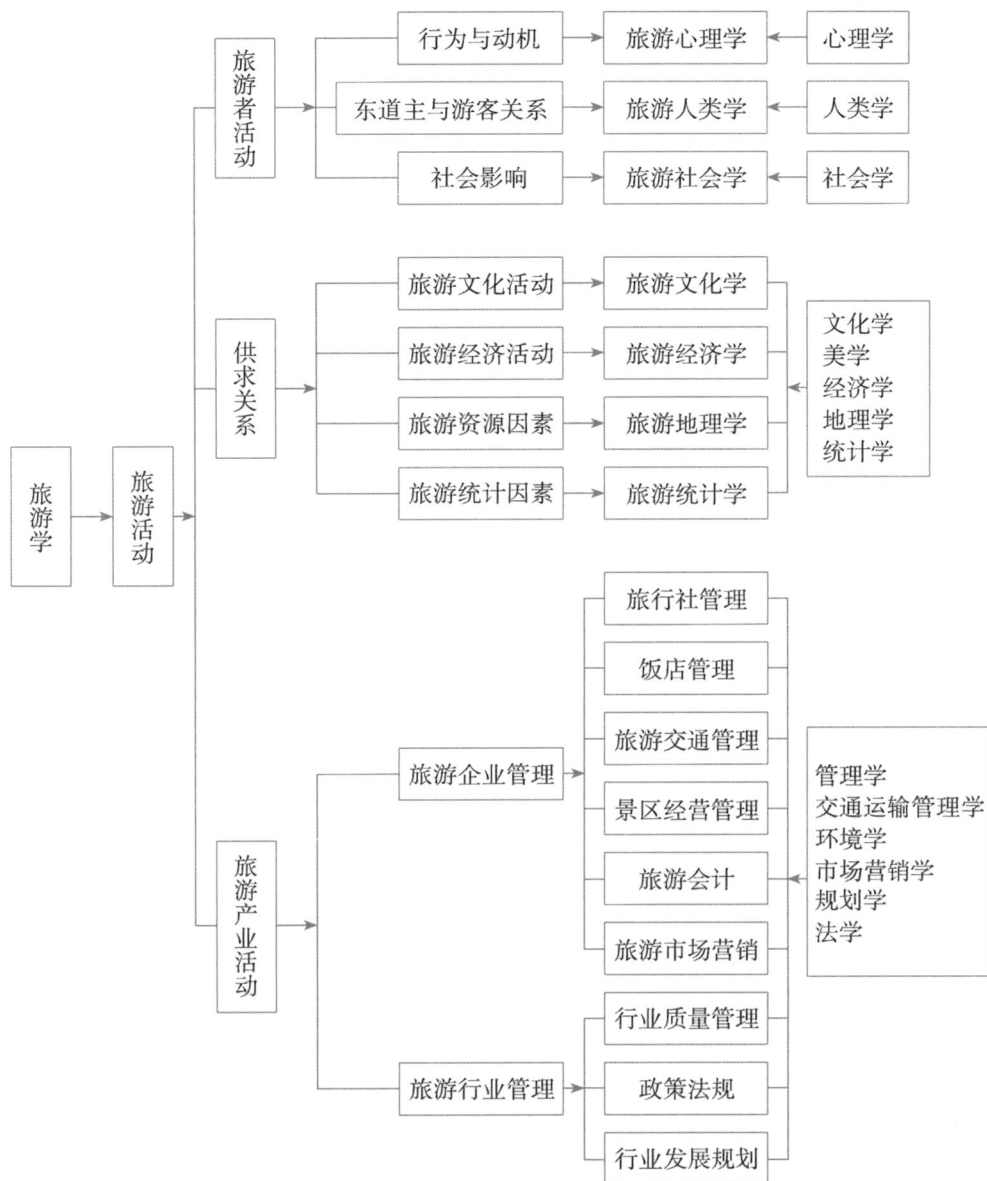

图 1-1 旅游学的学科体系

资料来源 石长波. 旅游学概论 [M]. 哈尔滨：哈尔滨工业大学出版社，2004.

首先，尽管我国旅游学界提出了一系列与旅游相关的概念，如旅游影响、旅游动机、旅游细分市场、旅游目的地、旅游收益增值率等，但这些概念很少为旅游研究所独有。它们都来源于其他学科，只是被引入旅游领域并被使用而已，部分概念甚至只是在其原定义上冠以"旅游"两个字。

其次，这些旅游概念没有形成一个独特的系统。它们相互分离，相互之间没有任何理论线索的联系，也没有独特的逻辑结构和统一的理论框架。可以说，这些概念之间的唯一联系就是它们的研究对象都是旅游。因此，它们不能提供一个独特的、有组织的分析方法。

最后，旅游学没有检验其陈述正确与否的特有标准。例如，数学由一系列公理进行演绎推理，自然科学运用实验来检验，旅游学却没有自己所独有的任何检验真理的标准，它只能借用其他相关学科的标准进行检验。

课堂互动1-3

旅游学是一门边缘性学科，学者们可以从不同的学科角度或研究目的出发进行研究。那么，在旅游学研究的出发点中，哪些较为常见呢？

课堂互动1-3

答案提示

1.4　旅游学的研究方法

旅游学作为一门新兴学科，不可避免地存在这样或那样的不足或缺陷。这些不足或缺陷的存在给旅游学研究带来了一定的困难，在一定程度上制约着旅游学的成熟和完善。从加拿大全国旅游资料数据特别工作组的工作总结可知，旅游学研究至少面临着以下五种困难：

①旅游学缺乏描述旅游业在经济中的规模和影响的可靠标准。

②旅游的行业构成具有极大的多样性，从而造成了一些政策分析人员对旅游业是单独的行业还是相关行业的集合体这一问题存在争论。

③在不同的地点和不同的地理范围内进行分析研究，旅游现象有很大差异。

④旅游全行业呈分散状态，缺乏系统性。

⑤旅游活动的各要素变化不定，既具有进一步发展的美好前景，又具有产生各种出乎预料的新问题的危险性，旅游业最好的时期和最糟糕的时期都在未来。

总之，有很多复杂的因素影响着旅游活动的开展和旅游业的发展，这些因素客观上增加了旅游学研究的难度，是旅游学发展道路上难以克服而又不得不面对的问题。

目前，由于旅游业的发展对社会经济的影响越来越大，因此越来越多的学者关注旅游和旅游学问题。人们从各个角度、采用不同的方法对旅游和旅游学问题展开研究，形成了一些独到的见解，为旅游学的发展和完善做出了新的贡献，所以旅游学也是一个不断丰富、不断充实、不断完善的概念。旅游学研究将逐步克服所面对的困难和障碍，构建起一个科学的、具有现代形态的学科体系。

那么，怎样学习和研究旅游学呢？

旅游学是一门由多学科综合而成的交叉学科，是在长期旅游实践活动的基础上产生的。旅游学既具有丰富的理论基础，又是"一门实践性很强的学科"。所以，理论联系实际是学习和研究旅游学最基本的原则。具体来说，学习和研究旅游学要做到以下几个方面：

（1）学好基本理论

旅游学和其他学科一样，有其特定的范畴、规律和基本理论。我们要运用马克思主义的基本观点和方法考察旅游的发展过程，分析旅游学各范畴的内在矛盾，透过复杂的旅游现象把握其发生和发展的规律性。旅游学的产生与经济学、历史学、地理学、社会学、心理学等学科对旅游现象的研究是分不开的，因此，掌握这些学科的有关理论和方法也是学习和研究旅游学的重要基础。只有深刻领会旅游学的基本概念和基本原理，才能真正把握旅游学最关键、最本质的东西，才能学好旅游学和做好旅游学研究工作。

（2）努力锻炼和培养从事旅游工作的实际能力

旅游学是一门应用性学科，它是在实践中产生又服务于实践的科学。如果说理论是旅游学的灵魂，实践就是旅游学的构架。因此，对于学习、研究旅游学的人来说，理论和实践都是十分重要的，不可偏废。我们要把学到的理论应用于实践，并用实践来检验、丰富、充实理论，努力锻炼和培养从事旅游工作的实际能力。教师、学校和社会要多为学生创造并提供这样的机会，学生也要充分把握这些机会，这样才能为我们的旅游事业培养出高等技术应用型专门人才。

在实践中，有几种科学的研究方法是十分重要的：

①观察法，即要善于观察各类旅游者的行为方式以及其他影响旅游活动的因素，通过综合分析，找出一些规律性的东西，如旅游动机规律、市场变化规律等。

②个案法，即对单个案例（如一个旅游者、一个旅游群体或组织等）在一段时间内进行连续调查和了解，从中探寻旅游活动的规律。

③模式分析法，即通过对一些典型地区旅游发展经验的分析，寻找并建立旅游发展的一般模式。

④社会调查与统计法，即通过抽样调查或收集旅游统计资料，分析旅游现象和旅游市场的变化规律。

（3）学习、研究和建立中国的旅游学，必须紧密联系实际

世界各国旅游活动的产生和发展都有其一般规律性，这是旅游学研究的出发点和根本保证，但各国发展旅游业的条件不同，所走的道路和所采取的措施也不可能完全一样。各国的旅游学研究必须立足于本国旅游业发展的实际情况，因此必然带有本国特色。中国的旅游学必须建立在中国旅游事业的基础上，中国旅游事业的社会主义性质决定了在我国学习和研究旅游学必须坚持社会主义方向，建立和发展中国特色旅游学体系。然而，联系中国实际学习和研究旅游学，并不是要把自己完全封闭起来。相反，我们应当积极主动地吸收和借鉴外国旅游学研究的成果，学习外国发展旅游业的成功经验。国际旅游业和旅游学的发展日新月异，新观念、新思想、新方法层出不穷，这些崭新的事物对我国旅游学的研究和旅游业的发展是十分有益的。所以，我们应当以马克思主义基本原理为指导，紧密联系中国旅游业的实际情况，积极主动地学习和吸收外国旅游学的研究成果，这是我们学习和研究旅游学正确的指导思想。

育德启智 1-1

让旅游情怀
与青年精神
相得益彰

学习探究1-1　　　　　　　　　　旅游学研究方法体系的构建

由于旅游研究具有社会科学研究的特征，研究对象十分复杂，因此旅游学应借鉴其他相关学科较为成熟的方法，在吸取最新的科学技术成果来丰富和充实自己的基础上，形成自己独特的研究方法及方法体系。旅游学研究方法体系可以归纳为三个层次。

1）哲学方法论

任何学科的研究方法都无法脱离哲学的影响，旅游学的研究也不例外。在哲学层面上，旅游学研究的方法论是以科学的辩证唯物主义和唯物史观为基础，遵循相关的哲学思想内容而形成的科学研究的方法论。

（1）辩证唯物主义

旅游现象是客观存在的；旅游需求与旅游供给是矛盾对立的，这一对矛盾统一体共同推动了旅游活动现象的发展和变化；旅游研究必须以旅游实践为基础，依赖于旅游实践，并最终为旅游实践服务。

（2）历史唯物主义

旅游的历史发展有其固有的客观规律，不以人的意志为转移；旅游发展的根本原因在社会内部，即生产关系和生产力、经济基础和上层建筑之间的矛盾运动；旅游发展的历史是旅游者实践活动的历史。

（3）实证主义哲学

强调旅游现象的客观性；强调可通过实地考察、观察、实验等方法来获取第一手资料；运用计量和数量表示，对旅游研究的结果进行反复检验。实证主义哲学更能防止主观的、个人的倾向在形成旅游研究结论时产生不良影响。需要注意的是，在具体的研究工作中，我们应避免使该哲学思想走向极端。

（4）规范主义哲学

在旅游实践领域，人们运用这种哲学思想形成了一些民族习俗、伦理、惯例，并制定了旅游行业标准、规范等。此外，该哲学思想在旅游项目对策性研究中也有着广泛的应用。

（5）系统论

旅游的各个部分都可以看成一个小系统，或者可以认为旅游的所有部分组成了一个旅游大系统，并且该系统具有整体机制和反馈机制。我们可以采用逻辑和数学的方法综合考察旅游系统整体及其各个部分的属性、功能，并在变动中协调整体和部分的关系，选取各个部分的最佳结合方式，借以达到整体上的最佳目标，如最佳的旅游经济效果、最佳的旅游管理工作效率等。

2）一般方法

科学的旅游研究思维方法是将历史研究与逻辑方法相结合，共同构建与旅游发展的历史趋向相适应的理论体系，从而反映旅游现象的本质和规律，这也是构建旅游理论体系的一般科学思维方法。旅游研究的一般方法主要包括以下几个方面：

（1）归纳和演绎

归纳和演绎是由特殊到一般和由一般到特殊的认识过程，是旅游研究实现突破的有效方法。在旅游研究中，这两个方法经常交织在一起。

（2）分析和综合及比较和分类

分析和综合是旅游研究最基本的思维方法，也是对感性材料进行思维抽象的基本方法。当然，这种方法与比较和分类方法不是绝对分开的，而是相互渗透的。在比较和分类中包括分析和综合，而分析和综合的过程中也需要采用比较和分类方法。

（3）抽象与具体

思维中的抽象是反映客观旅游现象一般属性和关系的抽象思想或抽象规定，这种抽象思想或抽象规定是从复杂的旅游研究的整体中抛开其他一般属性和关系而得到的。思维中的具体是客观旅游现象各种一般规定性统一的反映形式，是各种抽象思想所组成的完整思想，它再现了客观旅游现象的整体。

（4）历史方法

旅游活动是一种复杂的社会经济现象，并且旅游活动及其所处的社会经济环境是不断运动变化的，这就需要研究旅游活动各方面量的变化与质的变化，研究旅游发展的阶段性，研究新条件下新的旅游发展规律等。用历史方法考察旅游活动，就是要着眼于旅游活动在不同时间、不同历史阶段所具有的特点及其发展规律。

（5）功能研究法和系统方法

功能研究法和系统方法是从系统运作的角度，把旅游现象视为由众多子系统构成的一个社会大系统，并着眼于各个子系统间的相互依赖关系及对促进旅游大系统运作的作用。

上述方法并不是独立的，一般来说，在旅游研究实践中，它们是相互联系、相互促进、综合运用的。

3）具体方法与技术

这主要是指在旅游理论研究过程中使用的各种资料收集方法、资料分析方法，以及各种特定的操作程序和技术。这一层次的方法直接作用于研究客体，所以是最低层次的方法。由于旅游现象的复杂性和旅游研究内容的广泛性，因此旅游研究的角度各异，研究的方法也丰富多样，概括起来主要有观察法、调查法、实验法、文献法、社区研究法等。旅游研究的具体技术是广泛的、多样的，在不同的研究中，需要使用不同的具体技术。从总体上看，研究的技术通常包括统计分析技术、数理经济分析技术、系统分析技术等。

旅游研究方法体系是一个有机的整体,三个层次是相互联系的,如图1-2所示。一般来说,方法论观点影响旅游研究者对一般思维方法的选择,而一般思维方法又规定了一套与其相对应的具体方法和技术。这一结构的内在关系类似于塔式立体关系。其中,塔顶是哲学方法论,即适用于所有学科的方法,是全部科学研究工作的理论基础。塔身是一般方法,即适用于所有旅游研究的方法。塔底是多种具体的跨学科方法与技术的综合,是这一结构的中心内容,是直接与实践接触的层次。而在这个跨学科方法体系中的研究方法,基本上符合从自然科学方法、社会科学方法到人文科学方法的递升关系。旅游研究的哲学方法论、一般方法及具体方法与技术构成了旅游研究方法体系,这些研究方法有时可以单独运用,有时又要综合运用,从而形成了"你中有我,我中有你"的格局。随着科学技术的不断发展,研究方法也会不断创新。因此,我们进行探索性科学研究时,不存在一种固定模式,而应在继承前人或他人研究成果的基础上,充分发挥自身的主观能动性,找到适合自己的研究方法进行旅游实践。

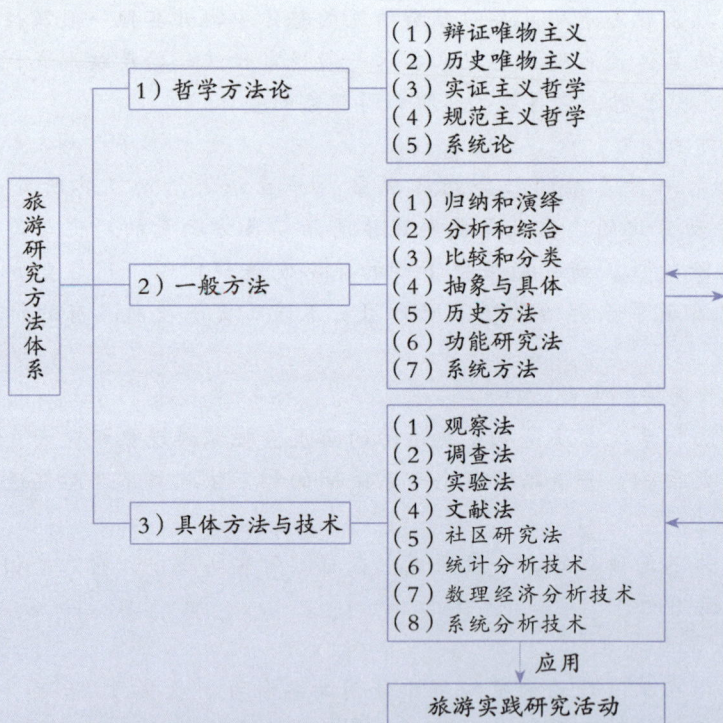

图1-2　旅游研究方法体系结构图

没有一种方法体系是长久固定的,旅游研究方法体系也需要在旅游学科发展和进步的过程中吸收、借鉴其他学科的成果,不断修正、完善,直至成熟。

资料来源　王静. 旅游研究方法体系初探〔J〕. 桂林旅游高等专科学校学报,2005(3).

课堂互动1-4

根据平时的学习积累，思考目前旅游研究的具体方法有哪些。

课堂互动1-4

答案提示

本章小结

在学习旅游学之前，学生应该对这一学科本身有所了解。本章对旅游学的历史、研究内容、研究方法和学科体系进行了论述。旅游作为一种社会实践活动，已经在人类历史上走过了漫长的发展阶段，但是国际上对旅游的研究是从19世纪末才开始的，至今已经过了经济研究、全面发展和旅游学的形成及综合研究三大阶段。我国的旅游学研究起步更晚，但是通过几十年的研究积累，其研究理论和方法正逐步趋于成熟。

旅游学的研究对象是旅游活动及与旅游活动有关的各种社会现象所特有的规律性的东西。由于旅游活动的实现要素包含旅游主体、旅游客体和旅游媒体三个方面，因此旅游学的研究对象十分复杂，这就决定了旅游学研究内容的广泛性。其具体研究内容主要包括旅游发展史、旅游活动的基本要素以及各要素之间的关系、旅游与文化及旅游与社会、旅游地理现象、旅游行政组织和旅游政策法规、旅游实务等方面。

旅游学是一门综合性的边缘学科，正是因为它的这种学科性质，所以其学科体系的建立存在着很大困难。目前，我国旅游学的学科体系尚不完善，还处于交叉学科与多学科阶段。同时，旅游学的研究方法也存在着缺陷和几个大的难题，如旅游学缺乏描述旅游业在经济中的规模和影响的可靠标准；旅游的行业构成具有极大的多样性，从而造成了一些政策分析人员对旅游业是单独的行业还是相关行业的集合体这一问题存在争论；在不同的地点和不同的地理范围内进行分析研究，旅游现象有很大差异；旅游业全行业呈分散状态，缺乏系统性；旅游活动的各要素变化不定，既具有进一步发展的美好前景，又具有产生各种出乎预料的新问题的危险性，旅游业最好的时期和最糟糕的时期都在未来。在具体的实践研究中，我们应灵活运用观察法、个案法、模式分析法、社会调查与统计法等研究方法，对具体问题进行具体分析。

本章的重点是旅游学的研究内容；难点是旅游学的学科体系。

边听边学1-1

本章小结

边听边学1-2

主要概念

在线测评1-1

填空题

主要概念

旅游学　观察法　个案法　模式分析法　社会调查与统计法

基础训练

1.1　填空题

1）1899年，意大利政府官员博迪奥发表了《＿＿＿＿＿》一文，对本国的旅游进行了研究。

2）1922年，应美国饭店协会的请求，_____创办了四年制的饭店管理学院，这是一个创举。到1945年，这个学院已成为一个完全独立的教育和学术部门，专门从事有关旅游业发展及管理的研究和教学工作。

3）旅游是一项由人的主观意志及其他有关的客观条件共同引发的社会活动，是一种综合性的社会现象。这一活动的实现或现象的发生，有三个方面的要素是不可或缺的：一是旅游主体，即_____；二是旅游客体，即_____；三是连接个体与客体的_____，即现代意义上的_____。

4）旅游地理学包括旅游地的地理描述（包括文字的和图像的描述）、旅游区（包括旅游功能区）的划分、_____、_____及地理规划设计等。

在线测评1-2

选择题

1.2 选择题

1）旅游研究是一个长期的过程，其发端于（　　）。

A.旅游文化研究　　　　　　　　B.旅游经济研究

C.旅游法学研究　　　　　　　　D.旅游史学研究

2）美国学者罗伯特·麦金托什和夏希肯特·格波特合著的（　　）一书，是一本体系较为完整、理论性较强的旅游学教科书。

A.《旅游心理学》

B.《旅游文化学研究》

C.《旅游学——要素·实践·基本原理》

D.《旅游的实践及理论分析》

3）旅游基本上是由旅游主体、旅游客体和（　　）三个要素构成的。

A.旅游者　　　　B.旅游资源　　　　C.旅游景区　　　　D.旅游媒体

在线测评1-3

简答题

1.3 简答题

1）什么是旅游学？

2）论述旅游学的研究历史与现状。

3）旅游学的研究对象和研究内容分别是什么？

4）旅游学的研究方法主要有哪几种？

1.4 讨论题

谈谈你对旅游学学科体系的看法。

1.5 案例分析题

材料1：桂林乐满地高尔夫休闲游。

桂林乐满地高尔夫俱乐部（全国十佳高尔夫球场）畅打两晚三天之旅。

D1：到桂林，接机后赴桂林乐满地主题公园，入住桂林乐满地度假酒店。

D2：在酒店用完早餐后，赴乐满地高尔夫俱乐部打球，中午在俱乐部用午餐，午餐后继续打球，之后回酒店用晚餐。

D3：在酒店用完早餐后，继续赴乐满地高尔夫俱乐部打球，中午在俱乐部用午餐，下午乘车前往机场返程，结束桂林乐满地高尔夫休闲游。

材料2：如今，人们可自由支配的时间较多，第三次消费革命方兴未艾，休闲和休闲经济不但已经成为现实，而且比预期的发展还要快。国内学者已经普遍关注到休闲问题，对休闲的概念及性质、闲暇配置、休闲产业等进行了初步探讨。

旅游从本质上看与休闲没有任何区别，只是我们把那些发生在异地的休闲统称为旅游，而且旅游使地区间产生了复杂的联系，在经济上使某一地区不可移动的产品、资源和服务实现了经济功能。旅游经济的发展表明，以吸引异地游客为导向的旅游经济最终会兼顾本地人的休闲，而以本地人的休闲为导向的休闲经济最终也能够吸引异地游客，两者殊途同归。正因为如此，许多旅游学者常常把休闲研究纳入"大旅游"的框架内，而没有单独研究休闲和开展休闲教育。

问题：结合以上两则材料，谈谈你对休闲和旅游关系的认识。

第 2 章

旅游活动的产生与发展

【学习目标】

1. 学会从历史唯物主义的角度观察人类旅行和旅游活动的发展历程；
2. 认识人类旅行和旅游活动是社会经济发展的产物，并会随着社会经济的发展而发展这一最基本的旅游活动发展规律；
3. 掌握近现代旅游活动迅速发展的原因及特点；
4. 树立历史唯物主义世界观，保护和弘扬中华传统文化，强化民族自信心和自豪感，培养热爱国家、热爱人民、感激时代的情怀。

【知识导图】

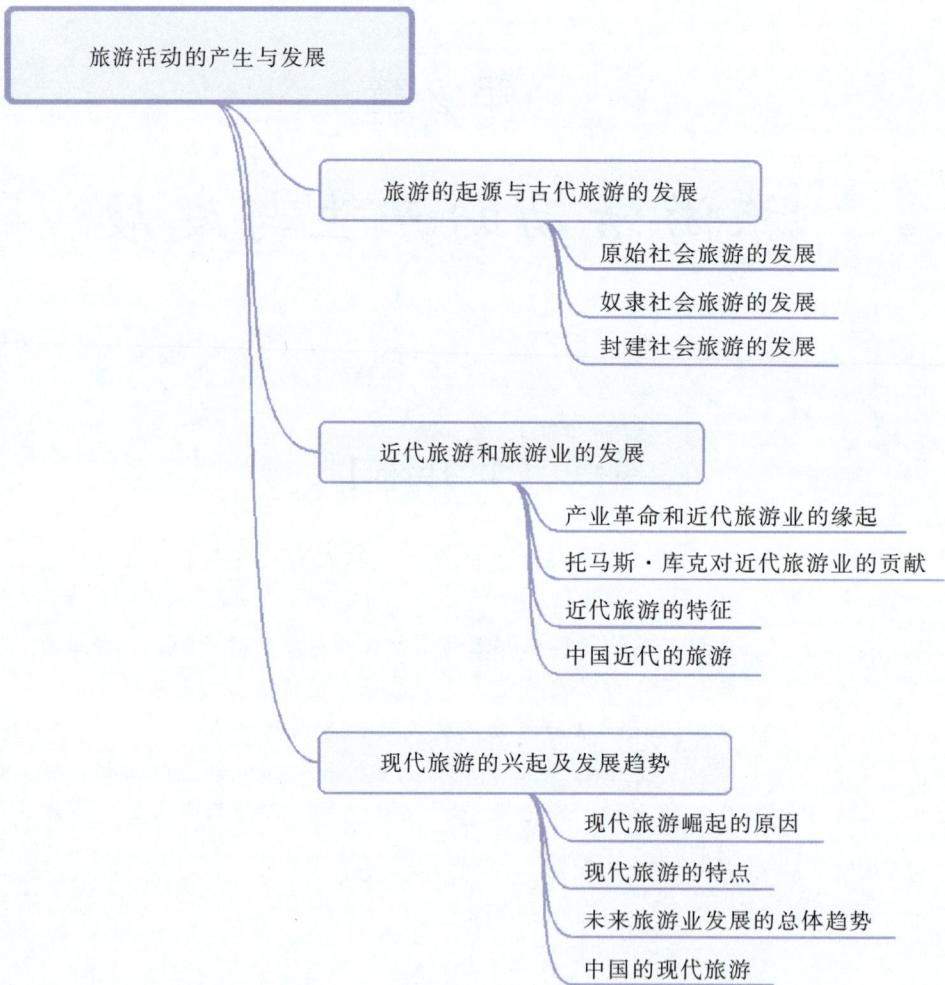

旅游活动的产生与发展

- 旅游的起源与古代旅游的发展
  - 原始社会旅游的发展
  - 奴隶社会旅游的发展
  - 封建社会旅游的发展

- 近代旅游和旅游业的发展
  - 产业革命和近代旅游业的缘起
  - 托马斯·库克对近代旅游业的贡献
  - 近代旅游的特征
  - 中国近代的旅游

- 现代旅游的兴起及发展趋势
  - 现代旅游崛起的原因
  - 现代旅游的特点
  - 未来旅游业发展的总体趋势
  - 中国的现代旅游

引例

文博旅游引领新国潮

2022年5月18日，"北京博物馆云"服务平台启动试运行，市民只需要打开微信小程序，即可了解和"一键预约"北京各博物馆举办的展览和活动；在江苏，全省博物馆将围绕"博物馆的力量"主题，推出154个新展特展、158项教育活动、160多项文创大赛和公益鉴定等活动；在四川，"川渝博物馆联盟"将在宜宾市博物院启动川渝博物馆联盟成立暨"百馆百物——川渝宝藏"主题宣推活动以及文博专家讲座、川渝公益文物鉴定等一系列配套活动。国际博物馆日中国主会场活动则在湖北省博物馆举行。武汉将举行几十项精彩纷呈的文博活动，包括"博物馆的力量：潜力与能力"主题论坛、"漫步江城——开启长江文明之旅"长江灯光秀等。

近年来，从《我在故宫修文物》《国家宝藏》到《唐宫夜宴》《只此青绿》，文博元素在荧幕上的呈现，让文化遗产变得愈发鲜活。这不仅唤醒了人们对博物馆和历史文化的兴趣，也让文博游真正"火"了起来。

携程旅行发布的数据显示，2022年"五一"国际劳动节期间，文博游在本地旅游市场表现亮眼，已经有越来越多的游客选择走进博物馆，感受文化魅力。

另外，携程旅行和同程旅行发布的数据都显示，文博游的用户以80后和90后为主。值得一提的是，随着年轻人对中国传统文化的认同感不断升级，以博物馆为代表的文化类景点在年轻旅行者中的热度与日俱增。

资料来源　佚名.文博游引领新国潮　"网红"仍需探索"长红"路［EB/OL］.［2022-05-20］. http://www.cntour.cn/h-nd-1481.html#_np=287_9057.

思考：联系旅游发展的历史，谈一谈旅游活动的发展趋势。

分析：旅游活动正在从观光向深度体验方向发展。尤其是和互联网一同成长起来的年轻人，他们对个性化、体验感的需求使得旅游活动不断迭代升级。越来越多的旅游产品依托全新的技术，增加个性化、沉浸式的体验，活化历史，拉近文化遗产与人们生活的距离。

如今，旅游已成为人们生活中不可或缺的一部分，但人类的旅行活动到底始于何时、何地、何人呢？有些人认为，旅游活动自古有之，一直延续至今。其实这是一种会误导他人的模糊观点。旅游作为人类的一种特殊的短期性生活方式，是人类社会经济发展到一定阶段的产物。近代产业革命成功后，中产阶级和一部分大众阶层利用闲暇时间参加旅行，并将旅行活动与旅游业联系起来，这才使真正意义上的旅游得以产生并在社会上迅速普及。在自给自足、生产力水平低下的社会里，因为生存环境改变而被迫进行的迁徙或极少数人才能享有的外出游玩，只能称为"旅行"，还不能称为"旅游"，但旅游正是从这种早期的旅行发展而来的。

本章从历史演进的角度探讨人类实践活动从旅行转化为旅游的历程，这一历程也是社会生产力发展、人类活动空间不断扩大的过程。本章重点探讨近代旅游业的兴起和现代旅游业的发展趋势。

2.1　旅游的起源与古代旅游的发展

虽然对于人类的旅行活动源于何时这个问题，我们无法从考古或史籍中找到准确答案，但是如果我们从旅游活动产生条件的角度来分析，就可以大致了解旅行的产生及发展过程。

2.1.1　原始社会旅游的发展

人类旅行需求的出现是旅行活动出现的前提。在原始社会早期，由于生产力水平低下，人类的生产活动主要是采集和渔猎，几乎没有多少剩余物，人类时刻处在饥饿、野兽袭击和自然灾害的威胁之中，自然难以产生旅行的需求。这段时期，人类因自然环境或人为因素，如气候、自然灾害的破坏或部落间的战争而被迫进行的迁徙，是生存的需要，是生产活动的组成部分，不能称为"旅行"。随着岁月的变迁，人类进入了新石器时代，畜牧业从农业中分离出来，这是人类历史上第一次社会大分工，它加速了人类社会发展的步伐。原始社会晚期，手工业获得发展，并逐渐从农业、畜牧业中分离出来，第二次社会大分工出现。第二次社会大分工比第一次社会大分工在更大范围内促进了社会的进步。奴隶社会早期，出现了商人，商业从农业、畜牧业和手工业中分离出来，这是第三次社会大分工。商业的发展促使商人到处奔走，从而开创了旅行的先河，旅行活动开始萌芽。

2.1.2　奴隶社会旅游的发展

1）奴隶制经济与旅行活动的发展

原始社会末期及奴隶社会形成时期，旅行刚刚出现萌芽，还未形成一种社会现象。奴隶社会的确立，实现了社会生产各行业之间、体力劳动和脑力劳动之间更深入、更细致的分工，生产力水平得到进一步提高，艺术、科学和宗教在此基础上都得以产生和发展起来。

奴隶制国家的发展和繁荣客观上为旅行的发展提供了便利的物质条件，这在罗马帝国表现得最为典型。罗马帝国强盛时期，疆域空前广阔，生产力达到了前所未有的水平，海上运输和陆路运输都十分发达，从而为人们沿途旅行提供了方便。罗马帝国时期产生的旅店，也是在政府所设驿站的基础上发展起来的。设立这些驿站的最初目的是供政府公务人员中途歇息，后来也开始接待民间往来的旅客。随着过往旅行者的日益增多，官方又开始在沿途开设官方旅店，更多的私人旅店也随之发展起来。这些旅行设施的发展，反过来又推动了旅行人数的不断增加。当时的旅行主要以近距离旅行为主，还有部分国际性的经商旅行，商人们贩运的商品大多是粮食、酒、油、陶瓷等生活必需品，偶尔也有一些各地出产的奢侈品，如北非的琥珀、非洲的象牙、东方的香料和宝石等。

中国奴隶社会旅行发展的情况与西方奴隶社会大体一致。在奴隶制鼎盛时期的商代，生产工具和生产技术的进步以及社会分工的出现，使得生产效率空前提高。同时，剩余劳动产品的增加、以交换为目的的商品生产的扩大，以及商人阶级对生产和流通的促进，使得商品经济得到较快发展。夏代发明的舟车到商代已得到普及并不断改进，牛、马等牲畜也普遍用于交通运输。春秋战国时期，商业活动有了进一步的发展，出现了许多大商人，他们进行货物贩运，周游天下。

可见，奴隶社会生产力的进一步发展、交通网络的建立、交通工具的改善，使得人们有意识的旅行活动得以实现并迅速发展，但这种活动还不是消遣和度假活动，只是由产品或商品交换而促发的一种经济活动。

2）奴隶社会的旅行活动

奴隶社会经济的繁荣为旅行的发展提供了物质基础，那么，奴隶社会时期的旅行活动有哪些形式呢？

波斯帝国是较早开展商务旅行的国家。公元前6世纪，波斯帝国修建了两条"御道"：一条从帝国首都直抵地中海，并在沿途设有100多处驿站；另一条自巴比伦城直达大夏和印度边境，这条路后来成为"丝绸之路"西段的基础。这两条道路的修建为当时人们外出旅行提供了交通便利，商人、游人开始不断往返于沿途各国。

公元前5世纪，古希腊的贸易、宗教旅行已十分兴盛。古希腊的提洛岛、德尔斐和奥林匹斯山是当时著名的宗教圣地。特别是奥林匹亚庆典，既是宗教集会，又是体育盛会，体育竞技活动吸引了大量的参赛者和观赛者。这种活动一直延续至今，发展成为现代的奥林匹克运动会。

帝王外出巡游也在奴隶社会开始出现。我国最早有文字记载的帝王旅行家是西周的周穆王。《左传》中记载："昔穆王欲肆其心，周行天下，将皆必有车辙马迹焉。"《史记·五帝本纪》中还有黄帝、舜巡狩的记载。

2.1.3　封建社会旅游的发展

1）封建经济与旅行活动的发展

人类进入封建社会以后，生产力得到进一步提高，社会进步使得社会文化生活日趋丰富，也促进了旅游活动的内容和形式向多样化的方向发展。

中国封建社会的旅行在当时的世界旅行中最有代表性，旅行条件在世界上也位居前列，这与中国封建社会时期良好的社会环境是分不开的。具体来说，主要表现在以下几个方面：

一是政治上超常稳定。中国自秦始皇建立了统一的专制主义中央集权国家以后，社会发展的主旋律就是统一或局部统一，分裂或动乱都是短暂而有限的。

二是经济持续发展。中国农业一直保持着世界先进水平，手工业在世界上也享有盛誉。中国是最早使用货币的国家，商业城市发达。唐代的长安、洛阳，宋代的临安，元代的大都、泉州、广州，明清的北京、苏州、杭州都是著名的商业都会，并且有大量的流动人口，在一些交通线上还有众多商业城市和商业市镇，商品贸易已相当活跃。

三是完善的交通网络。中国封建社会形成的各种有利于旅行的条件中，完善、发达的交通网络对旅行活动的促进作用最大。中国的陆路交通网早在战国时期就已具雏形。秦始皇统一六国后，对战国时期的道路进行了改造和扩充，形成了以咸阳为中心的交通干线。秦朝的道路有"驰道""直道""五尺道""新道"，以及战国时留下的"栈道"。其中，"驰道"以咸阳为中心，东至齐燕，南至吴楚；"直道"从咸阳北的云阳至九原郡（今包头西南）；秦朝在西南边疆地区修筑了"五尺道"，在今天的湖南、广西、江西、广东之间修筑了"新道"，形成了以咸阳为中心的四通八达的交通网。后来，随着历朝疆域的扩大，道路通达的范围不断扩展。此外，水路交通也是封建社会时期重要的交通方式。春秋时期，我国开始了改造水路的工程，大量开凿运河、整理河道，最终形成了以洛阳为中心的大运河，北到涿郡，南达杭州，贯通了海河、黄河、淮河、长江、钱塘江五大水系。元朝时，政府又对大运河进行了技术改造，运输中心由洛阳转到北京。海运也是我国水路运输的重要组成部分，沿海地区可以通过海运及内河通往各地。

欧洲封建社会的旅行要比中国起步晚。罗马帝国瓦解后，欧洲经过一段时间的混战和动荡，逐渐进入封建社会。中世纪的欧洲国家林立，大小领主在自己的领土上拥有绝对的领导权，形成了范围不大的众多独立统治区，且各统治区之间攻伐不断，始终没有安宁的环境；同时，封建主建立了自给自足的庄园，役使农奴进行生产，社会缺少需求，商业萎缩，生产力水平低下，农奴生活十分困苦。在这样的社会环境下，旅行自然无法得到大规模的发展。

直到11世纪，欧洲的城市经济才开始兴起，城市手工业和商业的发展带动了经济交往，国内、国际贸易都有较大发展。虽然旅行活动略有起色，但论其种类和规模，仍无法达到罗马帝国时期的水平。这一时期的旅行活动只限于朝觐旅行或宗教旅行，商务旅行数量甚微。

旅游广角2-1

我国旅行货币发展趣谈

2）封建社会的旅行活动

（1）中国封建社会的旅行活动

中国封建社会的旅行活动主要表现为以下几种形式：

①帝王巡游。中国古代封建帝王为了维护统治、弘扬功绩、震慑臣民，在执政期间往往会外出巡游各地。秦始皇、汉武帝是帝王巡游的突出代表。秦始皇统一六国后，共巡游5次。在这5次巡游中，他曾4次在7个地方立巨石刻字建碑，以记其功绩。汉武帝喜巡游、爱猎射、祠山川、慕神仙，是史学界公认的中国封建社会的大旅行家之一。他登泰山，出萧关，北抵崆峒（今甘肃平凉），南达浔阳（今江西九江），许多名山大川都有他的行迹。

②宗教旅行。古代以求法、朝觐为目的的宗教旅行颇为盛行。朱士行是我国魏晋时期为搜寻法典而游历国外的第一人，他深感汉代所著《道行经》的译理不完整，上下文缺乏连贯性，为寻找原本，他西行求法，最终如愿以偿地抄写到 90 章的正品梵书，共 60 余万字。东晋高僧法显在 399 年出游到达天竺（又名印度），把旅途见闻写成《法显传》（又名《佛国记》）。《法显传》是一部典型的游记，书中记录了当时中国、印度、巴基斯坦、斯里兰卡等国的物产、风俗、宗教及地理环境，是考察、研究南亚古代史的重要著作。唐代僧人、旅行家玄奘曾到中亚、印度讲经求佛，回国后玄奘口述、辩机编撰而成《大唐西域记》，书中记述了玄奘亲身经历和传闻得知的 138 个国家和地区的风土人情、地理文化等情况。其他比较有名的宗教旅行还有唐代僧人鉴真六渡日本传佛、义净从海路去印度求佛等。

③文人墨客考察旅行。西汉历史学家司马迁首开学术考察之旅，他的足迹遍及西汉的疆域，最终写出了流传千古的史学名著——《史记》。据《史记·太史公自序》及《汉书·司马迁传》记载：司马迁南游江淮，在会稽查看夏禹遗迹；到姑苏眺望范蠡泛舟之太湖；到淮阴采集韩信之故事；过长城访秦之旧事。这些学术考察活动为其划时代巨著的撰写提供了丰富的素材。唐宋时期，我国漫游诗人甚多，并留下了为数众多的、脍炙人口的游记散文，苏轼的《石钟山记》、柳宗元的《小石潭记》、欧阳修的《醉翁亭记》等都是著名的游记。在学术考察著作中，著名的有北魏郦道元的《水经注》、明朝医学家李时珍的《本草纲目》。他们为写出传世佳作，都不惜跋山涉水，历尽艰险开展实地考察。明代旅行家徐霞客遍游全国名山大川，遗有 60 余万字游记资料，后人将此整理成《徐霞客游记》，该书被誉为古今游记第一杰作，徐霞客也因此被世人称为"游圣"。明末清初思想家顾炎武游历全国，考察山川、风俗，终写成《天下郡国利病书》和《肇域志》两部地理名著。

育德启智 2-1

徐霞客精神

④商务外交旅行。商务外交旅行早在先秦时期就很活跃。春秋时期，外交游说很频繁。汉武帝时，张骞两次出使西域，了解了西域风俗、地理等情况，促进了中西方商业文化的交流，开辟了著名的"丝绸之路"。在以后历代，商务外交旅行随着经济、交通的发展日益增多。

⑤航海旅行。秦汉时期，我国就与日本、朝鲜、越南和印度有海上往来。东汉末年，康泰和朱应就从海路出使过南洋各国，撰有《扶南传》，书中记述了南洋的风光。我国历史上最著名的航海旅行是明代郑和率船队七下西洋，到达了 30 多个国家和地区，郑和也因此成为我国历史上涉程最远、航行时间最长的航海家。根据郑和下西洋的航路绘制的《郑和航海图》是我国第一部海洋地理图册，其随从马欢所著《瀛涯胜览》、费信所著的《星槎胜览》、巩珍所著的《西洋番国志》等，也是我国古代珍贵的旅行记录。

旅游广角 2-2

中国古代"游"的精神理念探析

（2）西方封建社会的旅行活动

15 世纪，西方封建领主对黄金等财富的追求推动了远航探险热潮的出现。以哥伦布、麦哲伦为代表的航海家不仅开辟了许多条新航线，还发现了美洲新大陆，从而对世界历史产生了重大影响。新航路的开辟不仅促进了世界各地人们的相互往来，扩大了人们的视野和活动范围，而且就其本身来说，也是一次伟大的旅行活动，对后世旅游的发展有着深远的影响。16世纪以后，欧洲经济迅速发展，城市不断兴起，这些因素都使得西方社会的旅行活动逐渐走到世界前列。总体而言，古代欧洲的旅行活动主要有以下几种形式：

①商务旅行。欧洲城市兴起后，以威尼斯商人为代表的商务旅行活动发展迅速。威尼斯商人逐渐取代拜占庭商人、阿拉伯商人，在东西方商贸和文化交往中占主要地位。在长期的商务活动中，西方涌现出了一些杰出的旅行家，如13世纪后期因经商而来到中国的意大利商人马可·波罗，他在中国游历17年，回国后口述旅行经历，留存《马可·波罗游记》一书。

②宗教旅行。中世纪的欧洲，宗教势力强大，觐见高级宗教人士、朝拜著名教堂等宗教圣地成为信徒们经常性的活动。一些朝觐者为了聆听有修行的高僧的教诲，不惜长途跋涉、艰苦旅行。宗教旅行是当时最主要的旅行方式，为了方便这些旅行者，一些修道院还为来往的朝觐者提供住宿。

③保健旅行。1562年，英国医生威廉·特纳在一份研究报告中谈到，英格兰、德国和意大利的天然温泉能帮助治疗身体病痛，这引起了人们的重视。人们抱着治病、防病的目的奔赴各地温泉，形成了温泉旅行的潮流。这一潮流在后来逐渐被海水保健旅行所取代。

④教育旅行。在阿拉伯帝国时期，旅行就开始出现了求知求学的倾向。穆罕默德曾教导信徒："学问虽远在中国，亦当求之。"阿拉伯旅行家马苏第是为了寻求知识而旅行的代表人物。当一些名人的成功被证明是与他们的旅行经历密不可分时，鼓励青年通过旅行了解异国他乡的风土人情、提高个人素质的风气便在欧洲蔓延开来。18世纪，很多英国青年在导师的陪同下，花费3年或更长的时间，前往欧洲大陆求知求学、增长阅历，完成绅士教育，这在当时被称为"大旅游"。

⑤探险旅行。从早期的新航线开辟到后来的殖民扩张，欧洲各国不断派出探险队，从事航海路线、动植物、地理地质等方面的研究，他们的探险活动具有旅行时间长、目的地远、线路复杂等特点，有些探险队员还成为职业旅行者。

课堂互动 2-1

《诗经·大雅·公刘》中记载，由于环境恶劣，古代周族首领公刘曾率领族人迁徙异地开垦种植。周族人的这种行为是旅游活动吗？

课堂互动 2-1

答案提示

2.2　近代旅游和旅游业的发展

就整个世界的发展情况而言，到19世纪初，旅游的发展在很多方面都开始显现出与古代旅行完全不同的特点。这主要表现在以下方面：一是因消遣目的而外出观光或度假的旅游者在规模上已经超过了传统的商务旅行，旅游活动已具有现代旅游的意义，并对社会产生了较大影响；二是旅游者的身份发生了较大变化，资本家、部分工人成为旅游活动的参与者，在旅游人数中的比重也不断增加；三是旅游活动的商业化和社会化使旅游消费需求迅速增长，满足这种需求的旅游服务业应运而生，这又进一步促进了旅游活动在更广阔的层面上开展。世界旅游的重大突破，归根结底是生产力的发展带来的世界经济的迅速增长和社会面貌的巨大变化促成的。

2.2.1 产业革命和近代旅游业的缘起

产业革命是指资本主义机器大工业代替工场手工业的过程，是资本主义政治经济发展的必然产物。它于18世纪60年代首先发生于英国，19世纪30年代末在英国基本完成，随后美、法、德、日等国的产业革命也相继完成。这场产业革命既是生产技术的巨大变革，又是生产关系的深刻变革，它促进了资本主义生产力的迅速发展，提高了生产的社会化程度，使资本主义制度建立在机器大工业的物质技术基础之上。同时，它对人类旅游活动的发展也产生了巨大影响。

1）产业革命加速了城市化进程，使越来越多人的工作和生活地点从农村转移到工业城市

这一变化最终导致人们产生返回自然的愿望。大量事实证明，产业革命后，城市居民外出旅游的人数大大高于乡村居民外出旅游的人数，时至今日仍然如此。因此，这种工作和生活地点方面的变化对产业革命后的旅游发展是一个重要的刺激因素。

2）产业革命改变了人们的工作性质

随着大量人口涌入城市，原先那种随农时变化而忙闲有致的多样性劳动开始被枯燥、重复的单一性大机器工业劳动所取代。这终将使人们强烈呼唤假日的出现，以便能够从中获得喘息和调整的机会。

3）产业革命带来了阶级关系的新变化

在过去，往往只有地主和贵族才有金钱和时间从事非经济目的的消遣活动。产业革命造就了工业资产阶级，使生产财富不再只流向封建贵族和大土地所有者，而是大量流向资产阶级，这大大增加了有财力外出旅游的人数。此外，产业革命还造就了出卖劳动力的工人阶级。随着生产力的提高以及工人阶级的不懈斗争，资本家有可能提高工人的工资并给予他们一定的带薪假日。因此，对广大劳动者来说，他们也将有机会参与旅游活动。

4）科学技术的进步，特别是蒸汽机技术在交通运输中的应用，使大规模的人员流动成为可能

早在18世纪末，蒸汽轮船就已问世，但只限于内河航运。进入19世纪后，蒸汽轮船迅速普及和发展。1807年，美国"克莱蒙特"号蒸汽轮船试航成功，并在哈德逊河上开始了定期航班载人运货。此后5年中，欧美各国相继有50多艘蒸汽轮船投入

内河航运。1816年，横渡英吉利海峡的轮船客运量达10万人次之多。1838年，英国蒸汽轮船"西留斯"号首次横渡大西洋并取得成功，极大地缩小了欧美各国之间的空间距离。

然而，对当时旅游发展的贡献和影响最大的还是铁路运输的应用。1825年，英国建成第一条铁路。此后，各地的铁路建设也逐渐开展起来，并向更远的地区延伸。1835年，英国铁路总长为471英里，1845年为3 277英里，1855年为13 411英里，1865年发展到21 382英里，30年中铁路总长增长了40多倍。但是在铁路运营的最初几年里，所经营的业务只是货运，并无定期客运班次。首例定期客运班次的运行始于1830年利物浦与曼彻斯特之间的线路上，但也并非专门的旅游列车，而是客货混合列车。此后，各铁路公司相继开办客运业务。到1875年，英国铁路年运输旅客周转量已超过6亿人次。

铁路运输时代的到来使人们外出旅行变得简单方便，因为铁路有其他传统交通工具无法比拟的优势：①铁路运输的费用低廉。当时乘火车旅行的平均价格为每英里1个便士，同时不必缴纳路税，这使得更多人有能力支付旅行费用，从而增加了外出旅行的人数。②铁路运输大大便利了人们的出行，使旅行速度大为提高。当时，公共马车的速度一般为每小时7英里，而火车的运行速度为每小时28英里左右，是前者的4倍。旅行速度的提高缩短了旅行所需要的时间，使人们抽时间开展短期外出旅游成为可能。③铁路运载能力大大提高，使大规模外出旅游成为可能。旅行方式的进步，加之产业革命给当时社会经济带来的影响，不仅使工商界人士的业务旅行大大增加，更重要的是为以消遣为目的的旅游创造了便利条件。

2.2.2 托马斯·库克对近代旅游业的贡献

各种社会条件的改善和交通运输能力的提高，为更多人外出旅游创造了条件。然而，当时大众缺乏旅游经验，对旅游资源的认识还远远不够，这无疑限制了旅游活动的广泛开展，人们迫切需要专门为出游提供服务的机构和专业人士来帮助自己完成旅游活动。英国人托马斯·库克是最早认识到旅游活动中存在的问题，并提供相应服务来帮助人们解决这些问题的人，托马斯·库克的努力使他成为近代旅游业的先驱者，并由此开创了人类旅游活动的全新时代。

托马斯·库克生于1808年，自幼家境贫寒，10岁时被迫辍学，先后做过蔬菜花木店帮工、木工学徒、教会诵经人，1826年成为一名传教士。这些经历使托马斯·库克拥有大量的旅行经验。1841年，托马斯·库克组织了来自各行各业的人士，通过包租火车的方式，从莱斯特到拉巴夫勒参加禁酒大会，每人收费1先令，包括来回交通费、一顿午餐和午后茶点，另派一支乐队演奏，参加者多达570人。在这次团队出行中，托马斯·库克既是组织者，又是全程陪同。虽然这是一次非商业性的活动，但是其已具备了现代旅游的某些特征：

（1）这次活动具有较为广泛的公众性

这次活动的参加者来自各行各业，人们为了参加这次活动而走到一起，活动结束后便四散离去，不再有什么联系。这一情况同现代旅行社组织的旅行团基本相同。此前的团体旅行或旅游都是为自己的专业团体或本公司的员工组织的。

（2）托马斯·库克本人不仅发起、筹备和组织了这次活动，而且从始至终随团陪同照顾

这一点可以说是现代旅行社全程陪同的最早体现，而此前的其他团体旅行或旅游只是有人筹备，却无人在旅途中组织照顾。在早期的铁路时代，由于乘客，包括铁路公司的列车乘务人员在内，都缺乏火车旅行经验，因此事故经常发生。这种随团组织照顾显然十分必要且具有重要意义。这次活动的规模之大，在当时也是空前的。

（3）这次活动为托马斯·库克旅行社的建立奠定了基础并提供了经验

这次活动的根本目的是参加禁酒大会，并不是消遣型旅游，托马斯·库克组织这次活动也不具有商业目的，而是他自己所说的"业余活动"，因此我们说这次活动只是为其创办旅行社打下了基础。

组织这次旅行活动的成功使托马斯·库克名声大振。此后，他在英国正式创办了通济隆旅行社，专门经营旅游服务。1845 年夏季，托马斯·库克自任领队，组织了350 人的消遣观光团去利物浦旅游，并编发了导游手册。1851 年，托马斯·库克组织了超过 16.5 万人去"伦敦水晶宫"参加第一届世界博览会。1855 年，他又组织了从英国莱斯特前往法国巴黎参加第二届世界博览会的团体旅游，在巴黎停留游览 4 天，全程一次性包价，其中包括在巴黎的住宿和往返交通费，总计 36 先令。当时的《曼彻斯特卫报》称此举是"铁路旅游史上的创举"。事实上，这也是世界上组织出国包价旅游的开端。到 1864 年，经托马斯·库克组织的旅游人数已累计达 100 多万人次。1872 年，托马斯·库克第一次组织环球旅行。1878 年，托马斯·库克退休，公司业务由其子主持。截至 1939 年，通济隆旅行社在世界各地设立了 350 余处分社。通济隆旅行社还编印了世界上最早的旅行杂志，该杂志曾被译成 7 国文字，再版达 17 次之多。

托马斯·库克对近代旅游的特殊贡献在于对全程旅游的组织，包括对旅游过程中的交通、膳宿的安排和对旅游目的地的游览娱乐活动的安排，这是真正意义上的对旅游产品的组织。他创造了旅游的基本服务方式——包价旅游、散客旅游，开创了一种全新的旅游业务和旅行方式。他不仅组建了旅游的各种经营机构，开发了多种多样的旅游活动，还是一位成功的出版发行商。他出版了大量的旅游指南和时刻表，受到了大众的普遍欢迎。他的旅游指南从某种意义上讲不仅仅是一个出版物，更是人们追求的一种生活方式。他还创造出了一种代金券，旅行者持这种代金券可在与托马斯·库克的旅行社有合同关系的交通运输公司和旅游接待企业中支付，并可在指定的银行兑取现金。托马斯·库克所做的一切使旅行不再是一件苦差事，而是一种消遣、一种娱乐。从这种意义上说，托马斯·库克创造了"度假旅游"这一新概念。

19 世纪下半叶，许多类似的旅游组织在欧洲大陆上成立。1857 年，英国成立了登山俱乐部，1885 年成立了帐篷俱乐部；法国、德国于 1890 年成立了观光俱乐部；美国运通公司自 1850 年起，兼营旅行代理业务，并于 1891 年发售了与现在使用方法相同的旅行支票。到 20 世纪初，美国运通公司、比利时铁路卧车公司与英国通济隆

公司成为世界三大旅行代理公司。随着旅行社业的发展，旅游活动空前兴盛，并逐渐发展成为一种独特的社会活动。

2.2.3　近代旅游的特征

近代旅游的发展具有以下特征：

1）旅行人数增加，但能参加真正消遣旅游的人较少

生产率的提高和社会财富的增加提高了旅行的人数，但是能参加真正消遣旅游的人较少，他们主要有两类：一类是正在成长中的少数中产阶级，他们要求到就近的山地风景区和海滨胜地进行短暂的旅游；另一类是中上层人物，他们有比较多的金钱和时间到异地去旅游。

2）近代旅游产生于近代交通工具发明之后

铁路运输的发展大大缩短了客源地与旅游目的地的空间距离，人们只要花少量的钱和时间即可实现旅行。轮船的大型化和高速化极大地便利了海上旅行。19世纪末到20世纪初，往返于大西洋的豪华客轮诞生后，往来于北美与西欧之间的旅行亦开始盛行起来。

3）随着旅游人数的增加，旅游景点得到了迅速发展

过去的旅游景点主要依靠其自然魅力来吸引旅游者，人工雕琢不多。到了近代，随着旅游热的兴起，旅游景点附近建起了大量的辅助旅游设施，如游乐场、音乐厅、运动场等。人文景观开始与自然景观融合，单调的旅游形式逐渐改变。

4）饭店业逐渐兴起

随着旅行向旅游的转变，不管是客栈，还是豪华饭店，都无法满足旅游者日益增长的需求，这样就产生了为中产阶级服务，既要使旅游者感到舒适又要追求经济利益的食宿服务机构——商业饭店。

1908年，被称为"饭店业开山鼻祖"的斯塔特勒在美国纽约的布法罗建造了第一座商业饭店。斯塔特勒将饭店的300间客房都配备了浴室，并铺设了通向每一间客房的供排水、暖气和输电线管道，这些被后人称为"斯塔特勒管道"。他还在每间客房内安装了电话、标准壁橱、床头灯和供客人用的文具纸张，在浴室里安置了穿衣镜和毛巾钩，这些开创性的措施在当今仍是商业饭店的基本模式。商业饭店在20世纪初得到迅速发展，逐渐成为一种行业——饭店业。饭店业既是适应旅游发展的需要而产生的，又是促进旅游发展的重要因素。饭店业以追求经济利益为目的，第一次明确了饭店的产品就是服务。所以，饭店在经营中努力降低成本、提高服务质量，从而使旅游的费用得以降低，使住宿和膳食的价格能够适应中产阶级的消费水平，进而使更多的人有条件成为旅游者，这也推动了旅游向前发展，为旅游从达官贵人的奢侈品变为中产阶级的享用品提供了条件。可见，饭店业的兴起是近代旅游业发展的一个重要特征。

2.2.4　中国近代的旅游

中国近代的旅游是指1840年鸦片战争到中华人民共和国成立前这段时期的旅游。在这一时期，中国由独立的封建国家逐渐沦为半殖民地半封建国家。国家性质的变化使社会各个领域、各个方面都发生了深刻的变化，旅游也不例外。旅游的变化有其自身的特点：一是由于西方文化的入侵，中国人的旅游观念发生了深刻变化，平民阶层开始加入旅游队伍。二是随着交通工具的现代化，旅游的空间也得到进一步拓展，参观旅游的人数越来越多，旅游者去的地方越来越远，国际旅游交往频繁。三是为了适应旅游形势的发展，为旅游者服务的民间旅游组织逐渐成为一个独立的行业。

英国通济隆公司、美国运通公司于20世纪初先后来中国建立旅游经营机构，为来华的外国人和中国的出境人员办理各种旅行手续。

中国旅游业形成的标志是中国旅行经营机构的建立。1923年，上海商业储蓄银行总经理陈光甫为了适应旅行游览的需要，在该银行下创设了旅行部，开始为旅客代购车船票，从而满足了一些人的需要，该项业务也获得了一定的发展。1927年，该旅行部更名为"中国旅行社"，并从上海商业储蓄银行中独立出来，中国旅行社也是中国第一家旅行社。

中国旅行社以扩大服务范围为主旨，以发扬中国旅游事业为己任。旅行社纲要四原则是"发扬国光、服务行旅、阐扬名胜、改进食宿"。所谓"发扬国光"，即当时中国仅有少数几家外商旅行机构，它们不熟悉中国的情况，对中国的名胜、古迹、历史、风尚、物产、文化艺术缺乏足够的了解，从而影响了中国的旅游事业，因此兴办旅行社的首要任务就是要发扬国光。所谓"阐扬名胜"，即中国有5 000年的文明史，幅员辽阔，名胜古迹遍布中国各地，设立旅行社就是要使游客观赏中国名胜，使中国名胜得以传扬。

中国旅行社的最初业务是代办车船票，后来扩展到代运行李、接送旅客、组织个人和团体的旅游活动。此外，中国旅行社还办理留学生出国手续、设立避暑区服务站、组织短程的团体游览及境外旅游等。

中国旅行社在苏州、无锡、镇江、杭州、蚌埠、徐州、济南、青岛、天津、北京、沈阳、西安、武汉、广州、南昌15个城市设立了分社，还先后在纽约、伦敦、河内设立了"中国旅行社分社"，承办外国人来华旅游事宜。中国旅行社把银行、旅行社、铁路、旅馆、旅游宣传、出版等融为一体，向游客提供综合性的服务，从而简化了旅行中的各种手续，为游客提供了方便。这些都使得这一时期中国的入境旅游业获得了较大发展。

1949年以前，由于经济落后，人民生活水平低下，基础设施条件差，因此中国近代旅游的发展是缓慢的，以消遣、游览、娱乐为主的旅游活动仍是社会上少数人之事，大多数人迫于生计，既无力支付旅游费用，也无暇参与旅游活动。旅游作为一种产业，虽然已经形成，但是其规模小、水平低，对国民经济的作用十分有限。

育德启智2-2

履行社会责任
是旅游企业的
优良传统

课堂互动2-2

课堂互动2-2

托马斯·库克与近代旅游业有什么关系？

答案提示

2.3   现代旅游的兴起及发展趋势

现代旅游是旅游发展史上的一个时期概念。与历史学对历史断代的划分不同，在旅游研究中，现代是指第二次世界大战结束以来的旅游发展时期。因此，现代旅游是指第二次世界大战结束以后，特别是20世纪60年代以来，迅速普及于世界各地的社会化旅游活动。

第二次世界大战结束后，世界经济逐渐得到恢复，尤其是进入20世纪60年代以后，和平与发展逐渐成为时代主流。宏观环境的变化为现代旅游的兴起和普及创造了良好的条件，并使现代旅游在第二次世界大战结束后的半个多世纪里保持了持续、蓬勃的发展态势。

2.3.1   现代旅游崛起的原因

第二次世界大战结束后，旅游活动不仅重新恢复，而且呈现出了前所未有的快速发展势头。以国际旅游活动为例，1950—1960年间，无论是国际旅游人次，还是国际旅游消费额，都增长了大约3倍。现代旅游之所以发展得如此快速，与当时的社会经济状况是密不可分的。

具体来说，促使第二次世界大战结束后旅游活动迅速发展的因素有以下几个方面：

1）世界人口的迅速增长为旅游人数的增加提供了保证

第二次世界大战结束后初期，世界人口约25亿。到20世纪60年代末，已超过36亿。世界人口基数的扩大为第二次世界大战后大众旅游人数的增加提供了保证。

2）世界经济迅速发展提高了人们的支付能力

第二次世界大战结束后，几乎所有国家的经济增长速度都大大超过了第二次世界大战前的经济增长速度。经济的发展使许多国家的人均收入水平迅速提高，那些原先经济基础就较雄厚的国家更是如此，并开始形成所谓的"富裕社会"。人们收入的增加和支付能力的提高无疑对旅游的迅速发展和普及起到了重要的刺激作用。

3）交通工具的进步缩短了旅行的时间和距离

第二次世界大战结束后，火车和轮船在不少国家仍然是人们旅行重要的交通工具，但就世界范围来看，特别是在经济发达的工业化国家，这些传统的交通工具已逐渐被汽车和飞机所代替。在欧美一些发达国家，拥有小汽车的家庭比例不断增大，长途公共汽车运营网络也在不断完善，汽车成为人们外出旅游的主要交通工具，其自由、灵活的特点极大地方便了人们的出行。与此同时，民航运输的发展也使得人们有机会在较短的时间内进行长距离旅行，特别是外出进行国际、洲际乃至环球旅行。

4）生产自动化程度的提高使人们的带薪假期得以增加

虽然早在第二次世界大战之前，西方有些国家已经以立法形式规定就业人员享有带薪假期，但并未普及，这在很大程度上限制了人们的旅游活动和外出旅行的距离。第二次世界大战结束后，随着科学技术的进步，生产自动化程度不断提高且日益普及，从而大大缩短了生产同样数量的同样产品所需要的时间，劳动者的工作时间得以缩短，人们的带薪假期有可能增加。20 世纪 60 年代以后，很多国家都制定了带薪假期制度。这种变化使人们有更多的时间开展闲暇活动，作为闲暇活动重要形式之一的旅游也有了时间上的保证，参加旅游活动的人数迅速增加，在外逗留时间也大大延长。

5）城市化进程的加快使人们渴望到异域环境放松心情

第二次世界大战结束后，大多数经济发达国家的农村人口都在不断下降。在这些经济发达国家，绝大多数人口聚居在城市，绝大多数劳动者都在从事单调乏味的重复性工作。这些劳动者的身心承受着极大的压力，他们需要定期地使自己紧张的神经得到放松，他们更向往没有城市污染和工业污染的大自然，渴望能够令人耳目一新的异域环境。这也是第二次世界大战后度假旅游迅速发展的重要社会原因。

6）教育事业的发展提高了人们的文化和审美素质，促进了信息的交流，增强了人们的求知欲

第二次世界大战结束后，各国的教育事业不断向新的广度和深度发展，人们对自己的乡土及其他国家和地区的事物有了更多的了解，并由此产生了浓厚的兴趣。这种好奇心激发了人们的旅游动机，形成了旅游的根本动力。

2.3.2　现代旅游的特点

现代旅游与传统的旅行活动相比，已经发生了翻天覆地的变化。现代旅游的特点主要表现在以下方面：

1）区域性国际旅游占有较大比重

世界旅游组织为了统计、分析资料的方便，把全球划分成六大旅游区，即美洲、欧洲、非洲、中东、南亚、东亚和太平洋地区。各国居民在本旅游区内进行的跨国界旅游活动被称为区域性国际旅游。距离近、交通方便、节约时间与开支、旅行手续简单、文化传统相近、语言障碍少是区域性国际旅游发达的主要原因。

2）全球旅游三足鼎立格局明显

欧洲、美洲、亚太三大市场在全球旅游格局中占据绝对主体地位。2017 年，三大市场的旅游总人数占全球旅游总人数的 97.3%，三大市场的旅游总收入占全球旅游

总收入的95%。《世界旅游经济趋势报告（2022）》显示，2021年，全球旅游总人次排名前三的区域分别是亚太、美洲和欧洲，占比分别为63.3%、18%、15.5%；全球旅游总收入排名前三的区域分别是美洲、欧洲和亚太，占比分别为35%、31%、30%。

3）旅游新概念不断推出，旅游形式呈现多样化

经济的发展及社会的进步，使人们的观念逐渐发生改变，人们从新的视角、以新的思路来审视和认识旅游活动，而不再抱着传统观念不放。旅游与商业设施的结合、旅游与环境的结合、旅游与高科技的结合、旅游与扶贫的结合、旅游与保险的结合等，促进了一系列旅游新概念的推出。人们从传统的"景点+观光""景点+饭店"之类的自然风光旅游，逐渐转向度假型的休闲旅游。同时，特种旅游如绿色旅游、生态旅游、探险旅游、工业旅游、农业旅游、森林旅游、研学旅游、寻根旅游等旅游新形式也应运而生，并成为一种时尚和潮流。

4）旅游成为人类社会的基本需要之一

20世纪60年代以来，旅游已成为人们文化生活中一个不可缺少的组成部分，也是人类社会的基本需要之一。为了使旅游同其他社会基本需要协调发展，许多国家都把旅游纳入国家发展大局，从而让每个人都能享有旅游度假的权利。因此，普通劳动大众成为旅游市场的主力军，"大众旅游"成为现代旅游的代名词。大众旅游的普及得益于有组织的团体包价旅游的开展。旅游者在旅行社的组织和安排下，依靠各类旅游企业提供的产品和服务，按照预约的时间、路线和活动内容，实现自己的旅游活动计划。由于这种形式既省时、省钱、省力，又很安全，因此旅游人数不断增加。

5）旅游经营逐渐走向集团化

集团化经营是第二次世界大战后现代旅游发展的方向。一些旅游企业，尤其是大型旅游企业，为了适应旅游业快速发展的需要，也为了在旅游市场上提高竞争实力，不仅在行业内与其他企业实现联合，还组建跨行业、跨国界的企业，实行集团化经营。在饭店业，出现了饭店连锁集团和饭店合作集团；在旅行社业，则有世界著名的卡尔森和瓦根利特两家大旅游公司的洲际联合；跨国企业也比比皆是，如喜来登集团、希尔顿集团等。这种合作趋势目前有增无减，集团化经营的态势不会改变。

2.3.3 未来旅游业发展的总体趋势

旅游业是一个有希望的行业，是一个可持续发展的朝阳产业。人们对旅游业的发展普遍持乐观态度，主要是基于对未来世界经济、文化、科学技术发展的乐观预测，以及国际局势的缓和、世界人口的增长、可自由支配的收入及闲暇时间的增加、人类健康状况的改善等。总体来说，未来旅游业将继续保持发展活力。虽然受新冠肺炎疫情影响，旅游业在消费需求、旅游投资、区域格局、产业链条、企业生存、人员就业

等方面遭受诸多挑战，但随着疫情逐步得到控制，旅游经济的增长速度仍然会在波动中获得比较优势。具体来说，未来旅游业发展的趋势主要表现为：

1）和平与发展是旅游业发展的前提

当今世界上，虽然在一些地区仍有战乱和发生战争的危险，但谋求稳定、寻求合作、促进和平与发展仍然是时代的主流。旅游业的发展速度在全球范围内与这种趋势的发展速度一致，并与国民经济的发展速度相适应，甚至适度超前。

2）旅游业在世界经济中的作用日益提高，并且将进一步受到国际社会与各国政府的重视

旅游业作为一种新兴产业，在世界经济发展中将发挥更重要的作用。国际旅游的发展有利于旅游目的地国家改善国际收支平衡，增加国民收入，扩大就业人数，促进地区经济发展。在这方面，旅游资源丰富、独特的发展中国家有更大的比较优势。旅游业的不断发展不但会促进发展中国家基础设施的完善，促进相关行业的发展，而且有利于其吸引外国投资，引进先进的技术与管理，加强国际合作。世界旅游组织、世界贸易组织以及其他国际与区域性的组织对旅游业这一重要的服务贸易也会更加关注。各国政府也将不断完善旅游政策，进一步加强对旅游业的宏观管理与调控。

3）世界各国旅游业的发展模式趋向多元化和个性化

世界各国旅游业在发展的过程中，由于社会制度、政治体制、经济发达程度、文化传统、幅员大小、地理位置以及资源赋存条件等方面的差异，呈现出了遵循特定的客观规律选择发展模式的趋势。世界上许多国家，尤其是发展中国家，根据本国国情和世界旅游业发展的趋势，扬长避短，开发了具有地方特色和民族特色的旅游资源，竭力塑造出一种鲜明的旅游形象，并开创了具有本国特色的旅游业发展模式。

4）在应对国际竞争方面，更加注重区域旅游合作

加强与周边国家和地区的旅游合作，是一种互惠互利的行为。为了应对日趋激烈的国际竞争，世界各国都进一步加快了区域旅游合作的步伐，我国也在积极做好有关工作。2002 年 11 月，亚洲旅游论坛在广西桂林举行，为推进亚洲各国的旅游合作做出了积极贡献；2003 年 8 月，东盟与中日韩"10+3"旅游部长特别会议在北京成功举办，会议发表了《"10+3"振兴旅游业北京宣言》，在促进各国经济增长、推动人文交往、共同应对危机、维护地区和平与稳定、增进互信合作方面发挥了重要作用；2015 年 5 月，中国-中东欧国家旅游促进机构和旅游企业联合会协调中心在布达佩斯成立，为中国与中东欧国家在旅游领域的合作带来了新的机遇。此外，我国还与东盟、欧盟、美国、俄罗斯、澳大利亚、日本、韩国等建立了一系列旅游合作机制。在"一带一路"倡议、"旅游年"的推动下，区域旅游合作将更加紧密，国际旅游将越来越便利。

5）在发展模式方面，更加注重可持续发展

总体来说，旅游业是在经济发展与环境保护关系上矛盾冲突最小、目标最接近的产业。当然，如果规划、开发建设不当，也会对生态环境造成破坏。正因为如此，自1992年6月在巴西里约热内卢召开联合国环境与发展大会以来，世界旅游组织一直在倡导旅游可持续发展，并于1997年2月在马尔代夫召开了"可持续性旅游发展研讨会"，于1999年8月在昆明与中国联合召开了"中国生态旅游可持续发展研讨会"。目前，各国已达成以下共识：旅游业比任何部门都更依赖自然、人文环境的质量；实现旅游可持续发展，政府必须发挥主导作用，旅游部门与环保部门必须密切配合，制定切实可行的法规制度和行动规划；实现旅游业可持续发展，必须强调规划先行、管理跟进，同时要依靠投资者与社区在开发建设与管理中的积极合作，依靠旅游者素质的提高与自觉配合；实现旅游业可持续发展，必须以实现经济效益、社会效益和环境效益的统一为目标，进行制度创新和管理创新，大力发展绿色产品和绿色经营，使旅游可持续发展成为各有关方面的共同行动，并长期坚持下去。

6）网络化、智慧化是旅游服务和管理的新趋势

智慧旅游的本质是包括信息通信技术在内的智能技术在旅游业中的应用，是以提升旅游服务质量、改善旅游体验、创新旅游管理、优化旅游资源利用为目标，增强竞争力、提高管理水平、扩大行业规模的现代化工程。智慧旅游以云计算、物联网、高速移动通信技术和智能终端设备为支撑，能够满足未来旅游管理中的管理智能化、服务主动化、旅游个性化和信息对等化需求，实现了旅游业与信息产业的高度融合，提升了旅游产业的科技含量和服务质量，在旅游服务和旅游管理中具有广阔的应用前景。

《"十四五"旅游业发展规划》中指出，旅游业应推进智慧旅游发展。创新智慧旅游公共服务模式，建设旅游监测设施和大数据平台；打造一批智慧旅游城市、旅游景区、度假区、旅游街区，培育一批智慧旅游创新企业和重点项目，开发数字化体验产品，发展沉浸式互动体验、虚拟展示、智慧导览等新型旅游服务，推进以"互联网+"为代表的旅游场景化建设；提升旅游景区、度假区等各类旅游重点区域5G网络覆盖水平；推动停车场、旅游集散中心、旅游咨询中心、游客服务中心、旅游专用道路、旅游厕所及旅游景区、度假区内部引导标识系统等数字化、智能化改造升级。

2.3.4　中国的现代旅游

旅游广角2-3

中国现代
旅游从黄山
起步

从20世纪50年代开始，世界旅游就已经步入现代旅游的发展阶段，但在中国，现代旅游的起步较晚。中华人民共和国成立初期，受国际、国内的经济、政治等因素的影响，旅游没有发展的良好条件。我国真正意义上的现代旅游是从1978年开始的。1986年初，国务院正式将旅游业纳入国民经济和社会发展计划，确立了旅游业在我国国民经济中的产业地位。1988年，我国成立了国家旅游事业委员会，目的是加强对旅游工作的领导和协调。经过几十年的发展，我国旅游业成绩斐然，受到了国内外

的瞩目。我国现代旅游业的巨大成就，具体表现在以下几个方面：

1) 从中央到地方建立起一套旅游管理体制

为了加强对旅游工作的领导，1978年，经国务院批准，中国旅行游览事业管理局更名为"中国旅行游览事业管理总局"，1982年更名为"中华人民共和国国家旅游局"。同时，各省、自治区、直辖市也相应成立了旅游局。对旅游业的发展具有重要意义的是1984年的旅游工作会议和1985年国务院批转的《国家旅游局关于当前旅游体制改革几个问题的报告》，确定在管理体制上实行"政企分开，统一领导，分级管理，分散经营，统一对外"的原则，工作上要实现"四个转变"：一是从过去的以旅游接待为主转变为开发、建设旅游资源与接待并举；二是从只抓国际旅游转变为国际、国内旅游一起抓，并相互促进；三是从以国家投资为主建设旅游基础设施转变为国家、地方、部门、集体、个人一起上，自力更生与利用外资一起上，加快旅游设施的建设；四是旅游经营单位从事业型向企业型转变，自主经营，参与行业竞争。这四个转变的提出和实施，说明中国旅游业的改革迈出了重要一步，这也是中国旅游业发展史上的重大转折，标志着中国旅游业从此走上了兴旺、持续发展的道路。

2009年，海南省率先将"旅游局"更名为"旅游发展委员会"，此后直到2014年，只有北京、云南、广西等省、区、市成立了旅游发展委员会。2015年，国家旅游局多管齐下，加快推进各地"局"改"委"。截至2016年底，随着吉林省旅游发展委员会成立的消息公布，全国共有20个省、自治区、直辖市将"旅游局"更名为"旅游发展委员会"。[①]

为了增强和彰显文化自信，统筹文化事业、文化产业发展和旅游资源开发，提高国家文化软实力和中华文化影响力，推动文化事业、文化产业和旅游业融合发展，2018年3月，国家对文化部、国家旅游局的职责进行整合，组建了文化和旅游部，作为国务院组成部门，不再保留文化部、国家旅游局。

育德启智2-3

中国旅游大事记：1978—2018

2) 旅行社迅猛发展

这一时期，由于旅游者大量增加，旅行社如雨后春笋般发展起来。国际旅行社增加了地方分、支社，扩充了人员编制，还成立了一些派生机构，如1982年中国国际旅行社总社成立了国际会议处。外联权下放以后，一大批新的一类、二类和三类旅行社应运而生。1979年，共青团中央决定成立中华全国青年联合会旅游部；1980年6月，中国青年旅行社成立，1982年更名为"中国青年旅行社总社"，1984年成为继中国国际旅行社总社、中国旅行社总社之后的第三家具有全国规模的旅行社。1996年，我国颁布了《旅行社管理条例》，对旅行社的分类进行了调整，按照经营业务范围的不同将我国的旅行社分为两类：一类是国际旅行社；另一类是国内旅行社。国际旅行社的经营范围包括出境旅游业务、入境旅游业务和国内旅游业务，国内旅行社只能经营国内旅游业务。然而，随着入境旅游人数的大幅增加，现有国际旅行社的数量已经

---

① 刘梦华，易顺. 从旅游管理到旅游治理——中国旅游管理体制改革与政府角色扮演逻辑 [J]. 技术经济与管理研究，2017（5）：97-103.

难以满足我国旅游市场发展的需要。同时，随着国内旅行社业务水平的不断提高，其已经具备了接待入境游客的能力。2009年5月1日，《旅行社条例》正式实施，更加明确了旅行社的责任、权利和义务，统一了从事国内旅游业务和入境旅游业务的旅行社的准入条件。截至2021年底，全国纳入统计范围的旅行社共有42432家。

3）旅游星级饭店迅速增长

我国旅游业的迅速发展，与旅游饭店的迅速发展是密不可分的。1978年，我国仅有旅游涉外饭店431家，客房74538间，床位164790张。各级旅游管理部门在发展旅游业时非常重视加快旅游涉外饭店的建设，截至1991年底，全国已拥有旅游涉外饭店2130家，客房321116间，床位679458张。旅游涉外饭店的大规模创立，为我国进一步扩大对外开放及发展旅游业创造了良好的前提条件。1988年8月，经国务院批准，《中华人民共和国评定旅游（涉外）饭店星级的规定》正式颁布。1993年，《旅游涉外饭店星级的划分与评定》（GB/T 14308—1993）发布，这一国家标准是根据国际上的通行做法并结合我国国情制定的，适用于各种经济性质的开业1年以上的旅游涉外饭店（包括宾馆、酒店、度假村等）的星级划分与评定。2022年5月，全国旅游标准化技术委员会就国家标准《旅游饭店星级的划分与评定》（修订征求意见稿）公开征求意见。《2021年度全国星级饭店统计调查报告》显示，2021年，全国7676家星级饭店的营业收入总额为1379.43亿元，主要来自客房和餐饮，其中餐饮收入占比41.13%，客房收入占比40.69%。

4）旅游交通设施得以完善

我国交通运输业发展迅速。为了建立航空枢纽，调整航线网络结构，促使航线网络进一步优化，2000年，我国民航开始逐步取消由支线飞机执行的多点经停航班，严格控制航空公司跨区域经营支线航班，为最终形成以枢纽航线为主的航线结构打下了良好的基础。2021年，我国境内运输机场共有248个，均为定期航班通航运输机场，定期航班通航城市（或地区）244个。

为了满足我国旅游事业蓬勃发展的需要，铁路部门积极采取措施，增开旅游专线和旅游专列，并且形式多样。铁路运输经过几次提速，运行速度大大提高。截至2021年底，全国铁路营业里程达15万千米，其中高铁营业里程达4万千米，居世界第一位。

公路交通发展迅速。截至2021年底，全国公路总里程达到528.07万千米，国家高速公路已建成11.7万千米，普通国道通车里程达25.77万千米。以国家高速公路为主体的高速公路网络已经覆盖了98.8%的城区、人口20万以上城市及地级行政中心，连接了全国约88%的县级行政区和约95%的人口。普通国道基本覆盖县级及以上行政区和常年开通的边境口岸，有效连接了重要乡镇、产业园区、交通枢纽以及旅游景区等。

水路交通对旅游业的发展也具有重要作用。截至2021年底，渤海湾省际客滚船舶共25艘、36117客位、3417车位，琼州海峡省际客滚船舶共57艘、51612客位、2778车位。

5）旅游业成为国民经济的支柱产业之一

中国旅游业成长迅速，其作为国民经济支柱产业的地位也更加巩固。2002年，我国旅游总收入达5 566亿元人民币，比上年增长11.43%，高出国民经济总体增长速度3个百分点以上。2013年，旅游业总体保持健康较快发展，全年实现旅游总收入2.95万亿元人民币，比上年增长14.0%。中国旅游研究院发布的《2019年旅游市场基本情况》显示，2019年，旅游经济继续保持较快增长，全年实现旅游总收入6.63万亿元人民币，同比增长11%；国内旅游人数60.06亿人次，比上年同期增长8.4%；入出境旅游总人数3.0亿人次，同比增长3.1%；旅游业对GDP的综合贡献为10.94万亿元，占GDP总量的11.05%；旅游直接就业2 825万人，旅游直接和间接就业7 987万人，占全国就业总人口的10.31%。尽管2020年以来，旅游业受到新冠肺炎疫情的严重冲击出现了很大的波动，但总体来说，旅游业在国民经济结构中的支柱性地位并没有发生改变。

6）旅游形式呈现多样化

改革开放以来，随着人们生活水平的日益提高，旅游业得到了长足的发展，旅游形式也更加多样化。

（1）出境旅游

改革开放初期，出境旅游是少数人才能够享有的权利。自1992年国家正式公布出境旅游市场数据以来，到2000年，大约花了9年的时间，中国出境人数才达到1 000万人次。进入21世纪以后，中国出境旅游人数增长迅速，令世界瞩目。2004年，中国公民出境人数已达2 885.29万人次。2004年也是中国公民出境旅游目的地数量增加最快的一年。2009—2016年，出境旅游市场继续快速增长，中国公民出境旅游人数年复合增长率达14.4%。2019年，中国公民出境旅游人数达到1.55亿人次，比上年同期增长3.3%。

此外，外交部领事司对中国领事服务网"持普通护照中国公民前往有关国家和地区入境便利待遇一览表"进行了更新。截至2021年1月，持普通护照中国公民可以享受入境便利待遇的国家和地区增加到73个，其中包括15个互免普通护照签证国家，18个单方面允许中国公民免签入境国家和地区，40个单方面允许中国公民办理落地签证国家和地区。

（2）红色旅游

2004年2月，在全国旅游工作会议期间，上海、北京、江西等省市签署了《郑州宣言》，提出了"打造红色旅游品牌，推动红色旅游大潮"的口号，拉开了红色旅游的序幕。同年12月，《2004—2010年全国红色旅游发展规划纲要》正式出台。红色旅游的推出得到了各级政府和业界的积极响应，各有关省市和地区积极规划，打造精品路线，同时展开了大规模的宣传促销活动，红色旅游得以迅速普及。"十三五"期间，我国红色旅游出游人数保持稳定增长，在全国国内旅游市场中维持在11%以上的市场份额。《"十四五"旅游业发展规划》更是提出："大力发展红色旅游。突出爱

旅游广角2-4

持普通护照中国公民前往有关国家和地区入境便利待遇一览表

国主义和革命传统教育，坚持培育和践行社会主义核心价值观，有效提升红色旅游规范化发展水平。把伟大建党精神等党和人民在各个历史时期奋斗中形成的伟大精神融入线路设计、展陈展示、讲解体验中，讲好革命故事、根据地故事、英烈故事，让人民群众在旅游中接受精神洗礼、传承红色基因。结合党史学习教育开展'百名红色讲解员讲百年党史'系列活动，充分运用红色资源，推出'建党百年红色旅游百条精品线路'，教育引导广大党员、干部坚定理想信念、筑牢初心使命。广泛开展红色旅游宣传推广活动，提升红色旅游发展活力和影响力。促进红色旅游与乡村旅游、生态旅游等业态融合，推出一批红色旅游融合发展示范区。持续优化建设300处红色旅游经典景区。积极发挥红色旅游巩固拓展脱贫攻坚成果作用，紧密结合革命老区振兴发展，依托当地红色文化等重要资源，培育壮大特色旅游产业，增进革命老区人民福祉。"

育德启智2-4

红色旅游热度持续上升

（3）工农业旅游

近几年来，中国乡村旅游发展迅速、花样翻新，创造性地开展了许多独具特色的"农家乐"旅游及其他形式的"农业观光游"。与此同时，一些城市充分发挥工业企业的资源优势，开展了一些工业旅游项目，这些项目以大型企业为依托，以工业产品、生产过程、生产工艺、生产场地、工业遗产和企业文化等为资源，对不同行业、不同区域和不同年龄段的旅游者产生了极大的吸引力。

课堂互动2-3

答案提示

🔄 **课堂互动2-3**

近年来，红色旅游、工业旅游等旅游活动在我国的蓬勃发展说明了什么？

边听边学2-1

本章小结

本章小结

人类旅行和旅游活动是社会经济发展的产物。在自给自足、生产力水平低下的社会里，因为生存环境改变而被迫进行的迁徙或极少数人才能享有的外出游玩，我们称为"旅行"。人类历史上第三次社会大分工的出现，产生了商人阶层，开创了旅行先河，旅行活动出现萌芽。奴隶制生产力的进一步发展、交通网络的建立、交通工具的改善，都使人们有意识的旅行活动得以实现，并迅速发展。奴隶制生产方式和社会经济的发展进一步扩大了商品交换的规模，激发了人们对旅行的需要。封建社会生产力的进一步提高，促进了社会文化生活的日趋丰富，也促进了旅游活动的内容和形式向多样化的方向发展。

近代产业革命成功后，中产阶级和一部分大众阶层利用闲暇时间参加旅行，托马斯·库克将旅行活动与旅游业联系起来，使真正意义上的旅游得以产生并在社会上迅速普及。第二次世界大战结束后，和平与发展逐渐成为时代主流。宏观环境的改善为现代旅游的兴起和普及创造了前所未有的良好条件，旅游迅速发展成为一种产业。旅游成为人类社会的一种基本需要，旅游形式呈现多样化。

主要概念

近代旅游　现代旅游

边听边学 2-2

主要概念

基础训练

2.1　填空题

1）我国最早有记载的帝王旅行家是西周的_____。

2）中国封建社会的旅游活动有_____、_____、_____、_____、_____几种类型。

3）西方封建社会的旅游活动有_____、_____、_____、_____、_____几种类型。

4）_____是近代旅游业的创始人，他创造了_____旅游这一新概念。

5）旅游的基本服务方式是_____和_____。

在线测评 2-1

填空题

2.2　选择题

1）在人类社会的（　　）后，旅行活动开始萌芽。

A.第一次社会大分工　　　　　　　B.第二次社会大分工

C.第三次社会大分工　　　　　　　D.第四次社会大分工

2）（　　）被称为中国封建帝王巡游的第一人。

A.秦始皇　　　　B.汉武帝　　　　C.汉高祖　　　　D.隋炀帝

3）（　　）是我国魏晋之际为搜寻法典而游历国外的第一人。

A.法显　　　　　B.于法兰　　　　C.朱士行　　　　D.法勇

4）1908年，被称为"饭店业开山鼻祖"的（　　），在美国纽约的布法罗建造了第一家商业饭店。

A.托马斯·库克　　B.斯塔特勒　　C.希尔顿　　D.欧内斯特·亨德森

5）第二次世界大战以后，促使旅游活动迅速发展的因素有（　　）。

A.世界人口的迅速增长

B.世界经济的迅速发展

C.交通工具的进步

D.劳动者带薪假期的增加

E.城市化进程的加快及教育事业的发展

在线测评 2-2

选择题

2.3　简答题

1）古代旅游活动主要有哪几种形式？

2）世界近代旅游业诞生在什么时候？有哪些重要标志？

3）现代旅游的发展有哪些特点？

4）为什么人们将托马斯·库克称为近代旅游业的先驱者？

在线测评 2-3

简答题

2.4　讨论题

1）社会生产力的发展对人类的旅游活动产生了什么影响？

2）试分析现代旅游与古代旅游相比有哪些区别。

2.5　案例分析题

1923年6月24日，《民国日报》登载了这样一条新闻："华人周游世界家到沪。南洋华侨郭庆隆君，福建漳州人。生长于爪哇之吧城。立愿不携分文，周游世界，从事考察各国之政治实业教育。其川资以卖出照片所得者充之。君于去年八月间由爪哇首途，所经有苏门答腊、暹罗、马来半岛、香港等六十余处。现抵沪上，寓徐家汇暨南商科。该校学生自治会即开会欢迎，并请郭君演讲其考察之所得。闻郭君勾留沪上一二星期，即赴南京、天津、北京、山东、横滨、大连、西比利亚、莫斯科及英、法、德等国之各大城邑。更至非洲，乃横贯大西洋，以达美国，再游南美，澳洲、檀香山、菲律宾、婆罗洲，然后回至爪哇云。"

资料来源　流云，黄诚. 老新闻：民国旧事（1920—1923）[M]. 天津：天津人民出版社，1998.

问题：旅游在郭庆隆所处时代发生了哪些变化？这些变化为郭庆隆顺利周游各国提供了哪些条件？

实践训练　☑ ------------------------------●

前往当地历史人物游迹较为集中的景点进行考察，从古人留下的石刻游记等分析他们的旅游观。

第 3 章

旅游者

【学习目标】

1. 掌握旅游及旅游活动的概念，明确旅游活动的特点；
2. 了解什么是旅游活动的主体，理解旅游者与非旅游者的界定方法；
3. 掌握旅游者形成的条件，能够分析旅游者的动机、类型及需求特点；
4. 树立文明旅游意识，践行社会主义核心价值观，做文明旅游使者。

【知识导图】

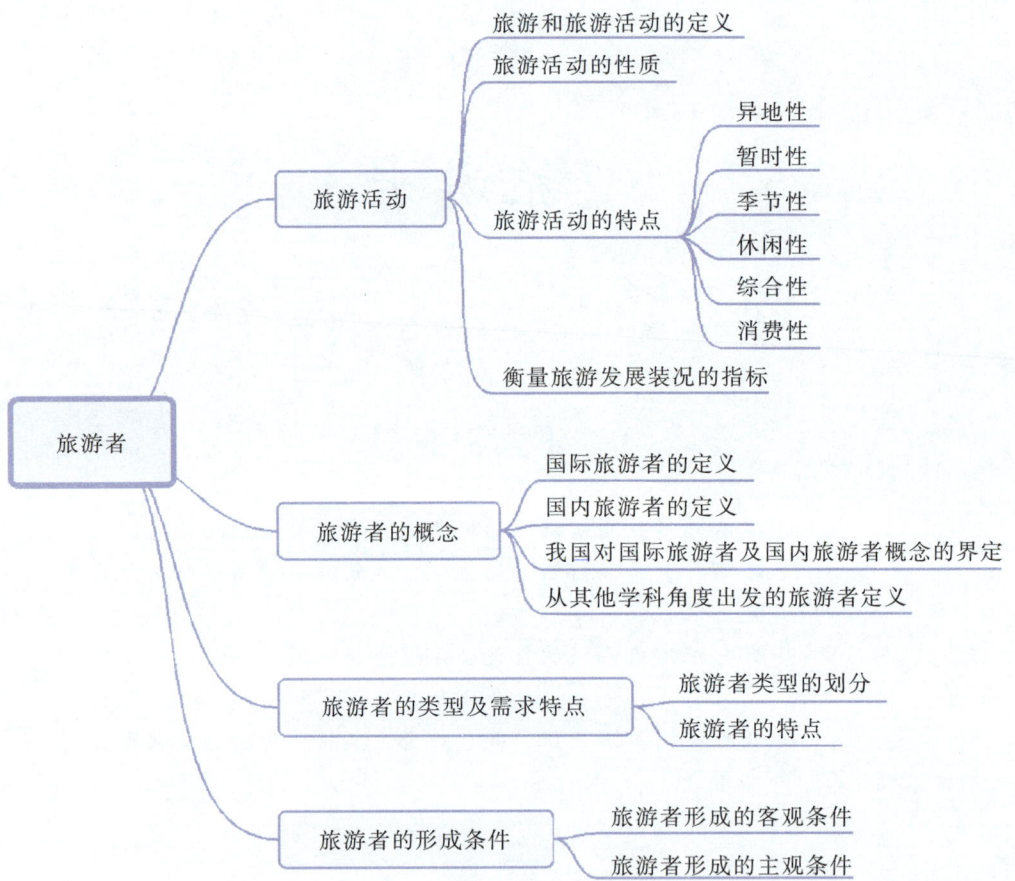

旅游者
- 旅游活动
  - 旅游和旅游活动的定义
  - 旅游活动的性质
  - 旅游活动的特点
    - 异地性
    - 暂时性
    - 季节性
    - 休闲性
    - 综合性
    - 消费性
  - 衡量旅游发展装况的指标
- 旅游者的概念
  - 国际旅游者的定义
  - 国内旅游者的定义
  - 我国对国际旅游者及国内旅游者概念的界定
  - 从其他学科角度出发的旅游者定义
- 旅游者的类型及需求特点
  - 旅游者类型的划分
  - 旅游者的特点
- 旅游者的形成条件
  - 旅游者形成的客观条件
  - 旅游者形成的主观条件

～ 引 例 ～

古代旅行者的旅行活动

公元前4000年，苏美尔人发明了货币，其贸易发展标志着旅行时代的开始，因为当时的苏美尔人已经懂得使用钱或通过物物交换来支付交通和住宿费用。

大约在公元前1490年，古埃及女王访问旁特地区（今索马里），此行被视为世界上第一次以和平观光为目的的旅游活动。

为了防范掠夺者，（丝绸之路上的）商人们往往组建多达千头骆驼的商队，并由武装人员护送。他们所经过的地区属于不同的政治、经济势力范围。

在地中海，参加节日盛会的游客、商人、病人和寻求神示的人共同构成了公元前5世纪至公元前4世纪旅行者的主体。除这些人外，还有一种人，即纯粹的游人，不过他们所占的比例很少。"历史之父"希罗多德曾频繁旅行，假如当时有飞行里程奖励的话，他毫无疑问有资格获得一等奖。

公元4世纪至5世纪，罗马帝国的崩溃给欧洲的旅行和旅游带来了灾难。在黑暗时期，只有敢于冒险的人才去旅行，谁都不会把旅行和快乐联系起来。

16世纪的西班牙人最早对今天的佛罗里达和北美洲的广大地区进行了探险，他们战胜了恶劣的自然条件，进行了极其漫长的旅行。

资料来源　戈尔德耐 C R，里奇 J R，麦金托什 L W. 旅游业教程：旅游业原理、方法和实践[M]. 贾秀海，等译. 8版. 大连：大连理工大学出版社，2003.

思考：以上材料讲述的是古代的旅行者以及他们的旅行活动，思考他们与现代旅游者的不同之处。

分析：材料中列举的人是最具时代特征和代表意义的旅行活动的先驱者。之所以称他们为"旅行者"而非"旅游者"，是因为他们的活动与公认的现代旅游活动的含义相去甚远。现代旅游活动是人们出于和平的目的离开常住地到异国他乡的非定居性旅行和暂时停留的活动，它具有异地性、暂时性、休闲性、消费性、综合性等基本特征，旅游者则是旅游活动的主体。材料中的旅行者或是为了征战，或是为了经商，或是为了迁移而开展旅行活动，其过程往往十分艰苦，不具有休闲娱乐性。当然，他们中的绝大多数人也并不以休闲为旅行动机。因此，从现代旅游的性质、动机、目的等因素来看，这些旅行者难以归类到旅游者中去。

3.1　旅游活动

3.1.1　旅游和旅游活动的定义

随着世界旅游活动的广泛开展，人们对旅游的研究与认识变得越来越深入。加之旅游学科本身的边缘属性，因而旅游的定义也越来越多。各国的学者从不同的专业领域、研究方向为旅游下了多个定义，这使得人们对旅游的认识产生了分歧。究竟什么是旅游呢？回答好这个问题不仅是旅游理论研究的基本要求，对旅游实践活动也具有重要意义。

1）旅游的定义

目前，一些较有影响的旅游定义主要有：

（1）交往定义

1927年，以莫根罗特为代表的德国学者在《国家科学词典》中指出，旅游是指"那些暂时离开自己的住地，为了满足生活或文化方面的需要或各种各样的愿望，而作为经济和文化商品的消费者逗留在异地的人的交往"。由于这个定义特别突出了旅游中"交往"的社会含义，故称为"交往定义"。

（2）关系定义

1935年，德国学者葛留克斯曼提出，旅游是"在旅居地短时间旅居的人与当地人之间各种关系的总和"。这个定义第一次确认旅游为非经济性的实体。

（3）"艾斯特"定义

1942年，瑞士教授沃特尔·汉泽克尔和科特·克拉普夫在他们合著的《普通旅游学纲要》中指出，"旅游是由非定居者的旅行和短暂停留而引起的各种现象和关系的总和，其前提是这些旅行和短暂停留不会导致他们长期定居或从事任何赚钱的活动"。这一定义在20世纪70年代又被旅游科学专家国际联合会（AIEST）所采用，所以也称为"艾斯特"定义。

（4）流动定义

1974年，英国学者伯卡特和迈德里克认为，"旅游发生在人们前往和逗留在各种旅游地的流动中，是人们离开其通常居住和工作的地方，短期暂时前往某地的运动和在该地逗留期间的各种活动"。这一定义引述了"艾斯特"定义，但在"艾斯特"定义的基础上又加入了旅游的动态因素——流动，这是一切旅游都包含的特征之一。

（5）目的定义

1980年，世界旅游组织大会召开后，世界旅游组织曾提出用"人员流动"（movement of persons）一词替换"旅游"（tourism）的概念，其定义是"人们出于非移民及和平的目的，或者基于实现经济、社会、文化及精神等方面的个人发展及促进人与人之间的了解与合作等目的而进行的旅行"。这一定义强调了人们旅游的目的性，也就是旅游动机。

以上几个定义各有侧重，其中第（1）、（4）、（5）条事实上是对旅游活动的定义，因为这些定义都将旅游作为旅游者的活动来解释，而没有考虑到旅游业的活动，所以它们是不全面的。

第（2）、（3）条涵盖的内容明显较广，不但阐述了旅游者的活动，还考虑到了由此引起的各种现象和关系，因此也更为科学。其中，"艾斯特"定义因其界定的精确性以及表述上的概括与精练而得到了国际社会的普遍认可。它的深刻之处在于，没有单纯地把旅游看成人类的某种活动，而是指出了旅游活动中必将产生的相关的经济联系和广泛的社会关系，即旅游者和旅游地、旅游企业之间存在着经济联系，旅游者相互之间及其与当地居民之间也会产生一定的社会关系。这些关系以及由此引发的相互影响是旅游学研究的重点之一。

通观旅游的各种定义，我们可以看到，人们已经至少在以下三个方面达成共识：

第一，旅游必须是旅游者离开自己的定居地到异国他乡访问的活动。

第二，旅游是旅游者前往旅游目的地，并在那里做短暂停留的访问活动。它有别于移民性质的长期居留，旅游者也不会在旅游目的地就业。

第三，旅游是旅游者旅行和暂时停留而引起的各种现象和关系的总和。它不仅包括旅游者的活动，而且包括这些活动在客观上产生的一切关系和现象。

值得注意的是，由于旅游业的蓬勃发展以及世界经济一体化趋势的不断加强，在近几十年里涌现出了许多新的旅游形式和旅游现象，从而使得人们对旅游的认识也在不断发生变化。

例如，许多有影响的定义，包括"艾斯特"定义，都提到过旅游者在旅游目的地的活动不能以谋生和营利为目的，但商务谈判、展览推销、贸易洽谈等工商事务毕竟也是企业或个人营利活动的组成部分。如果严格按照非营利的定义来界定旅游，就会把以工商事务及出席会议为代表的外出访问活动排除在外。事实上，在工商事务及出席会议等差旅活动中，几乎都伴随着一定程度的消遣旅游活动；同时，大多数旅游接待国或地区都把因事来访者的消费纳入本国或本地区的旅游收入，而不会将消遣旅游和事务访问分立为两个账户。因为两者的访问目的虽然不相同，但他们在目的地的消费对该地经济的客观影响是一样的，世界旅游组织等国际机构也公认事务访问者属于旅游者。因此，虽然现代旅游的构成主要是消遣型旅游，但差旅型旅游也应纳入旅游的定义这一点是确定无疑的。

通过以上讨论我们不难看出，旅游的定义在不断补充和改进，它是不断发展的。根据现代旅游发展的客观实际，在前述"艾斯特"定义的基础上，我们对旅游定义如下：旅游是人们出于和平目的离开常住地到异国他乡的非定居性旅行和暂时停留而引起的现象和关系的总和。

2）旅游活动的定义

需要注意的是，旅游和旅游活动是两个不同的概念。旅游活动指的是旅游者往返于出发地与目的地之间的旅行（或空间位移）活动，以及在目的地停留期间的访问活动。旅游除了包括旅游者的活动之外，还包括由此引起的各种现象和关系。如果不将二者加以区分，那么旅游者的旅游活动和旅游业的经营活动就会被混为一谈。

3.1.2 旅游活动的性质

关于旅游活动的性质，国际和国内旅游学界都存在着争议，争论的焦点在于旅游活动的本质属性究竟是经济性质还是文化性质。国际旅游学界早在20世纪60年代就开始讨论这一问题。1927年，意大利学者马里奥蒂出版了《旅游经济讲义》一书，从对旅游活动的形态、结构和活动要素的研究中，提出旅游活动是具有经济性质的一种社会现象。此后，旅游一直被学术界，尤其是经济学界视为一项具有重要经济意义的活动。然而，到了20世纪三四十年代，德国的葛留克斯曼和瑞士的汉泽克尔、克拉普夫提出了旅游活动具有非经济性质的观点。一直到现在，这一争论仍未结束。近年来，已有越来越多的学者注意到了旅游活动的非经济性本质，建议广泛使用文化人类学和社会学的方法研究旅游活动。

旅游活动是旅游者在具体的社会环境中进行的，所以它必然会综合反映社会环境中的多种复杂现象。首先，在旅游活动中，旅游者之间、旅游者和旅游目的地居民之间必然会产生社会交际关系，由此带来了国家或地区之间的人员交流，因此旅游活动反映出了一种社会现象；其次，旅游者出游的重要目的之一就是体验异地文化，而在旅游活动的过程中，旅游者会自觉或不自觉地与东道国的居民发生文化上的互动，这使得旅游活动又染上了文化活动的色彩；再次，旅游者在旅游活动中的食、住、行、游、购、娱都需要消费旅游企业提供的产品和服务，他们与旅游企业之间的供需关系是十分明显的，互为旅游输出地和目的地之间的国家、地区也存在着显著的经济联系，部分国家和地区甚至以旅游收入为主要外汇来源，因此旅游活动也涉及经济方面；最后，国际和不同区域间的旅游互访有助于增进各国人民之间的相互了解、改善国际关系、促进世界和平，因此旅游活动也体现出了政治影响。

事实上，旅游活动的内容涉及政治、文化、经济等领域的方方面面，因此它是一项综合性的社会活动。然而，旅游活动毕竟是人们为了审美、娱乐、交往、自我实现等高级需求而前往异地的活动，也就是一种闲暇活动，人们在进行旅游活动时不具有特定的经济或政治意向，因此从旅游者的旅游动机上来说，旅游活动仍然属于社会文化范围。

从这个角度而言，我们可以认为，旅游活动是一项以不同地域间人员的短暂活动为特征，以审美和娱乐为本质属性，涉及政治、经济等多个领域的社会文化活动。

3.1.3　旅游活动的特点

从20世纪50年代起，受世界经济的迅速发展、国民收入的增多、带薪假期的增加、交通工具的现代化等一系列因素的影响，旅游成为一项在世界范围内普及化的活动；同时，新的旅游方式、旅游现象也在市场的推动下不断涌现，这使得旅游活动呈现出与以前完全不同的特点。然而，我们认识旅游活动特点的目的在于更有效地指导旅游的理论研究和实际工作，因此下面只讨论旅游活动的几个典型特点。

1）异地性

旅游的基本含义之一就是，人们离开日常生活和工作的地点去观赏异国风光、体验他乡情调的活动。也就是说，作为旅游活动主体的旅游者必须发生空间上的移动，这种空间上的转换也是促使旅游者产生旅游动机的直接因素之一。人们之所以想要外出旅游，往往是因为他们对自己日常熟悉的事物和氛围感到乏味，从而对陌生地、陌生事物产生了特殊的联想和向往。因此，人类对陌生世界的好奇心决定了旅游活动必然具有异地性。

2）暂时性

旅游是人们在正常的工作、生活之外，利用闲暇时间所做的暂时出行。旅游者不会在旅游目的地定居和工作，这也决定了旅游活动只是一种短期行为。然而，实践中人们对"暂时"这一概念的认定存在着很大的困难，其原因在于人们难以对时间的长短进行清楚的划分。相对于人的一生来说，一天、一周、一个月，甚至一年都可以是暂时的。以什么作为确定"暂时"的标准，到现在还没有定论，这也给旅游统计带来了很大的不便。

3）季节性

一年中，旅游者对外出旅游时间的选择和旅游企业的业务都具有淡旺季的差异，这种差异体现的就是旅游活动的季节性。从旅游业的经营角度出发，人们把一年中旅游者来访人数明显较多的时期称为旺季，把一年中旅游者来访人数明显较少的时期称为淡季，其余时期称为平季。我国的"十一"黄金周就是特征明显的旅游旺季。旅游活动季节性的形成原因有两点：其一，就旅游目的地而言，大部分旅游吸引物（尤其是自然景观）会因季节或时令而改变其审美娱乐价值，游客必须应时而至才能满足自己的旅游期望。其二，就旅游者而言，由于工作和学习时段的限制，自由时间的数量和分布也是有限的。需要注意的是，并非所有旅游活动都有季节性，事务型旅游以及以探亲访友为目的的家庭及个人旅游受季节性的影响就不大。真正对旅游季节性的形成具有重大影响的是以消遣为目的的外出度假旅游。

旅游广角 3-1

常态化、高频化预约成为主流模式

4）休闲性

旅游活动的休闲性由三个方面决定：从目的上看，旅游的目的是借助可以愉悦心情的活动达到审美体验，这是与一切休闲活动的品性相一致的。从时间上看，旅游活动是发生在自由时间内的行为，人们一般愿意在这种时段中从事一些积极的休闲活动。随着我国双休日制度和法定节假日制度的执行，越来越多的人希望外出旅游、放松心情。从内容上看，旅游活动实际上是多种休闲活动的组合，旅游者在目的地停留期间，其所有活动，如观光、游览、交际、观看演出、体育锻炼等，几乎都是休闲活动。因此我们可以说，旅游活动就是生活的一个休闲阶段。需要注意的是，休闲性主要体现在消遣型旅游上，商务型、事务型旅游则不体现该项特征。

5）综合性

现代旅游活动不再是单纯的游山玩水，而是包括了食、住、行、游、购、娱等多项内容的综合活动，旅游者在观光游览之余，还会将享受风味美食、领略异域文化、购买土特产、体验丰富刺激的娱乐活动作为出行内容，多种需求综合起来，才能形成他们的旅游动机。同时，由于这种需求的综合性，供给方也相应呈现出综合发展的趋势，旅游业将许多行业紧密地联系在了一起。

6）消费性

旅游者在旅游活动中不会为社会或自身创造任何外在的可供消费的资料，相反，还会消耗自己以往的积蓄和他人的劳动成果。所以，旅游活动无疑是消费行为，不是生产行为。另外，由于旅游是一种放松自我的短期休闲活动，因此几乎所有旅游者在旅游过程中都会出现消费额度偏高的现象，也正是由于这一特征，旅游活动才成为现代社会刺激消费、拉动内需的新增长点。

在以上特点中，异地性和暂时性是旅游活动的基本特点，这两个特点是任何时期的旅游活动都具有的，它们反映了旅游活动在空间和时间上的本质特征。由于旅游活动具有以上这些特征，因此旅游者在活动过程中容易表现出责任约束的松弛和占有意识的外显，这也是部分旅游者在旅游地会发生消费攀高、道德感弱化、文化干涉、物质摄取等行为的原因。

3.1.4　衡量旅游发展状况的指标

无论在旅游的理论研究还是实际操作中，我们都需要借助一些实际指标去测量旅游活动的发展状况，并对不同时间、空间的发展情况进行比较，以此了解来访客流规模以及旅游对本国、本地区经济的直接影响，从而制定相应的旅游政策。出于对不同经济目的、不同发展方向的考虑，学者们设计出了各种不同的指标，常用的指标有以下几种：

1）旅游人数

旅游人数是指在一定时期内到达某一国家、某一地区的旅游者人数。它分为来访旅游人数和出访旅游人数两个指标。

对于来访旅游人数的统计，各国的方法不一。例如，对于入境旅游人数的统计，有的国家根据边防入境登记来统计人数，有的国家则通过抽样调查或旅馆住宿登记来测算人数。以上两种方法都难以做到准确无误，而且用不同方法得出的数据会有很大出入。例如，世界旅游组织就曾指出，大多数国家根据边防入境登记来统计入境旅游人数，很容易把许多入境者反复多次的出入境也包括进去，从而不能反映旅游市场的真实状况。因此，对两个国家或组织机构的统计结果进行比较，必须建立在它们所采用的统计口径、统计方法基本相同的基础上。

2）旅游收支

旅游收支是旅游业对一国或一地区经济影响的较为直观的数据，包括旅游收入和旅游支出。

旅游收入通常是指在一定时期内（通常是1年），旅游目的地国家或地区因接待来访的国内外游客，向其提供各种商品和服务而获取的直接收入。笼统地讲，旅游收入等于同期国内外游客在该目的地的消费总额。它一般分为国内旅游收入和国际旅游收入两个指标。前者的统计是通过抽样调查法进行的；后者则主要是为国际游客提供商品和服务而收取的外汇收入，不包括国际交通客运收入。

旅游支出通常是指国际旅游支出，即在一定时期内（通常是1年），一个国家的居民出国旅游期间在国外购买商品和服务的消费总额。这个数据中也不包括国际交通客运支出。

对国际旅游收支的统计，国际上也有许多方法。其中，最常用的方法是银行报告法（bank reporting method）。这种方法是由国家中央银行通过对经授权受理外币兑换业务的各银行和其他代理机构的交易登记进行汇总，然后计算出某一时期内本国的国际旅游收入或国际旅游支出，但是这种方法难以按照客源国来区分旅游收入与旅游支出数据。另外一种较常用的方法是估测法（estimation method），即抽样调查统计法，应用这种方法统计出来的数字最可靠，这也是我国目前采用的统计方法。

3）人均停留天数

人均停留天数是指某一时期内来访旅游者在目的地的平均停留天数，也可以用人均过夜次数表示。综合考察人均停留天数与旅游人数两项指标，能够更好地说明旅游活动的规模。

目前，部分国家或地区接待的旅游人数显著增加，旅游收入却未有大幅度提升，这是因为人们的出游次数虽然增加，在目的地停留的时间却逐渐减少。其中的原因可能出自旅游者自身，如旅游者身体状态不佳、闲暇时间不多等，但更多还是取决于目的地的状况，如旅游资源丰富与否、观光游览价值的大小、服务态度的优劣、旅游设施对旅游者需求的满足程度等。因此，旅游目的地应该在吸引更多旅游者来访的基础上，相应提高旅游服务与旅游产品的质量，以延长旅游者的停留天数。

课堂互动3-1

有些学者认为："旅游是外国或外地人口进入非定居地并在其中逗留和移动而引起的经济活动的总和。"然而，部分旅游学者并不认同这种说法，为什么？

课堂互动3-1

答案提示

3.2 旅游者的概念

旅游是由人产生的行为，是人类社会实践活动的一部分。不仅旅游本身是人的活动，旅游业的一切服务接待工作也是针对和围绕人进行的。可以说，没有旅游者就没有旅游活动，更不能使旅游活动成为一种社会现象。所以，作为旅游者的人是旅游活动的主体，其行为对旅游活动的发生、发展和结果起着决定性的作用，也直接关系到整个旅游业的发展。旅游者由此成为旅游学的首要研究对象。

旅游者的定义包括理论性和技术性两种。理论性定义是从理论抽象出发而下的定义，认为旅游者就是离开居住地到异国他乡进行暂时的旅行、访问活动而非谋生的人。这种定义虽然直观，但是不适用于旅游的实际操作。对于旅游业以及关心旅游业发展问题的政府部门来说，它们需要的是旅游者的技术性定义，即将一些可量化的或者可以区别限定的标准纳入旅游者的定义中，以便于统计和研究。然而，由于人们进行旅游活动的动机复杂、形式繁多，而且研究者们从不同的学科领域、研究目的出发，能够制定出不同的旅游统计标准，因此对旅游者所下的技术性定义也不尽相同。不过，一些旅游权威机构一直很关注国际旅游者的界定问题，并为此做了大量的研究工作。有关旅游者的技术性定义，世界各国原则上已经取得了共识。

3.2.1　国际旅游者的定义

1）国际联盟定义

1937年，国际联盟统计专家委员会对"外国旅游者"做出了如下定义：外国旅游者就是"离开自己的居住国，到另一个国家访问至少24小时的人"，并将以下几种人列为旅游者：

①为了消遣、家庭事务及健康方面的目的而出国旅行的人。

②为出席会议或作为公务代表而出国旅行的人（包括科学、管理、外交、宗教、体育等会议或公务）。

③为工商业务而出国旅行的人。

④在海上巡游的过程中登岸访问的人员，即使其停留时间不足24小时，也视为旅游者。

不能列为旅游者的人员为：

①抵达某国就业任职的人（不管是否订有合同），或者在该国从事商业活动的人。

②到国外定居的人。

③到国外学习、膳宿在校的学生。

④属于边境地区居民而又经常越过边界到另一个国家工作的人。

⑤临时过境而不停留的旅行者，即使在境内时间超过24小时也不算旅游者。

这一定义对当时的旅游统计、旅游市场研究以及第二次世界大战后国际旅游业的发展起到了重要作用。

1950年，国际官方旅游宣传组织联盟（世界旅游组织的前身）接受了此定义，但是提出了两点修正意见：一是在国外寄宿于学校或企业的人应属于旅游者的范围；二是短期旅行者以及过往旅行者（即逗留时间不超过24小时者）不应算作旅游者。

2）罗马会议定义

第二次世界大战结束后，现代旅游业发展迅速，如何统一世界各国的旅游统计口径成为一个急需解决的问题。1963年，在国际官方旅游宣传组织联盟的积极推动下，联合国在罗马召开了国际旅行和旅游会议，简称罗马会议。会议对来访旅游人次的统计范围做了新的规定，即罗马会议定义。

罗马会议基于统计工作的考虑，提出了"游客"（visitor）这一整体概念。游客可分为两类：一类是在目的地过夜的游客，称为"旅游者"（tourist）；另一类是不在目的地过夜的当日往返游客，称为"短程旅游者"（excursionist）或"一日游游客"（day tripper）。具体定义如下：

游客是指任何前往不属于自己居住国的其他国家的个人，其前往该国的动机可以是除了谋求职业以外的任何动机。

游客包括以下两类：

(1) 旅游者

旅游者是指到一个国家做短期访问至少停留 24 小时的游客，其旅游目的可以是：①消遣（包括娱乐、度假、疗养、学习、保健、宗教、体育运动等）；②工商业务、探亲访友、公务出差、会议。

(2) 短程旅游者

短程旅游者是指到一个国家做短期访问，停留时间不足 24 小时的游客（包括海上巡游过程中的来访者）。

这一定义不包括那些在法律意义上并未进入所在国的过境游客，如没有离开机场中转区域的航空游客。

1968 年，联合国统计委员会和国际官方旅游宣传组织联盟先后正式通过了该定义。

罗马会议定义的特点是：

①将所有纳入旅游统计的来访人员统称为游客。

②根据来访者的旅行目的区分其是否为旅游者。

③以在访问地的停留时间是否超过 24 小时为标准，将游客划分为停留过夜的旅游者和一日游游客，并建议对这两种类型的游客分别进行统计。

④根据访问者的定居地而不是所属国籍来区分其是否算作旅游者，从而与旅游的异地性相吻合。

此外，由于该定义明确将以商务访问为代表的事务型旅行者也纳入了旅游者的范畴之内，因此对它的采纳使得旅游（tourism）和旅行（travel）这两个含义不同的概念朝着同化的方向大大迈进了一步。

3.2.2　国内旅游者的定义

在第二次世界大战结束后的早期旅游研究中，国内旅游者的定义一直是被忽略的。因为旅游业在国际贸易和国际收支平衡中的作用越来越重要，所以学者们和旅游机构对国际旅游者的统计与研究更为重视，这导致了国际权威机构的旅游者定义大多只针对国际旅游者。然而，国内旅游，特别是一日游，也发展得很快，并对旅游目的地的经济繁荣做出了很大贡献。鉴于此，为了求得国际的一致性和可比性，世界旅游组织于 1984 年给国内旅游者下了一个定义：任何以消遣、闲暇、商务、公务、会议、度假、疗养、学习、保健、宗教、体育运动等为目的而在其居住国（不论国籍为何）

进行 24 小时以上、1 年以内旅行的人，均被视为国内旅游者。这个定义只除去了国际特征，其他完全符合世界公认的关于旅游者的定义。

1991 年，世界旅游组织在渥太华召开的国际旅行和旅游统计会议进一步确认了罗马会议定义，重申了游客、旅游者和一日游游客等概念在旅游研究和旅游统计方面的重要性。在此基础上，联合国统计委员会更新了旅游统计系统，认为国内旅游者是指"任何前往其常住国国内，但在自己的常居环境以外的某个地点进行为期不超过 12 个月的旅行的人，其旅行目的不是从事可从该地获得报酬的活动"。国内游客包括：①国内旅游者，指的是在访问目的地的某个公共或私人住宿设施中至少停留一夜的国内游客，即过夜国内游客；②国内一日游游客，指的是未在访问目的地的某个公共或私人住宿设施中过夜的国内游客。

虽然上述定义得到了各国的公认，但是很多国家在对国内旅游者进行调查和统计时，仍然按照自行界定的标准各行其是，因此各国对国内旅游者的定义也各不相同。

例如，加拿大政府部门将国内旅游者定义为"到离开其所居社区边界至少 25 英里以外去旅行的人"，该定义明确规定了离家外出的距离。美国将国内旅游者定义为"为了出差、消遣、个人事务或者出于工作上下班之外的其他任何原因而离家外出旅行至少 50 英里（单程）的人"，这个定义的突出特点是以外出路程为标准区分是否为国内旅游者，而不管其是在外过夜还是当日返回。英国的情况则与美国相反，英国在国内旅游者的统计方面强调的是必须在外过夜，而不管旅行距离如何。英国旅游局对国内旅游者的定义是"基于工作上下班之外的其他任何原因而离家外出旅行过夜至少一次的人"，而并未对旅行距离做出明确规定。

3.2.3　我国对国际旅游者及国内旅游者概念的界定

1）我国对国际旅游者概念的界定

1979 年，根据我国旅游统计工作的需要，国家统计局结合国际上的有关规定，对国际旅游者和非旅游者做出了明确规定。随着我国旅游业与国际旅游业的接轨，我国官方也开始采用游客、入境（过夜）旅游者、入境一日游游客等国际通用专业术语。以下是《中国旅游统计年鉴 2001》中对这些术语的解释：

游客是指任何为休闲、娱乐、观光、度假、探亲访友、就医疗养、购物、参加会议或从事经济、文化、体育、宗教活动，离开常住国（或常住地）到其他国家（或地方），连续停留时间不超过 12 个月，并且在其他国家（或其他地方）的主要目的不是通过所从事的活动获取报酬的人。

游客不包括因工作或学习在两地有规律往返的人。游客按出游地可分为国际游客（入境游客）和国内游客；按出游时间可分为旅游者（过夜游客）和一日游游客（不过夜游客）。

入境（过夜）旅游者是指入境游客中，在我国旅游住宿设施内至少停留一夜的外国人、华侨、港澳台同胞。

入境（过夜）旅游者不包括下列人员：

①应邀来华访问的政府部长以上官员及其随行人员。

②外国驻华使领馆官员、外交人员以及随行的家庭服务人员和受赡养者。

③常驻我国1年以上的外国专家、留学生、记者、商务机构人员等。

④乘坐国际航班过境不需要通过护照检查进入我国口岸的中转游客。

⑤边境地区往来的边民。

⑥回内地（大陆）定居的港澳台同胞。

⑦已在我国定居的外国人和原已出境又返回在我国定居的外国侨民。

⑧归国的我国出国人员。

入境一日游游客是指入境游客中，未在我国旅游住宿设施内过夜的外国人、华侨、港澳台同胞。入境一日游游客应包括乘坐游船、游艇、火车、汽车来华旅游，在车（船）上过夜的游客和机、车、船上的乘务人员，但不包括在境外（境内）居住而在境内（境外）工作、当天往返的港澳台同胞和周边国家的边民。

从上述我国对来华游客的解释中可以看出，除了在表述上及个别地方有所不同外，我国有关游客、国际旅游者的定义基本上都遵循了罗马会议定义的相关规定。

2）我国对国内旅游者概念的界定

目前，在我国的国内旅游统计中，国内旅游者通常称为国内游客，国内游客按照出游时间可分为国内过夜游客和国内一日游游客。

（1）国内游客

国内游客是指报告期内在国内观光游览、度假、探亲访友、就医疗养、购物、参加会议或从事经济、文化、体育、宗教活动的本国居民，其出游目的不是通过所从事的活动谋取报酬。国内游客按每出游一次统计1人次。

（2）国内过夜游客

国内过夜游客是指国内居民离开惯常居住地在境内其他地方的旅游住宿设施内至少停留一夜，最长不超过12个月的国内游客。

（3）国内一日游游客

国内一日游游客是指国内居民离开惯常居住地10千米以上，出游时间超过6小时，不足24小时，并未在境内其他地方的旅游住宿设施过夜的国内游客。

以上定义中容易让人理解混乱的一个问题是关于"常住地"一词的范围。一般而言，城市居民前往该城城郊郊游不应划入旅游范围，而应划入娱乐范围，因为城市的郊区和市区在地域上和经济上存在着整体性联系。所以，在旅游研究中，来自城市的国内旅游者的常住地的范围包括其定居城市的市区和郊区。另外，在时间上，常住地是指在1年的大部分时间内居住的城镇或乡村，因而国内游客也包括在我国境内住满1年后，离开常住地到我国境内其他地方旅游的外国人、华侨、港澳台同胞。

此外，我国在对国内旅游者进行统计时还规定，以下人员不属于国内游客：

①到各地巡视工作的部级以上领导。

②驻外地办事机构的临时工作人员。

③调遣的武装人员。

④到外地学习的学生。

⑤到基层锻炼的干部。

⑥到境内其他地区定居的人员。

⑦无固定居住地的无业游民。

从上述内容可以得知，我国对国内旅游者的界定基本上与世界旅游组织的建议相一致。然而，在对国内旅游者的统计中，在亲友家中过夜的国内旅游者未被算进去，这是由于此项内容存在着统计上的困难和不确定性。

课堂互动3-2

答案提示

课堂互动3-2

我国对国际旅游者的统计口径中，有八种人不统计在国际旅游者的范围内，思考其原因。

3.2.4 从其他学科角度出发的旅游者定义

我们知道，国际上现行的旅游者定义主要是以罗马会议定义为标准的。由于罗马会议定义是一个技术性定义，其主要出发点是方便旅游统计操作，因此它存在以下问题：首先，该定义没有涉及旅游者的本质特征，只是说明了行为表现，也没有说明这种行为表现是为什么。换句话说，该定义没有说明旅游者为什么要出去。只有解决了为什么要出去的问题，才不会与旅游理论体系的其他问题脱节。其次，该定义将部分非旅游者也列入了统计范围。例如，购票进入公园的晨练者不是旅游者，但公园是按售出门票数来统计旅游者人数的，并不会考虑购票人的行为动机。最后，该定义对时间和空间因素有严格要求，但是如果纯粹从旅游的角度来看，时间只是量的变化，而不是质的变化。

鉴于现行旅游者定义的这些缺陷，为了全方位地了解什么是旅游者，我们也可以从其他学科的角度出发进行研究。

①从心理学角度来看，旅游者是离开常住地以寻求改变精神状态、寻求审美和愉悦，从而达到精神愉快过程的人。这里说明了旅游者的出行动机，但是根据这个定义，纯粹的商务、会议、探亲访友人员就不再是游客了，因为他们在出行目的上缺乏审美和愉悦的规定性。基于这种认识，这些人员可以被归到比旅游者范畴更大的"旅行者"中去（如图3-1所示），如果他们在整个旅行期间确实曾有过一段旅游经历，那么他们也只在这一时段内是旅游者。

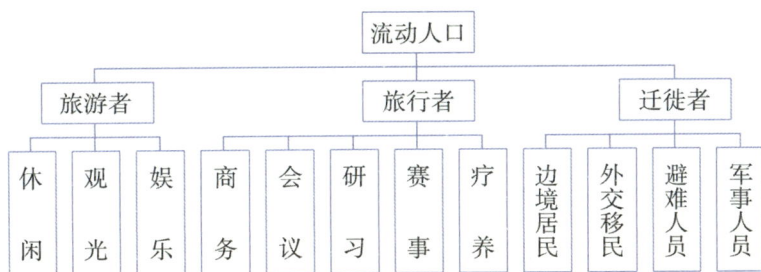

图 3-1　旅游者、旅行者与迁徙者

资料来源　李天元. 旅游学概论 [M]. 5 版 . 天津：南开大学出版社，2003.

②从社会学角度来看，旅游者是从事旅游这种社会实践活动，并通过其在旅游目的地的活动对当地社会造成积极或消极影响的主体。

③从文化学角度来看，旅游者是为了实现特殊的文化感受，对旅游资源文化内涵进行深入体验而去异国他乡旅行的人，他们既是文化的感受者，也是文化的传播者。

④从市场学角度来看，旅游者是旅游市场的主体，他们是旅游产品的主要消费者与需求者，是旅游企业的直接利润来源。这种观点其实是对旅游者市场地位的说明，它要求旅游企业在市场营销中牢固树立"以人为本"的精神。

3.3　旅游者的类型及需求特点

旅游者的形成条件复杂，只有将旅游者划分为不同的类别，对比各细类之间的旅游动机、行为方式、活动特点，才能在千变万化的实际情况中找出研究头绪来，才能对旅游者进行深入、全面的研究。

一个旅游地或旅游企业的客源有主要和次要之分，因此，我们必须选择主要客源地进行宣传促销、实施重大活动、制定发展战略。那么，如何确定主要客源地呢？这就需要根据旅游者来源地的不同进行分类统计，对比找出对自己最有利的客源市场。这样，旅游地或旅游企业的行动才能够获得理想的效果。

3.3.1　旅游者类型的划分

旅游者是旅游活动的主体。有什么样的旅游活动，就有什么样的旅游者。由于旅游活动没有固定的划分标准，因此旅游者的类型也没有固定的划分标准。我们可以根据实际需要选择不同的划分方法，甚至采用两种或两种以上的标准对旅游者进行划分。

目前，较为常见的划分标准有以下几种：

①按旅游活动组织形式的不同，旅游者可分为团体旅游者和散客。

②按旅游者消费水平的不同，旅游者可分为经济型旅游者、标准型旅游者、豪华型旅游者。

③按旅游费用来源的不同，旅游者可分为自费旅游者、公费旅游者、奖励旅游者。

④按旅游交通方式的不同，旅游者可分为航空旅游者、铁路旅游者、汽车旅游者、轮船旅游者。

⑤按地域范围的不同，旅游者可分为国内旅游者、国际旅游者、洲际旅游者、环球旅游者。

⑥按年龄的不同，旅游者可分为青少年旅游者、中年旅游者、老年旅游者。

⑦按旅游目的的不同，旅游者可分为度假型旅游者、商务型旅游者、医疗保健型旅游者、求学型旅游者、公务会议型旅游者、家庭事务型旅游者、宗教活动型旅游者、体育活动型旅游者及其他。

此外，还可以按照人口统计因素、客源地、旅行距离等多种方法划分旅游者，但不论采取何种划分方法，目的都是更好地了解旅游者，进而为旅游理论研究和经营管理实践提供依据。

3.3.2 旅游者的特点

按照不同标准划分的旅游者，其特点也是不同的。

举例来说，不同年龄段的旅游者的特点就不尽相同。青少年旅游者精力充沛、好奇心强，因而旅游愿望强烈，但是由于没有直接的经济来源，因此其消费水平有限；他们大多喜欢参与性、刺激性强的娱乐活动，多会选择如滑雪、探险、越野、攀登等新颖独特的旅游产品。中年旅游者收入水平较高，且处于精力、事业的巅峰期，占旅游总人数的比例最大；对他们而言，闲暇时间的多少以及家庭情况对旅游消费需求的影响最大。老年旅游者基本上拥有充足的可自由支配收入和可自由支配时间，但由于身体状况下降，因此他们对旅游设备的完善及旅游服务的细致要求较高，强调安全和舒适；同时，随着世界人口老龄化趋势的加剧，这类旅游者的规模将逐步扩大。

如果我们按照人口统计因素中的性别因素来划分旅游者，男女之间的旅游需求差异也是很明显的。一般来说，男性旅游者体力较好，独立意识较强，喜欢知识性、运动性、刺激性较强的旅游活动，具体表现为体育、公务及会议旅游；女性旅游者则更注意旅游过程中的人身和财产安全，偏爱购物活动。不过随着女性就业率及经济收入水平的不断提高，女性参加公务旅游、观光旅游的人数也开始呈现上升趋势。

下面我们主要对消遣型旅游者、差旅型旅游者、个人和家庭事务型旅游者、特种旅游者的特点进行分析。

1）消遣型旅游者的特点

（1）在全部外出旅游人数中所占比例最大

现代旅游或者说大众旅游的主要特征之一就是旅游活动的消遣性。旅游度假已经成为人们生活的重要组成部分，人们借此缓解紧张的工作带来的压力，达到愉悦身心的目的。因此，不难设想以消遣为目的的旅游者在世界旅游业中所占的重要地位。查阅历年《中国旅游统计年鉴》《中国文化文物和旅游统计年鉴》等公布的数字我们也可看出，在实际接待工作中，消遣型旅游者的数量远远多于其他类型旅游者的数量。

（2）出游的季节性强

其原因有两个方面：从需求角度讲，旅游者大多属于在职人员，他们的旅游活动几乎都得在假期开展。带薪假期的集中导致出游时间的集中，从而形成了出游的季节性。从供给角度讲，旅游目的地的气候以及景观如果受季节的影响较大，也会提高消遣型旅游者出游的季节性。

（3）对旅游活动安排的自由度大

消遣型旅游者在选择旅游目的地、旅行方式以及出发时间等方面自由度较大。例如，旅游者可能因经济、天气甚至个人事务等方面的原因而随时改变出发时间。当然，这种自由仍然受各种客观条件（尤其是闲暇时间及可自由支配收入）的限制，但受限制的程度相对于其他类型的旅游者来说已经最小。

（4）出游时间一般较长

消遣型旅游者常常会到各地领略不同的风光景致，由于消遣度假的原因，逗留时间会较长。国内的消遣型旅游者多以组团形式出游，在游程安排上较为紧凑，但出游时间总量仍然较长。

（5）对价格较为敏感

由于消遣型旅游者多为自费旅游，因此他们大多对价格较为敏感。如果目的地的旅游产品过于昂贵，超出了其可承受的范围，他们就会改去其他地区旅游。此外，旅行社报价、交通费用、住宿费用等，对消遣型旅游者也有影响。

2）差旅型旅游者的特点

大众旅游时代到来以前，商务旅游者是旅游活动的主体。如今，随着全球化进程的加快，任何一个国家或地区都不可能脱离与其他国家或地区的经济、文化、政治等方面的联系与合作，这些联系与合作导致了国家或地区间的相关人员流动，差旅型旅游者因此形成了一个极具国际性的巨大市场。

差旅型旅游者在出游动机上显然不同于消遣型旅游者，其具有以下特点：

（1）出游频率较高

这是差旅型旅游者受旅游企业重视的主要原因之一。差旅型旅游者的出行很多是出于固定的业务联系，因此常常会到一地进行多次旅行。这部分旅游者对旅游景点的收入贡献不大，对旅游相关部门，尤其是酒店业和交通部门的影响却是显而易见的。就世界航空客运市场而言，差旅型旅游者在其中所占的比重高达50%。因此，如果旅游企业能够与差旅型旅游者的组织保持长期良好的合作关系，往往会形成固定的客户群。

（2）不受季节的影响

由于这类旅游者的出行是出于工作或业务的需要，因此他们不会受闲暇时间的限制。不过，在本国旅游度假的旺季，他们出差办事的可能性会较低，因为他们自己也可能要和家人一起度假。另外，对于短途旅行，他们会尽量把出游时间控制在周一到周五的工作日，以便于开展工作，而很少选择周末的休息时间。

（3）对目的地的选择自由度较小

开展业务的差旅型旅游者必须到与本企业有业务联系的地区，而参加会议的旅游者也不可能自己决定会议召开的地点，因此这类旅游者对目的地的选择自由度较小。

（4）消费水平较高

在旅游服务方面，差旅型旅游者强调的是舒适、方便，因此消费水平较高。例如，差旅型旅游者乘坐飞机时一般会选择商务舱，住宿方面会选择在地点和设施方面可以满足自己商务活动需要的高级酒店。

（5）价格敏感度低

差旅型旅游者没有选择或更改目的地的自由，只要工作或业务需要，即使目的地的旅游产品价格较高，只要未超过其组织能够或愿意承担的限度，他们仍会前往。

3）个人和家庭事务型旅游者的特点

个人和家庭事务型旅游者主要包括那些以探亲访友和求学为目的的旅游者。他们数量众多，消费水平较低，在其他方面的特点比较复杂。从总体上来看，个人和家庭事务型旅游者不同于前两种类型的旅游者，又兼有前两种类型旅游者的某些特点。

在出游时间上，他们不大可能利用工作时间探亲访友，而需要在假期出行。传统上亲友团聚的节日一般是这一类型旅游者出游的高峰期，而这些节日对不同民族、不同国家的人而言又是不同的。另外，其出游时间在某些情况下也没有时间限制，如在参加婚礼、毕业典礼等活动时，是没有季节限制的。

由于个人和家庭事务型旅游者多是自费旅游，因此他们对价格较敏感，这一点与消遣型旅游者相似。

在对目的地的选择上，个人和家庭事务型旅游者的选择自由度较小，这一点又与差旅型旅游者相似。

因此，个人和家庭事务型旅游者的情况难以一概而论，必须具体问题具体分析。

4）特种旅游者的特点

特种旅游也称"专题旅游""专项旅游""特色旅游"等，它是一种新兴的旅游形式，是对观光旅游和度假旅游等常规旅游的发展和深化。

特种旅游是指为了满足旅游者某方面的特殊兴趣与需要，定向开发、组织的一种特色专题旅游活动。作为旅游形式的一个类别，特种旅游除了具有暂时性、异地性等旅游共性之外，还要求全体出游者彼此帮助、相互指导，并运用一定的专业知识实现旅游目标。特种旅游的活动范围广，活动方式新颖，常常涉及具有危险性的项目或人迹罕至的地域。非赛事的自行车、热气球、攀岩、滑翔等体育旅游，地区跨度较大的自驾车旅游，热带雨林、沙漠、峡谷、洞穴等区域的探险旅游，以及专题科考旅游等，均可列入特种旅游的范围。

与特种旅游的内容和特征相对应，特种旅游者具有以下基本特点：

（1）消费价值取向侧重于自主性和目的性

一般而言，特种旅游者更注重精神或心理上的满足感，对物质上的享乐程度的要求较低。因此，他们对食宿及服务设施的要求较低、耗费不多，甚至是零消费。例如，在穿越沙漠、原始丛林等人迹罕至的地域时，旅游者往往自带干粮、自备帐篷。

（2）对行程的组织有较高的自主性和能动性

由于特种旅游强调对旅游者个人能力的考验，因此许多事项都需要旅游者自己安排。参加特种旅游从某种意义上改变了旅游者在常规旅游活动中的角色和心理上的被动性，他们在欣赏自然风光和人文风情的同时，也能享受自身的潜能和才干在探险中得到体现的欣喜和愉悦。

（3）旅游路线和活动区域较为特殊

进行特种旅游的地区一般拥有相对原始的生态环境或较为独特的文化环境，由此组成的旅游线路和项目才能使旅游者产生新鲜感、刺激感和探险兴趣。因此，特种旅游的许多线路和项目都安排在边（边疆）、古（有悠久文明史）、荒（沙漠或人迹罕至之处）、奇（有奇特的地形地貌）、险（高山、峻岭、险地、恶水）、少（少数民族聚居地）地区。

（4）特种旅游者要具有坚强的意志、强健的体魄以及冒险精神

特种旅游者会选择志同道合的人作为旅游伙伴，并在旅游者团体内部形成共同的文化准则或精神动力。

课堂互动 3-3

旅游者的消费构成有哪些？如何划分？

课堂互动 3-3

答案提示

3.4　旅游者的形成条件

旅游是一项综合性的社会活动，作为旅游活动主体的旅游者，其形成条件也涉及多个方面。如果不考虑旅游企业、旅游市场的影响，仅从旅游者的个人需求方面来看，一个人能否成为旅游者主要取决于两个方面：一是客观条件，包括个人可自由支配收入、闲暇时间及其他客观因素；二是主观条件，即产生旅游欲望的心理因素——旅游动机。

3.4.1 旅游者形成的客观条件

1）个人可自由支配收入

决定需求的主要经济因素是消费者个人是否拥有足够的可自由支配收入。旅游活动的发展历史表明，大众旅游的兴起同世界各国，尤其是欧美等发达国家的国民收入水平的提高是分不开的。可以说，较高的个人收入水平是旅游者形成的首要条件。

要了解个人可自由支配收入的重要意义，首先要了解其概念。在这里，我们引入西方旅游研究中经常使用的两个术语——可支配收入（disposable income）和可自由支配收入（discretionary income）。可支配收入是指个人实际收入减去税收、保险及养老金等法定扣除金额后的净值。可自由支配收入是指在可支配收入的基础上减去贷款、租金、食品、衣物和其他必要的生活支出等最基本的生活消费后的剩余收入，也就是一个人可以任意花费的那部分可支配收入。

国际有关方面的统计表明：当一国的人均国民生产总值达到800～1 000美元时，居民将普遍产生旅游动机；达到4 000～10 000美元时，居民将产生出国旅游动机；超过10 000美元时，居民将产生洲际旅游动机。因此，最终对旅游者的形成产生直接影响的仍然是个人可自由支配收入。例如，2019年，我国国内生产总值990 865亿元人民币（如图3-2所示），比上年增长6.1%；人均国内生产总值70 892元人民币，比上年增长5.7%；国民总收入988 458亿元人民币，比上年增长6.2%；中国公民出境旅游人数达1.55亿人次，中国已连续多年保持世界第一大出境旅游客源国地位。这是因为我国居民的可自由支配收入较多，具备了开展旅游活动的条件。

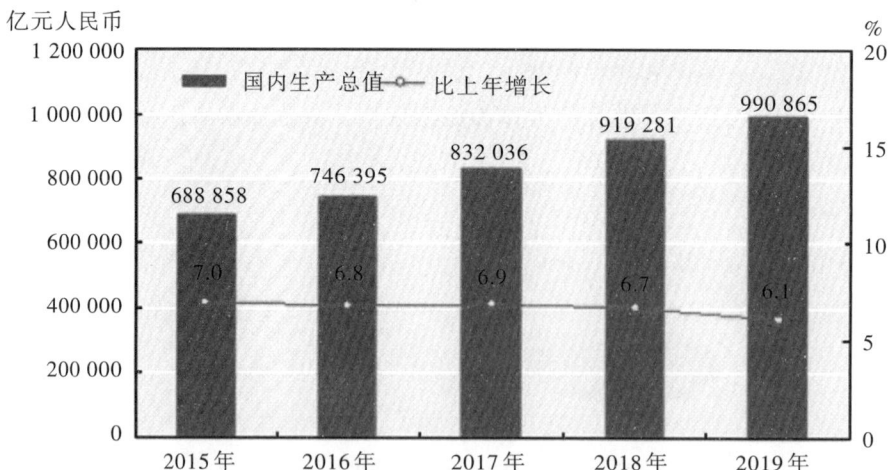

图3-2　2015—2019年中国国内生产总值及其增长速度

资料来源　中华人民共和国国家统计局. 中华人民共和国2019年国民经济和社会发展统计公报［EB/OL］.［2020-02-28］. http://www.gov.cn/xinwen/2020-02/28/content_5484361.htm.

2020年以来，受新冠肺炎疫情影响，虽然我国国内生产总值依然保持逐年增长态势，但旅游业受到巨大冲击。目前，国内旅游正在缓慢恢复，出境旅游依然在底部盘整。尽管面临极大的困难，但是业界从未放弃信心，也没有消极等待，创业创新一直都在进行，国内周边游持续火热，出境旅游目的地也以积极的行动表达出对中国出境旅游市场的坚定信心。

旅游广角 3-2

《中国出境旅游发展年度报告 2021》发布

学习探究 3-1　　　　　　　　　　**收入水平对旅游消费的影响**

收入水平决定了家庭或个人外出旅游时的消费水平。显然，具有较高收入水平的人外出旅游的消费水平也会偏高。此外，收入水平对旅游消费还有以下两个方面的影响：

1. 旅游消费的收入弹性系数

当一个家庭的收入水平达到了可以满足外出旅游的收入临界点后，每增加一定比例的收入，旅游消费就会以更大的比例增加。英国有关部门估计，旅游消费的收入弹性系数为 1.5。国际官方旅游宣传组织联盟则估计这一系数为 1.88，也就是说，收入每增加 1 个百分点，旅游消费就会增加 1.88 个百分点。

2. 旅游消费结构

旅游消费由多个方面构成，但旅游者首先必须支付的是交通费用，且此项费用是不能节省的。富裕家庭在外出旅游时，会在食、宿、游、购、娱方面花费较多，从而使得交通费用在总消费中的比例降低。而在收入水平较低的家庭的旅游消费结构中，交通费用所占的比例通常较大。收入与旅游消费支出不是简单的正比例关系，而是呈结构性增长。

资料来源　李天元. 旅游学概论［M］. 5 版. 天津：南开大学出版社，2003.

2）闲暇时间

拥有足够的支付能力只是决定人们能够外出旅游的经济方面的因素，然而，许多收入水平相当高的人也未必能够实现外出旅游的愿望。原因是多方面的，其中一个重要的原因就是缺少足够的个人可自由支配时间，即闲暇时间。

那么，什么是闲暇时间呢？人类的活动时间大概可以分为谋生活动时间、满足生理需要时间、社会活动时间以及闲暇时间。也就是说，闲暇时间是除去前三项之外的时间，但闲暇时间并不是通常所说的"8 小时以外的时间"，而是指人们在日常工作、生活、学习及其他必需时间之外，可以自由支配，从事休闲娱乐或自己乐于从事的其他事情的时间。

当然，并非所有闲暇时间都可以用来旅游，这还与闲暇时间分布的集中程度有关：

（1）每日闲暇

这部分时间很零散，基本上不能作为旅游时间，只可以用于一般的日常娱乐和休息。

（2）每周闲暇

这是指周末公休时间。我国从1995年5月起实行每周5天工作制，周末公休时间有2天，这为我国公民的周末出游创造了必要的时间条件。目前，世界上大多数国家都实行5天工作制。在部分发达国家，有关法案还规定每年有4次为期3天的周末假日。这段较为集中的闲暇时间就可以用来进行国内短程旅游。

（3）公共假日

这是指通常所说的节假日。由于历史文化和宗教信仰等方面的原因，各国传统节日的分布状况也有所不同。在西方国家，比较重要的公共假日是复活节和圣诞节。目前，我国已经形成了由元旦、春节、清明节、劳动节、端午节、中秋节、国庆节组成的法定假日，这些假日已成为我国居民外出旅游的高峰时期。表3-1为2022年我国公休假放假安排表。

表3-1　　　　　　　　　　　2022年我国公休假放假安排表

节日	放假时间	调休上班日期	放假天数
元旦	1月1日—1月3日	无调休	共3天
春节	1月31日（除夕）—2月6日	1月29日（星期六）、1月30日（星期日）上班	共7天
清明节	4月3日—4月5日	4月2日（周六）上班	共3天
劳动节	4月30日—5月4日	4月24日（星期日）、5月7日（星期六）上班	共5天
端午节	6月3日—6月5日	无调休	共3天
中秋节	9月10日—9月12日	无调休	共3天
国庆节	10月1日—10月7日	10月8日（星期六）、10月9日（星期日）上班	共7天

（4）带薪假期

目前，多数发达国家和部分发展中国家都规定对就业人员实行带薪休假制度，但各国实行带薪假期的情况各有不同。例如，韩国、泰国规定企业与雇员存在1年以上雇佣关系的，必须提供6天以上带薪假期；在西欧国家，带薪假期平均每年4周。我国自2008年1月1日起施行《职工带薪年休假条例》，规定机关、团体、企业、事业单位、民办非企业单位、有雇工的个体工商户等单位的职工连续工作1年以上的，享受带薪年休假。其中，职工累计工作已满1年不满10年的，年休假为5天；已满10年不满20年的，年休假为10天；已满20年的，年休假为15天。带薪假期时间长并且集中，是人们外出旅游的最佳时机。

总之，从旅游需求的角度来看，闲暇时间，尤其是历时较长且较为集中的闲暇时间，是实现旅游活动的重要条件。

3）其他客观因素

足够的个人可自由支配收入和个人可自由支配时间是实现旅游活动的两个最重要的客观条件，但并非全部条件。事实上，一个人能否外出旅游，还会受到其他客观因素的影响和制约。这些因素可以是社会经济因素，也可以是个人因素，如年龄、性别、种族、受教育程度等。具体而言，以下两个因素特别重要：

育德启智3-1

"我们的假日"
这样变迁

（1）个人身体状况

一般而言，重症病人及身体素质不好的人很少会外出旅游。另外，从历年《中国旅游统计年鉴》可以发现，在入境旅游者中，处于 20~45 岁这一年龄段的人在外出旅游者中所占的比例最高。而老年人，尤其是 65 岁以上的老年人，在外出旅游者中所占的比例则不高。事实上，年龄高低对旅游者结构的影响只是表面现象。实质原因是，随着年龄的增加，许多老年人身体状况欠佳，无法适应旅游活动中的舟车劳顿；年轻人的身体状况良好，因此没有这方面的限制。不过，随着社会医疗条件和保健技术的发展，人类的平均寿命也在增长。如今，老年人的身体状况与二三十年前处于同一年龄段的老年人的身体状况相比，已经有了显著改善。因此，进入 20 世纪 90 年代后，老年人旅游日益盛行，并已成为旅游业中令人瞩目的重要市场。

（2）个人家庭状况

调查结果表明，有婴幼儿的家庭外出旅游的可能性很小，这是因为：一方面，婴幼儿需要特别的照顾；另一方面，外出旅行时不容易找到婴幼儿生活所需的特殊接待设施。同样道理，有重症病人及年龄较高老人的家庭也较少出游。因此，个人家庭状况也是影响个人旅游需求的客观因素之一。

综上所述，一个人的身体状况和家庭状况，以及可自由支配收入和闲暇时间，一起构成了影响旅游需求的客观因素，它们相互联系、相互作用，共同促进了旅游者的形成。从这些因素考虑，最有可能成为旅游者的是 45 岁以下、身体健康的未婚成年人。需要说明的是，本节的讨论主要针对的是非差旅型旅游者，而以商务旅游为代表的差旅型旅游，从根本上说是由工作需要引起的，旅游者的个人因素对其影响不大，因此差旅型旅游者的形成与上述决定因素之间不存在必然联系。

3.4.2　旅游者形成的主观条件

从哲学的观点来看，任何事物的变化，内因都是起决定性作用的，外因只有通过内因才能对事物产生影响。所以，如果没有主观上的条件，一个人即使具备上述客观条件，也不可能成为旅游者。这里的主观条件指的就是由旅游需要推动的旅游动机。

1）旅游需要

旅游需要是旅游者出游的内在驱动力，是一种心理上的、精神上的需要。有别于人类先天形成的生理需要，心理需要是维持人们认知、感情、意识等方面平衡的产物，是后天形成的，它可以通过人的素质的提高而改变，也可以通过补偿和代替的方式获得间接满足。例如，亲情可以抚慰心灵创伤，阅读小说可以填补心灵空虚，旅游可以缓解精神压力等。

旅游是高层次的精神文化需要，是超脱一般生理需要的高级需求形式，是社会发展到现代文明阶段的产物。从心理学的角度分析，旅游者产生旅游动机主要基于以下几种需要：

（1）求补偿的需要

现代人的生活节奏快，而且较为枯燥，人们需要通过旅游来放松自己，使自己在日常生活中所缺乏的那些满足感得到补偿。

首先，旅游能够满足人的新鲜感。追求新鲜感是人类的本性，人们对新鲜的事物、景观、习俗和文化的兴趣促使人们在满足温饱后，不断寻找和开辟更加广阔的天地，并愿意暂时性地改变自己所处的环境。人们外出旅游正是为了寻求这种不断扩展的、不断更新的，并能够给自己以新鲜感的生活。

其次，旅游能满足人们对亲切感、受尊重感以及成就感的需要。心理学家马斯洛提出的需要层次理论把人类的基本需要由高到低划分为五个层次：生理需要、安全需要、社会需要、受尊重需要和自我实现需要。人们只有在低层次的需要得到满足之后，才会向上一层次的需要发展。在旅游活动中，人们相互理解、相互尊重，加强了与他人的交流与沟通，可以获得社会需要方面的满足。在旅游目的地，旅游接待机构与各类服务人员提供的优质服务，会使旅游者享受到贵宾般的待遇，从而满足了旅游者受尊重的需要。另外，现在越来越流行的极限旅游，如穿越沙漠、攀登险峰、寻宝探险等活动，能够使旅游者充分表现自己、突出自己，从而使旅游者获得成就感，满足旅游者自我实现的需要。

（2）求解脱的需要

现代生活的高度紧张和快节奏使人们的精神负担加重，用脑过度使人们的脑力与体力失去平衡，繁忙的日常事务与复杂的人际关系使人们的精神高度紧张。这些都使都市社会中的人们不堪忍受，从而产生了一种逃避现实的愿望。由于旅游活动具有暂时性和异地性，因此其可以使人们体会到一种"不同于日常生活的生活方式"，进而使人们从平时的紧张精神中解脱出来。

（3）求平衡的需要

最适刺激理论认为，人有追求单一性和复杂性的需要。单一性需要，即人们对平衡、和谐、无冲突、可预见性的需要。缺乏单一性会引起人们心理上的不安全感。然而，过分单一又会使人感到厌倦乏味，因此又产生了复杂性需要，即人们对新奇、出乎意料、变化与不可预见性（刺激、新奇）的需要，但过分复杂也会使人感到不安。总之，人们在单一性中寻找复杂性，复杂性过多时又需要单一性来平衡。旅游活动是日常单一生活的中断，其丰富的内容和活跃的形式决定了它具有复杂性，但是旅游的暂时性又决定了人们必须回归单一生活。因此，旅游是纠正日常生活单一性与复杂性失衡的良药。

2）旅游动机

当一个人产生旅游需要时，旅游动机就会推动他为实现旅游需要而进行旅游活动。"动机"是一个心理学名词，指的是促进和维持人的活动，并将该活动导向某一目标的心理倾向。通俗地讲，动机就是激励人们行动的主观因素。因此，旅游动机是由旅游需要所推动的，促使一个人有意于外出旅游以及规定其具体旅游行为的内在驱动力。

（1）旅游动机的类型

在旅游动机的形成过程中，人们的愿望、兴趣和理想起着激励作用，体现了人们不同的旅游需要。即使旅游需要相同，也可能受民族、性别、年龄、职业和文化程度等因素的影响而以不同的动机表现出来。因此，促使人们外出旅游的动机也是多种多样的。

国内外学者从不同的角度对旅游动机进行了分类。例如，美国学者罗伯特·麦金托什和沙西肯特·格普特在他们合著的《旅游的原理、体制和哲学》一书中将旅游动机分为以下四种基本类型：

①身体健康方面的动机。人们通过参加与身体健康有关的旅游活动，达到松弛身心的目的，包括度假休息、温泉洗浴、避暑避寒等。由这种动机引起的旅游活动有一个共同特点，即通过与身体有关的保健医疗活动来消除紧张。

②文化方面的动机。人们为了了解自己的生活环境和知识范围以外的事物，如异国他乡的音乐、民俗、舞蹈、绘画及宗教等，而产生的旅游动机。

③人际（社会交往）方面的动机。人们通过旅游这种社会活动保持与社会的接触，包括希望接触他乡人民、探亲访友、逃避日常的琐事及惯常的社会环境、结交新朋友等。

④地位和声望方面的动机。该项动机主要与个人成就及个人发展的需要有关。事务、会议、考察研究、追求业余爱好以及求学等类型的旅游活动都是由这种动机引起的。旅游者可以通过旅游实现自己受人尊重、被人赏识、获得认可的愿望。

又如，日本学者田中喜一在《旅游事业论》一书中将旅游动机分为四类，即心情的动机、身体的动机、精神的动机、经济的动机。

随着旅游业的发展，新的旅游形式不断出现，人们的旅游动机也更加复杂化，这里补充两种类型的旅游动机：一是猎奇或冒险动机，这是一种寻求日常生活中所没有的刺激，以调节生活情趣的动机，具体表现在各种新兴的极限旅游活动上；二是购物方面的动机，如许多人到我国香港去旅游就是出于这种动机。

事实上，由于旅游是一种综合性的活动，能够满足人们多方面的需要，因此人们外出旅游时，也是基于多个方面的动机。只是有时是以某种动机为主，以其他动机为辅；有时是有的动机被意识到了，有的动机未被意识到而已。

（2）影响旅游动机的因素

影响旅游动机的因素十分复杂，既有个人的因素，也有环境的因素；既有社会的因素，也有文化的因素。

①个性心理特征。在影响旅游动机的个人因素中，个性心理特征起着重要作用。不同个性心理特征的人有不同的旅游动机，进而产生了不同的旅游行为。

在这一领域的研究中，美国心理学家斯坦利·帕洛格的研究较有代表性。帕洛格在调查了数千个美国人的个性心理特征后，认为可以把人们分为五种心理类型（如图3-3所示）。

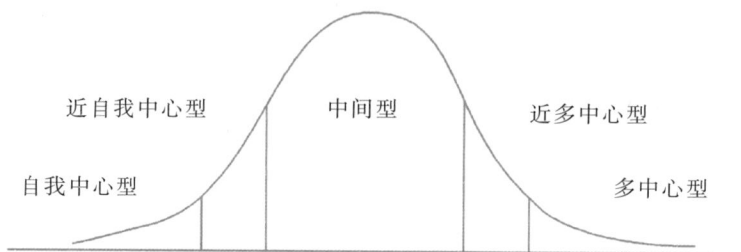

图 3-3　五种心理类型

　　这五种心理类型分别为自我中心型、近自我中心型、中间型、近多中心型、多中心型。自我中心型和多中心型是两种极端对立的性格，中间型属于表现不明显的混合型，近自我中心型和近多中心型则分别属于两个极端类型和中间型之间的过渡类型。属于中间型心理类型的人占大多数，属于两个极端心理类型的人在总人口中则只占很小的比例。人们的心理类型呈两头小、中间大的正态分布。不同的心理类型对人们的旅游活动有着极大的影响，并且这种影响是多方面的。自我中心型和多中心型的人的旅游活动特征见表 3-2。

表 3-2　　　　　　　　　自我中心型和多中心型的人的旅游活动特征

项目	自我中心型	多中心型
性格特点	谨小慎微、多忧多虑、不爱冒险	性格开朗、兴趣广泛
旅游动机	追求身体健康、休息、消遣	追求刺激、自我实现
交通工具	汽车、游览车、游轮、飞机	自行车、步行
理想的目的地	熟悉的、比较出名的旅游地，如名山大川、历史古迹、名人故里	偏僻的、不为人知的旅游地，如沙漠、热带雨林、未开发地域
对旅游企业的要求	设施齐备、服务周全	只要有基本设施即可，尽量少使用旅游企业的服务和产品
旅行准备	周密的旅行计划	只有基本安排，自主性和灵活性较大
出游方式	团体旅游	散客旅游
行为特点	喜安逸、好轻松、活动量少，喜欢熟悉的气氛和活动	喜新奇、好冒险、活动量大，不愿随大流
交际特点	喜欢与熟悉的人、亲朋好友出游	喜欢与不同文化背景的人相处

　　资料来源　贾静. 旅游心理学［M］. 郑州：郑州大学出版社，2002.

　　需要注意的是，这五种心理类型的划分并非绝对，人在心理上是存在着某种连续性的，这从人们的行为所具有的弹性或灵活性上可以看出。

　　②个人的性别、年龄及受教育程度。性别和年龄决定了一个人的生理特点，也影响着一个人在社会和家庭中的角色和地位，因此必然会影响到个人甚至其整个家庭的旅游决策。个人的受教育程度则会影响到人的文化程度与修养。受教育程度较高的人，掌握的关于异国他乡的信息和知识也较多，从而对亲自了解外部世界更有兴趣和热情，对陌生环境的不安和恐惧也更容易克服。

③社会因素。社会因素对旅游动机的影响主要是由人们在社会阶层中的地位及所扮演的角色来决定的。一般而言，处于较高社会阶层的人更愿意接受外界的新鲜事物，对旅游持积极的态度；处于较低社会阶层的人一般相对封闭，不愿意冒险，并且往往认为外部世界比较凶险，不愿意过多参加旅游活动。另外，就社会的整体性而言，民族风俗、宗教信仰等因素也会促使人们产生外出旅游的动机。

育德启智 3-2

创造美好生活　旅游业应有更大作为

课堂互动 3-4

研究游客旅游动机的实际意义是什么？

课堂互动 3-4

答案提示

本章小结

在本章中，我们对旅游及旅游活动主体——旅游者进行了较为系统、全面的阐述。目前，学术界对旅游的概念已经达成了几项共识，国际社会普遍认可"艾斯特"定义。需要注意的是，旅游和旅游活动是两个不同的概念。旅游涵盖的内容更为广泛；旅游活动涉及政治、经济、文化等多个方面，但是总体来说，其性质仍然属于社会文化范围。旅游活动会随着旅游方式的改变呈现出不同的特点，在大众旅游时代，旅游活动的特点主要为异地性、暂时性、季节性、休闲性、综合性、消费性。在旅游者的概念上，国际社会主要以罗马会议定义为准，但是该定义主要针对国际旅游者，对国内旅游者，各国则有不同的定义与统计口径。本章还讨论了旅游者类型的划分，并对消遣型旅游者、差旅型旅游者、个人和家庭事务型旅游者、特种旅游者的需求特点进行了分析。旅游者的形成取决于两个方面：一是个人可自由支配收入、闲暇时间及其他客观因素，这是客观条件；二是产生旅游欲望的心理因素，即旅游动机，这是主观条件。此外，本章还提到了衡量旅游发展状况的各项指标。

边听边学 3-1

本章小结

主要概念

旅游（"艾斯特"定义）　旅游活动　游客（罗马会议定义）　旅游者　国内旅游者（世界旅游组织定义）　国内游客（中国定义）　可自由支配收入　闲暇时间　旅游动机

边听边学 3-2

主要概念

基础训练

3.1　填空题

1）旅游活动是一项以_____为特征，以_____和_____为本质属性，涉及政治、经济等多个领域的_____活动。

2）罗马会议提出了_____这一整体概念，下分_____和_____两类。

3）最常用的衡量旅游发展状况的指标有_____、_____和_____三项。

在线测评 3-1

填空题

3.2 选择题

在线测评3-2

选择题

1）旅游活动的基本特点是（　　　）。

A.异地性　　　　　B.季节性　　　　　C.消费性　　　　　D.暂时性

2）公务出差在旅游动机中应属于（　　）方面动机。

A.身体健康　　　　B.文化　　　　　C.地位和声望　　　D.人际

3）以下属于差旅型旅游者特点的是（　　　）。

A.消费水平较高　　　　　　　　　B.不受季节的影响

C.价格敏感度低　　　　　　　　　D.对目的地的选择自由度较小

E.出游频率较高

4）形成旅游者的客观条件是（　　　）。

A.旅游需求　　　　　　　　　　　B.可自由支配收入

C.旅游动机　　　　　　　　　　　D.闲暇时间

5）以下社会经济因素和个人因素中对旅游活动的形成有积极影响的是（　　　）。

A.家中有还未满周岁的婴儿　　　　B.户主学历在本科以上

C.家庭收入属于中上水平　　　　　D.户主年龄超过了60岁

E.户主的带薪假期很少

3.3 简答题

1）目前人们对旅游活动达成了哪几项共识？旅游活动有哪些特点？

在线测评3-3

简答题

2）罗马会议对来访旅游人次的统计范围做出了怎样的界定？这一界定的特点是什么？

3）我国对国际旅游者及国内旅游者概念的界定是什么？如何分类？

4）根据游客的访问目的可以将旅游者划分为哪几种不同类型？他们的特点各是什么？

5）旅游者形成的客观条件和主观条件有哪些？

3.4 讨论题

1）旅游活动是否具有经济性质？

2）什么是旅游收入？一个国家或地区的旅游收入是否越高越好？

3）如果甲有8 000元可自由支配收入，乙有800元可自由支配收入，他们的旅游活动会有何区别？

3.5 案例分析题

一天早晨，在北京某小区的公园中，聚集了以下人士：Abbey在公园里晨跑，他是来北京参加运动会的美国运动员。Lisa在锻炼身体，她是两年前到北京定居的英国人。在小径上散步的藤岛是来北京出席某研讨会的日本专家。Benjamin在湖边晨读，他来自加拿大，在北京大学留学已经1年了。Monica正在和别人聊天，她是芬兰大使馆的服务人员。正在湖边散步的林先生是新加坡人，他是来中国进行业务洽谈的。

问题：以上材料中，哪些人属于国际旅游者，哪些人不属于国际旅游者？为什么？

实践训练 ☑ ─────────────────────●

　　到自己熟悉的景点去，对游客进行实地调查，了解他们的出游原因及动机，分析他们所属的旅游者类型和特点。

第4章

旅游资源

【学习目标】

1. 掌握旅游资源的定义、特点及分类；
2. 掌握旅游资源的调查与评价；
3. 把握旅游资源的开发条件与开发内容；
4. 理解旅游资源的保护与可持续发展；
5. 培养旅游审美能力，践行绿色发展理念，树立生态文明意识。

【知识导图】

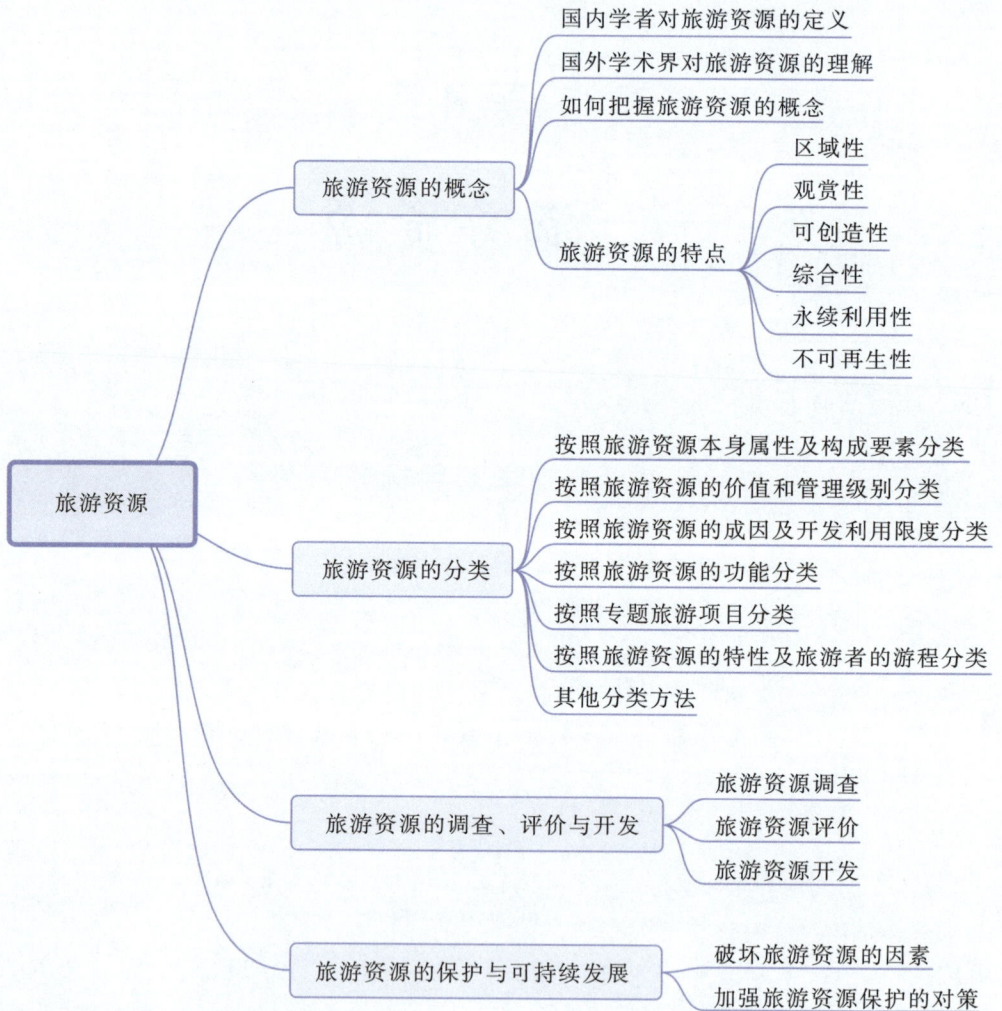

引 例

民族节日——火把节

火把节在古代被称为"星回节"，民间有"星回于天而除夕"之说，是彝族人一年一度最隆重、最欢乐的节日。火把节在凉山彝族地区的历史悠久、传说较多，因地区的不同而内容各异。相传天上的恩梯古兹（彝族神话故事中的天神）派喽啰到凡间收苛捐杂税，失败后还放出害虫到凡间危害众生，但是人们并没有妥协，在农历六月二十四日这天相邀用火把焚烧害虫，最终战胜了天神，于是彝族人把这天定为"火把节"。

凉山彝族"火把节"的活动内容绚丽多彩，反映出了浓郁的民族和地方特色。在节日里，人们从方圆几十里甚至上百里的地方赶来，云集在一片绿油油的草坪上举行斗牛、赛马、斗鸡、斗羊、赛歌、选美、摔跤、达体舞比赛等庆祝活动。在火把节的晚上，还要举行火把游行和篝火晚会。斗牛是节日里的第一大赛事，大型火把节活动斗牛多达几百头，人们可以大饱眼福。火把节的赛马也独具特色。赛马的方法是在草坪上修一条圆形的跑道，让参赛的骑手策马直追，以第一个到达终点者为胜。火把节的摔跤手只限于男性，且不同方言区的摔跤方法不同，有的地方以被对手摔倒在地者为败，有的地方则以肩背首先触地者为败。

火把节也是白族的一个盛大节日，用于预祝五谷丰登、六畜兴旺。当晚，每家门前都竖有一柱火把，村口的大火把上插红、绿纸旗，上面书写着一些吉祥语句，村民们则高举火把在田间游行，捕灭虫害。此外，还有绕三灵、耍海会、划船、放生等一系列活动。

思考：火把节是旅游资源吗？如果是，其属于哪一类旅游资源？

分析：火把节是旅游资源，按照《旅游资源分类、调查与评价》（GB/T 18972—2017），其属于人文活动类旅游资源。

旅游资源作为旅游活动的三大要素之一，是旅游活动的物质基础和客观因素，也是满足旅游者旅游愿望的客观存在物。一个国家或地区旅游资源的数量、规模、特色、分布状况及开发保护水平直接影响着旅游业发展的成功与否，从这个意义上来说，旅游资源是旅游学研究中的一个基本概念。

　4.1　　旅游资源的概念

4.1.1　国内学者对旅游资源的定义

关于旅游资源的概念，多年来，许多学者曾对此做过积极的探讨，但由于研究视角和出发点不同，因此对旅游资源的理解可谓众说纷纭、莫衷一是，比较有代表性的定义有以下几种：

①旅游资源是在现实条件下，能够吸引人们产生旅游动机并进行旅游活动的各种因素的总和。①

②凡是能为人们提供旅游欣赏、知识乐趣、度假休闲、娱乐休息、探险猎奇、考察研究以及人民友好往来和消磨时间的客体和劳务，都可称为旅游资源。②

③凡是能激发旅游者旅游动机，吸引旅游者前来观光、浏览，满足其生理和心理需求的一切自然和人文因素，都可称为旅游资源。③

④旅游资源是指对旅游者具有吸引力的自然存在和历史文化遗产，以及直接用于旅游目的的人工创造物。④

⑤凡是能够造就对旅游者具有吸引力环境的自然事物、文化事物、社会事物或其他任何客观事物，都可构成旅游资源。⑤

⑥旅游资源就是能对旅游业产生经济效益的旅游对象物，即能够对旅游者产生观赏吸引力的客体资源。⑥

⑦自然界和人类社会凡能对旅游者产生吸引力，可以为旅游业开发利用，并可产生经济效益、社会效益和环境效益的各种事物和因素，都可以视为旅游资源。⑦

4.1.2　国外学术界对旅游资源的理解

国外学术界对旅游资源虽然也使用"tourism resource"这一术语，但是旅游资源的涵盖面与我国相比要广泛得多。国外学者定义的旅游资源除了包括我们所说的旅游对象物外，还包括其他各种可以为旅游业使用的设施和条件，如旅游接待设施、旅游服务及旅游交通条件等。

4.1.3　如何把握旅游资源的概念

以上列举的国内外关于旅游资源的种种定义中，由于学者们的出发点和强调的侧重点不同，因此他们对这一概念的理解也存在一定的差异。那么，到底如何界定旅游资源呢？我们认为，应该从旅游资源的本质属性及其范畴入手对其进行探讨，具体可从以下三个方面分析：

1）旅游资源具有吸引性

旅游资源是吸引人们旅游的源泉，具有激发旅游者旅游动机的作用。这是旅游资源最大的特点和属性，已得到学术界公认。旅游资源对旅游者吸引力的大小是评价旅游资源的根本尺度，也直接决定了旅游资源的效益。一般来说，旅游资源的特色越鲜明，内

---

①　陈传康，刘振礼. 旅游资源鉴赏与开发［M］. 上海：同济大学出版社，1990.
②　郭来喜. 旅游规划问题初探［C］//中国科学院地理研究所旅游地理组. 旅游地理文集［M］. 北京：中国科学院地理研究所，1982.
③　刘伟，刘志玲，朱玉槐. 旅游概论［M］. 北京：高等教育出版社，2003.
④　保继刚，楚义芳，彭华. 旅游地理学［M］. 北京：高等教育出版社，1993.
⑤　李天元. 旅游学概论［M］. 5版. 天津：南开大学出版社，2003.
⑥　陈才，谭慕蕙，张文奎，等. 经济地理学基础［M］. 北京：高等教育出版社，1988.
⑦　孙文昌. 现代旅游开发学［M］. 青岛：青岛出版社，1999.

容越丰富，影响力就越大，也就越具有吸引力，越能获得更大的经济、社会和生态效益。国内外旅游业发展的实践表明，旅游资源吸引力的大小决定了旅游业的发展前途。因此，是否应对旅游资源进行开发和投资，最重要的一点就是要看旅游资源对旅游者有多大的吸引力。如果不能吸引旅游者产生旅游动机，也就不能称为旅游资源了。

旅游广角 4-1

冰雪旅游热了

2）旅游资源具有客观存在性

旅游资源作为资源的一种类型，与其他资源一样，具有客观存在性，是旅游业发展的基础。无论是湖光山色、阳光海滩，还是文化名城、珍贵文物，都是物质的、有形的客观实体，具有客观存在性。那么，那些非物质的意识现象，如文学作品、神话故事等是不是旅游资源呢？回答是肯定的。旅游资源既有物质的，也有非物质的；既有有形的，也有无形的。这些非物质的要素是在物质的基础上产生的，并依附于一定的物质而存在。所以，同物质景观有联系的"精神"也属于旅游资源，只是它们的存在和表现形式有所区别而已，并且这些精神文化往往是物质景观的灵魂所在。例如，绍兴的沈园原是南宋时一位沈姓富商的私家花园，故有"沈氏园"之名。1963 年，沈园被确定为浙江省文物保护单位。沈园的建筑艺术、园林景观与绍兴城内其他园林相比并不十分起眼。一处私家花园，经历了岁月沧桑，至今仍美名流传，并吸引着众多游客前往观赏游览，完全是因为诗人陆游与爱妻唐婉千年不老、催人泪下的爱情故事。可见，非物质形态的旅游资源只要同物质景观相结合，就能够为原有的物质景观增添不少色彩，并进一步增强其旅游吸引力。所以，无论是物质景观形态的旅游资源，还是依附于物质景观的非物质形态的精神旅游资源，均是旅游资源的重要组成部分，其实质上都具有客观存在性。

3）旅游资源具有动态变化性

旅游资源是一个发展的概念，在不同的历史阶段，人们对旅游资源的内涵有不同的理解与认识。一般来说，旅游资源的范畴会随着社会、科学技术的进步，以及物质文化、精神文化的发展而不断发展变化，其总体趋势是不断扩大的。随着人们生活水平的提高，人们的旅游需求不断多样化、个性化，为了满足人们日益增长的旅游需求，旅游资源的种类和数量也在不断增多。同时，人们的旅游活动已经不再局限于自然风光，而是更多地向生态旅游、特色旅游等新兴项目发展。近年来，工业旅游、都市旅游、探险旅游、休闲度假旅游的兴起，就很好地说明了这一发展趋势。此外，人们的旅游活动也不再局限于地面，而是开始向水下、空中发展。可以预见，随着旅游业的发展，旅游资源的范围还将继续扩大，有些现在看起来还不是旅游资源的客体或因素，在未来很可能会成为旅游资源。因此，旅游资源是一个不断运动和发展变化的概念，我们只有用动态的、发展的观点去认识它，才能对它做出科学的界定。

基于上述认识，我们做出如下定义：旅游资源是指客观存在于一定地域空间内，对旅游者具有吸引力，并可能被用来开展旅游活动的一切自然存在、历史文化遗存或社会经济现象。

4.1.4　旅游资源的特点

旅游资源是旅游目的地重要的吸引要素，正确认识旅游资源的特点，对人们合理开发、充分利用旅游资源，进而推动旅游业的发展具有十分重要的意义。旅游资源的特点，除了上面提及的吸引性、客观存在性和动态变化性外，还表现在以下几个方面：

1）区域性

不同的国家和地区在民族、历史、文化遗存、地理环境、社会制度、生产生活方式上的差异，使得它们的历史遗产、文物古迹、宗教文化、民风民俗乃至社会发展等方面的表现各不相同，从而呈现出一定的区域差异。旅游资源作为地域要素的主要构成部分，分布和存在于特定的地域范围内。受自然及人文环境的影响，不同区域间的旅游资源存在着较为明显的差异。正是这些差异的存在，才使得一地的旅游资源对另一地的旅游者产生了吸引力，从而形成了旅游活动。

2）观赏性

旅游资源同一般资源最重要的区别在于它的美学观赏性，也正因为如此，它才能对旅游者产生如此广泛的吸引力。一些学者认为，旅游从本质上说是一种审美活动，离开了审美，就谈不上旅游了。即使人们有其他游览动机，但是当人们进入具体的景点活动时，也会自觉或不自觉地转向寻求美、感受美。旅游活动最基本的内容就是游，游本身即表现为对美学事物的观赏。旅游者在游的过程中，也在美感陶醉中获得了精神的愉悦。所以，观赏活动是旅游过程中不可或缺的重要组成部分。一般来说，旅游资源的观赏性越强，旅游资源对旅游者的吸引力就越大。

3）可创造性

一般来说，旅游资源包括原生的和人造的。历史文化遗存作为旅游资源的自然存在，是旅游资源的重要内容和组成部分，是原生的旅游资源。随着社会的进步，人们的兴趣、需要以及时尚潮流也在发生变化，人们已经不再满足于观赏原生的旅游资源。为了满足人们多样化的旅游需求，各类通过"复制"创造出的人文旅游资源，以及和自然旅游资源相互融合的多样化旅游资源应运而生。这些为了满足人们不断增长的旅游需求而创造的人造资源，也应属于旅游资源，如我国深圳的锦绣中华主题公园、桂林的乐满地主题乐园等。

4）综合性

旅游资源的综合性主要是指同一区域内多种类型的旅游资源相互交错地分布在一起，共同构成了对旅游者产生吸引力的因素。事实上，任何一种旅游资源都不是孤立存在的，而是与其他旅游资源相互联系、相互依存，共同形成了一个和谐有机的旅游资源体。例如，桂林漓江之所以成为享誉海内外的风景区，是其绿水青峰、民风民俗及景观所承载的动人神话传说共同作用的结果。总之，一个地区的旅游资源品种越丰富、组合越紧密，整体景观的规模效应越突出，其旅游价值就越高，对旅游者的吸引力就越大。

5）永续利用性

在旅游资源中，除了少部分资源在旅游活动中会被旅游者消耗，需要自然繁殖、人工饲养、栽培和再生产来补充（如森林资源）外，绝大多数旅游资源都不会被旅游者的旅游活动所消耗，具有长期重复使用的价值，如自然山水风光、园林建筑、城镇风貌等。在旅游活动中，旅游者付出一定的金钱所购买到的只是一种经历和美好的感受，而不是旅游资源本身。因此，从理论上讲，旅游资源可以长期甚至永远地重复使用下去，具有永续利用性。

6）不可再生性

当然，旅游资源的这种永续利用性是有条件的，即只有在对旅游资源进行适度开发和切实保护的前提下才可能实现。因为旅游资源还具有易损性和不可再生性，旅游资源一旦被破坏，将难以恢复或不复存在。例如，昆明石林因周边大量耕地不断侵蚀着它的植被，加上酸雨的腐蚀，其高度正在下降，表面的石膏化现象也非常严重，整个石林正在变白，如果不加以妥善保护，若干年后，其原有景观将不复存在。虽然依靠发达的科学技术可以对遭受破坏的旅游资源进行人工复原，但由于脱离了具体的历史环境，旅游资源原有的意义和内涵将大打折扣，对旅游者的吸引力也会大大降低。了解旅游资源的不可再生性，加强对旅游资源的保护，对于实现旅游业的可持续发展具有十分重要的意义。

⟳ 课堂互动 4-1

漓江山水、杭州西湖以及北京故宫等旅游资源，只有当我们亲临漓江、西湖以及故宫时，才能领略到它们的风采。请问由此可以反映出旅游资源的什么特性？

课堂互动 4-1

答案提示

4.2　旅游资源的分类

旅游资源的分类是指依据旅游资源的相似性和差异性，归并或划分出具有一定从属关系的不同等级、规模、类别的旅游资源的工作过程。分类是旅游资源普查、开发和管理的基础，只有科学地认识旅游资源的类型及其构成，客观地给予评价，才能正确认识旅游资源的属性，进行合理开发。

4.2.1　按照旅游资源本身属性及构成要素分类

此种分类方法比较简单、明确，容易掌握，为目前大多数人所接受。按照旅游资源本身属性及构成要素的不同，旅游资源可以分为自然旅游资源和人文旅游资源两大类。自然旅游资源是指自然界中天然赋存的、具有观赏价值的、能使人产生美感的自然环境或物象的地域组合，主要包括地文景观类旅游资源、水域景观类旅游资源、生物景观类旅游资源、天象与气候景观类旅游资源等。人文旅游资源是指历史上由人类活动所创造的、具有旅游价值的物质财富和精神财富，主要包括建筑与设施、历史遗迹、旅游购品、人文活动等。

目前,《旅游资源分类、调查与评价》(GB/T 18972—2017)中对旅游资源的分类是以旅游资源本身的属性作为分类标准的最具代表性的方法。该标准提出旅游资源由8个主类、23个亚类和110个基本类型组成。

学习探究4-1 旅游资源分类表

旅游资源分类表见表4-1。

表4-1 旅游资源分类表

主类	亚类	基本类型
A 地文景观	AA 自然景观综合体	AAA 山丘型景观 AAB 台地型景观 AAC 沟谷型景观 AAD 滩地型景观
	AB 地质与构造形迹	ABA 断裂景观 ABB 褶曲景观 ABC 地层剖面 ABD 生物化石点
	AC 地表形态	ACA 台丘状地景 ACB 峰柱状地景 ACC 垄岗状地景 ACD 沟壑与洞穴 ACE 奇特与象形山石 ACF 岩土圈灾变遗迹
	AD 自然标记与自然现象	ADA 奇异自然现象 ADB 自然标志地 ADC 垂直自然带
B 水域景观	BA 河系	BAA 游憩河段 BAB 瀑布 BAC 古河道段落
	BB 湖沼	BBA 游憩湖区 BBB 潭池 BBC 湿地
	BC 地下水	BCA 泉 BCB 埋藏水体
	BD 冰雪地	BDA 积雪地 BDB 现代冰川
	BE 海面	BEA 游憩海域 BEB 涌潮与击浪现象 BEC 小型岛礁

续表

主类	亚类	基本类型
C 生物景观	CA 植被景观	CAA 林地
		CAB 独树与丛树
		CAC 草地
		CCD 花卉地
	CB 野生动物栖息地	CBA 水生动物栖息地
		CBB 陆地动物栖息地
		CBC 鸟类栖息地
		CBD 蝶类栖息地
D 天象与气候景观	DA 天象景观	DAA 太空景象观赏地
		DAB 地表光现象
	DB 天气与气候现象	DBA 云雾多发区
		DBB 极端与特殊气候显示地
		DBC 物候景象
E 建筑与设施	EA 人文景观综合体	EAA 社会与商贸活动场所
		EAB 军事遗址与古战场
		EAC 教学科研实验场所
		EAD 建设工程与生产地
		EAE 文化活动场所
		EAF 康体游乐休闲度假地
		EAG 宗教与祭祀活动场所
		EAH 交通运输场站
		EAI 纪念地与纪念活动场所
	EB 实用建筑与核心设施	EBA 特色街区
		EBB 特性屋舍
		EBC 独立厅、室、馆
		EBD 独立场、所
		EBE 桥梁
		EBF 渠道、运河段落
		EBG 堤坝段落
		EBH 港口、渡口与码头
		EBI 洞窟
		EBJ 陵墓
		EBK 景观农田
		EBL 景观牧场
		EBM 景观林场
		EBN 景观养殖场
		EBO 特色店铺
		EBP 特色市场

续表

主类	亚类	基本类型
E 建筑与设施	EC 景观与小品建筑	ECA 形象标志物 ECB 观景点 ECC 亭、台、楼、阁 ECD 书画作 ECE 雕塑 ECF 碑碣、碑林、经幢 ECG 牌坊牌楼、影壁 ECH 门廊、廊道 ECI 塔形建筑 ECJ 景观步道、甬路 ECK 花草坪 ECL 水井 ECM 喷泉 ECN 堆石
F 历史遗迹	FA 物质文化遗存	FAA 建筑遗迹 FAB 可移动文物
	FB 非物质文化遗存	FBA 民间文学艺术 FBB 地方习俗 FBC 传统服饰装饰 FBD 传统演艺 FBE 传统医药 FBF 传统体育赛事
G 旅游购品	GA 农业产品	GAA 种植业产品及制品 GAB 林业产品与制品 GAC 畜牧业产品与制品 GAD 水产品及制品 GAE 养殖业产品与制品
	GB 工业产品	GBA 日用工业品 GBB 旅游装备产品
	GC 手工工艺品	GCA 文房用品 GCB 织品、染织 GCC 家具 GCD 陶瓷 GCE 金石雕刻、雕塑制品 GCF 金石器 GCG 纸艺与灯艺 GCH 画作

续表

主类	亚类	基本类型
H 人文活动	HA 人事活动记录	HAA 地方人物 HAB 地方事件
	HB 岁时节令	HBA 宗教活动与庙会 HBB 农时节日 HBC 现代节庆
数 量 统 计		
8主类	23亚类	110基本类型
注：如果发现本分类没有包括的基本类型，使用者可自行增加。增加的基本类型可归入相应亚类，置于最后，最多可增加2个。编号方式为：增加第1个基本类型时，该亚类2位汉语拼音字母+Z、增加第2个基本类型时，该亚类2位汉语拼音字母+Y		

资料来源 中华人民共和国国家质量监督检验检疫总局，中国国家标准化管理委员会．旅游资源分类、调查与评价：GB/T 18972—2017［S］．北京：中国标准出版社，2017.

4.2.2 按照旅游资源的价值和管理级别分类

按照旅游资源的价值和管理级别的高低，旅游资源可依次划分为世界级旅游资源、国家级旅游资源、省级旅游资源和市（县）级旅游资源四个级层。

1）世界级旅游资源

世界级旅游资源是指在国际上具有很高的知名度，对世界各地的旅游者都具有吸引力的旅游资源。世界级旅游资源主要包括被联合国教科文组织确认列入《世界遗产名录》的自然和人文景观，以及列入《人类口头和非物质遗产代表作》的非物质文化遗产。我国自1985年加入《保护世界文化和自然遗产公约》以来，截至2021年7月，经联合国教科文组织审核批准列入《世界遗产名录》的中国世界遗产共有56项，其中世界文化与自然双重遗产4项、世界文化遗产38项、世界自然遗产14项。截至2022年8月，经联合国教科文组织评选确定列入《人类非物质文化遗产代表作名录》的中国项目共有34项，列入《急需保护的非物质文化遗产名录》的中国项目共有7项，列入《优秀实践名册》的中国项目有1项。这些旅游资源都是人类罕见的、极其珍贵的旅游资源，具有垄断性和无法替代性，因此具有极高的旅游价值。

旅游广角4-2

中国世界遗产名单

2）国家级旅游资源

国家级旅游资源是指那些具有重要的观赏、科学和历史价值，在国内外具有较高知名度的旅游资源。国家级旅游资源主要包括由国务院审定公布或国务院授权其行政主管部门审批公布的国家级风景名胜区、国家历史文化名城、全国重点文物保护单位。截至2022年8月，我国已经拥有244处国家级风景名胜区、141座国家历史文化名城、5 058处全国重点文物保护单位。这些旅游资源分布在全国各地，以其独有的魅力吸引着来自四面八方的游客。

3）省级旅游资源

省级旅游资源具有较重要的观赏、历史、文化和科学价值，具有浓郁的地方特色，在省内外具有相当的知名度。省级风景名胜区、省级历史文化名城和省级文物保护单位的旅游资源均属此类。

4）市（县）级旅游资源

市（县）级旅游资源具有一定的观赏、历史和科学价值，主要包括市（县）级风景名胜区和市（县）级文物保护单位。

4.2.3　按照旅游资源的成因及开发利用限度分类

按照旅游资源的成因及开发利用限度的不同，旅游资源可以分为原生性旅游资源和萌生性或可创造性旅游资源两类。

1）原生性旅游资源

原生性旅游资源主要是指那些在成因、分布上具有相对稳定和不变特点的自然、人文景观和因素。这类旅游资源一般是在漫长的历史过程中在多种因素的作用下形成的，具有不可再生性和垄断性，如山川河流、地形地貌、生物景观、文物古迹、民风民俗等。原生性旅游资源一旦在旅游过程中遭到破坏，将难以恢复原貌，即便能部分复原，其原有的观赏价值及对游客的吸引力也会大打折扣。因此，对该类旅游资源应该加强保护，使之能被人类永续利用。

2）萌生性或可创造性旅游资源

萌生性或可创造性旅游资源是指那些在成因、分布上具有变化特征的自然、人文景观和因素。萌生性或可创造性旅游资源与原生性旅游资源最大的区别在于它具有可再生性和非垄断性，即便在旅游活动中遭到破坏，也能通过适当的方法和途径进行修复和补充，且在人工修复后，其游览价值所受影响不大。萌生性或可创造性旅游资源主要包括那些现代人工创造的旅游资源，如博物馆、展览馆、主题乐园、人工培育的动植物等。

4.2.4　按照旅游资源的功能分类

按照旅游资源功能的不同，旅游资源可以分为观光型旅游资源、休闲度假型旅游资源、保健疗养型旅游资源、科考探险型旅游资源、教育文化型旅游资源、娱乐型旅游资源、购物型旅游资源等。

4.2.5　按照专题旅游项目分类

按照专题旅游项目的不同，旅游资源可以分为历史考古专题旅游资源、宗教文化专题旅游资源、寻根祭祖专题旅游资源、科学考察专题旅游资源、体育娱乐专题旅游资源等。

4.2.6　按照旅游资源的特性及旅游者的游程分类

以旅游资源的特性为主，结合旅游活动的性质进行分类的方法有很多，其中以1966 年克劳森（M.Clawson）和尼奇（J.L.Knetsch）提出的分类方法最具代表性和影响力。其分类方法具体如下：

1）旅游者导向型游憩资源

这类旅游资源以旅游者的需求为导向，靠近旅游者集中的城镇，满足的是人们的日常休闲需求，如各类球场、公园、动物园等。这类旅游资源的面积一般在 0.4～1 平方千米，通常由地方政府（市、县）或私人管理，海拔一般不超过 1 000 米，距离城市 60 千米以内。

2）资源基础型游憩资源

这类旅游资源可以使游客获得亲近自然的体验，资源相对于客源地的距离不确定，主要在旅游者的中长期度假活动中得以利用，如风景、历史遗迹，以及远足、露营、垂钓用资源等。这类旅游资源的面积一般在 10 平方千米以上，主要是国家公园、国家森林公园及某些私人领地。

3）中间型游憩资源

这类旅游资源的性质介于上述两者之间，主要为短期（一日游或周末度假）游憩活动所利用，游客在此进行的体验活动比旅游者导向型游憩资源更接近自然，但又比资源基础型游憩资源要次一级。

4.2.7　其他分类方法

除了上面提到的分类方法以外，旅游资源依据不同的标准，还有很多种分类方法。例如，按照旅游资源客体属性的不同，可分为物质性旅游资源、非物质性旅游资源、物质与非物质共融性旅游资源；按照旅游资源开发状态的不同，可分为已开发旅游资源（现实态）、待开发旅游资源（准备态）、潜在旅游资源（潜在态）；按照旅游者旅游动机的不同，可分为精神方面的旅游资源、健身方面的旅游资源、经济方面的旅游资源、政治方面的旅游资源；从经营的角度考虑，可以分为有限的旅游资源和无限的旅游资源；按照旅游资源利用方式和效果的不同，可分为游览鉴赏型旅游资源、知识型旅游资源、体验型旅游资源、康乐型旅游资源等。此外，我国著名学者郭来喜、吴必虎提出的旅游资源分类系统也值得一提，他们在《中国旅游资源分类系统与类型评价》一文中以《中国旅游资源普查规范》为基础，以适合旅游资源评价为目的，将旅游资源分为自然景系（含地文景观景类、水文景观景类、气候生物景类、其他自然景类）、人文景系（含历史遗产景类、现代人文吸引物景类、抽象人文吸引物景类、其他人文景类）、服务景系（含旅游服务景类和其他服

课堂互动 4-2

答案提示

务景类）三大类。

课堂互动 4-2

为什么说一个地方的神话传说可以成为旅游资源？

4.3 旅游资源的调查、评价与开发

旅游资源是开展旅游活动、发展旅游业不可缺少的前提条件。一个国家或地区的旅游事业兴旺和发达与否，在很大程度上取决于该地区拥有的旅游资源的特色和丰富程度，也取决于该地区能否对该旅游资源进行科学、理性的评价和合理的开发，以及能否妥善处理好旅游资源的合理开发、可持续发展和环境保护之间的关系。

由于旅游资源本身是一个动态的概念，其外延和内涵均处于动态变化之中，因此我国旅游学界对旅游资源的概念有不同的看法。但是我们必须看到，赋存的旅游资源会随着社会的变迁、时间的推移以及外部环境的变化而发生数量的、结构的以及功能方面的变化。为了使旅游资源得到充分且合理的利用，将资源优势转化为经济优势，旅游管理部门必须组织好相关的人力、物力和财力，对赋存的旅游资源进行科学而全面的调查、评价与开发。

4.3.1 旅游资源调查

1）旅游资源调查的意义

对赋存的旅游资源进行全面调查的意义在于：

其一，对旅游资源进行全面调查，可以对区域内旅游资源的类型、数量、质量、特点、时代、性质、成因、开发价值等级、开发潜力等基本情况有一个清楚的认识和了解，进而为旅游管理部门和规划部门制定旅游总体规划、旅游产业规划提供最直接的、第一手的科学资料。

其二，对旅游资源进行调查，有助于掌握赋存旅游资源在开发、保护、管理等方面存在的问题，进而对本地区的资源优势和劣势有一个清醒的认识，为扬长避短、搞好开发和保护工作打下基础。

其三，对旅游资源进行定期和不定期的调查，有助于动态、全面地把握旅游资源的开发利用情况，有助于旅游管理部门有针对性地采取相关措施，使旅游管理和开发工作建立在更加理性化、现代化和科学化的基础上。

总之，旅游资源调查是对旅游资源进行全方位的勘察、测量、分析、整理的综合过程。它在旅游资源的现代化管理、科学规划、合理开发，以及加强环境保护和促进旅游业可持续发展等方面具有重要而积极的意义。

2）旅游资源调查的类型

《旅游资源分类、调查与评价》（GB/T 18972—2017）从应用开发的角度将旅游资源调查分为旅游资源详查和概查两个档次。根据调查工作的难易和详略程度，我们可以将旅游资源调查再详细地分为初步概查、系统普查、重点深查、详细勘察、抽样调查五种类型，这样有利于调查工作的理性化和程序化，防止走弯路。

（1）初步概查

初步概查就是在具体分析第二手资料的基础上，对调查区进行探测性、概略性调查的方法。初步概查以定性为主，以简单实用为好。这种方法的优点在于周期短、见效快；不足之处是基础信息损失量大，容易使评价产生误差或偏差。

（2）系统普查

系统普查是在初步概查的基础上进行的，即对一个特定区域内的所有旅游资源进行全面、系统、详尽调查的方法。系统普查以实地考察为主要方法，耗费时间长、技术水平高、耗资比较大，对人、财、物等方面的要求都较高。这种方法的优点在于可以获得翔实、可靠的科学资料，是一项不得不做的、基础性的工作；不足之处是调查涉及面太宽、规模大，形成的普查结果往往过于概括、粗略，深度方面比较欠缺。

（3）重点深查

重点深查是选取全局性的、具有决定意义的重点旅游资源，再度进行仔细勘察的方法。重点深查有利于旅游管理部门和开发机构掌握旅游资源的总体情况，将重点集中于少数核心旅游资源，让重点旅游资源成为树立旅游形象、塑造旅游知名品牌的关键和亮点。

（4）详细勘察

详细勘察以具体的研究目的和规划任务为主，首先对旅游资源普查的结果进行仔细研究，找出有潜力的旅游资源作为未来的开发对象；然后组织相关部门对选定的旅游资源进行科学的、详尽的实地调查，包括景观类型、成因、特点等，尤其要对地形落差、景观场地、最佳观景点、具体游览路线等进行周密的勘察和研究；最后将所得结果形成具体的文字材料和图片资料。

（5）抽样调查

抽样调查是根据事先选定的对象和范围，从总体调查中抽取一小部分对象作为样本进行调查研究的方法。抽样调查的优点在于时效性强、准确性高，可以节省不必要的开支，是一种比较经济适用的方法；不足之处是有一些系统偏差。

3）旅游资源调查的内容

旅游资源调查的内容极为丰富，通常包括旅游资源环境调查和旅游资源存量调查两个方面。

（1）旅游资源环境调查

旅游资源环境调查包括自然环境调查、人文环境调查以及政策法规调查三个方面。

①自然环境调查。自然地理环境的地域差异是形成自然旅游资源最基本的条件。自然环境调查的内容包括：

第一，调查区情况，包括调查区名称、行政归属和行政区划、范围和面积、中心位置与所依托的重要城市等。

第二，地质地貌概况，包括调查区内的岩石地层、地形地貌的构造特征，以及地壳的发育规律和活动强度等。

第三，水体概况，包括调查区的地表水和地下水的成因和分布类型、一年四季水量的变化特征和变化规律、饮用水源、水旱灾害及其可能对旅游资源造成的不利影响等。

第四，气象概况，包括调查区的年平均降雨量及其分布变化规律，气温、日照、湿度变化，大气成分及其污染指数，气候类型、气候特色及变化发展的规律等。

第五，动物和植物构成，包括调查区内动物和植物种群的构成和特征，是否有观赏性的动物和植物分布，其类型、数量及分布情况等。

②人文环境调查。人文环境是形成人文旅游资源的最基本的条件。人文环境调查的内容包括：

第一，历史变革，其目的在于了解调查区的历史发展内涵，包括建制的形成、行政区划的历史沿革、曾经发生过的重大历史事件、是否产生过重要的历史名人，以及该人物的重要历史活动、生平经历、是否对当地景观产生重大影响等。

第二，经济环境，其目的在于了解调查区的经济情况及经济发展水平，包括该地区经济发展的总体情况、国内生产总值、工农业生产总值、国民收入、人口结构、居民及其民族构成、居民收入水平及消费水平、居民消费结构、当地的物价指数及物价水平等。

第三，人文和社会环境，重点了解调查区内的学校、邮电通信、安全保证、居民职业分布和文化程度、医疗卫生状况、风俗信仰和宗教禁忌、社会审美观念及社会价值观念，还要了解当地的新技术、新工艺、新设备的采用情况及社会文明的进化程度等。

③政策法规调查。政策法规调查的目的在于调查和了解影响或制约旅游资源开发利用的政策性或法规性因素。政策法规调查的内容包括：被调查区经济政策的实施度、公开度及透明度如何，当地政府官员的职业素养和开拓进取精神如何，经济政策的连续性和稳定性如何，是否制订了有利的、科学的社会经济发展计划，国家颁布的与旅游相关的法律法规是否在本地区认真贯彻和落实等。

（2）旅游资源存量调查

旅游资源存量调查主要是对旅游资源的属性进行深入细致的调查，从而为旅游资源的开发利用提供最基本的材料。旅游资源存量调查主要包括以下几个方面：

①旅游资源种类调查。旅游资源种类调查是将调查区内的旅游资源按照一定的标准进行分类，然后进行详细调查和了解，最后将分类的旅游资源进行汇总。

②旅游资源规模调查。旅游资源规模是构成旅游资源存量的重要方面，旅游资源规模的大小对旅游资源的吸引力及未来开发潜力具有重要影响。旅游资源规模调查的内容包括旅游资源的数量、面积、分布范围及分布的合理性、分布的密集程度等。

③旅游资源组合结构调查。旅游资源组合结构既包括旅游资源类型上的组合结构，也包括旅游资源空间上的组合结构。

④旅游资源开发状况调查。旅游资源开发状况调查的目的在于查明该地区旅游资源的开发现状、开发项目、开发类型等内容。

4）旅游资源调查的程序

旅游资源调查主要包括三个阶段，即室内准备工作阶段、野外实地调查阶段及整理总结阶段。

（1）室内准备工作阶段

①根据旅游资源调查区对象的情况，成立由旅游管理部门、相关领导、专家、专业工作人员组成的旅游资源考察队伍。

②收集整理资料，调查了解情况。查阅前人所著或整理的有关本地和邻近区域的自然人文环境和旅游资源等方面的资料，对收集到的资料进行整理及加工汇总。

③根据旅游资源调查任务和要求，结合收集到的图片、文字资料，编写详细的计划。

（2）野外实地调查阶段

①初步普查和系统调查。首先对调查区进行一次初步普查，从而对所在地区的旅游资源有一个总体的印象和初步的了解；然后在初步普查的基础上，对赋存旅游资源的规模、质量、美感、潜在客源等项目进行系统调查。

②详细勘察。这一阶段要求在初步普查和系统调查的基础上，组织多学科力量对重点旅游资源进行实地勘察，其目的在于弄清旅游资源的成因、现状、历史演变，比较其在同类旅游资源中的特色。

③专业调查。对于极具潜力开展专业旅游的旅游资源，必须进行专业性的调查，以便为旅游管理机构和相关专业机构决策提供详细的、高质量的专业资料。

（3）整理总结阶段

整理总结阶段是旅游资源调查的最后一个阶段，也是最重要的一个阶段。这一阶段主要分三个步骤来进行：

①整理照片、视频等资料。对调查所得的全部资料进行复核、分类、归纳、整理，对拍摄的视频资料进行剪辑和加工。

②绘制图件。对野外填绘的图片与室内的图片资料进行对比、增删、增订，最后

绘制成正式图件。

③编写调查报告。调查报告主要包括导言，区域地理概况，旅游资源状况，旅游资源评价，旅游资源开发利用的条件、现状、存在问题，以及今后开发、利用的指导思想、策略及必须采取的解决措施等。

4.3.2　旅游资源评价

旅游资源是旅游活动得以开展的客观物质条件，也是发展现代旅游业的物质基础。旅游资源必须经过合理、科学的开发和利用，才能成为具有吸引力的旅游景观。而要对旅游资源进行开发和利用，必须经过旅游资源评价阶段，这是一项非常重要的基础性工作。

1）旅游资源评价的原则

旅游资源评价工作是一项情况复杂、涉及面非常广且重要的工作。目前，我国旅游学界尚未就认识基础和评价标准达成共识。为了使旅游资源评价做到公正、客观，使评价结果准确、可靠，我们在评价时至少应该遵循以下基本原则：

（1）客观原则

旅游资源是自然界和现代社会中客观存在的事物，其特点、特色、价值、功能等都具有客观实在性，是不以人的意志为转移的。因此，我们在评价旅游资源时，不能带有任何个人主观色彩，应秉承客观公正的原则，做到实事求是、恰如其分。

（2）全面原则

该原则表现在两个方面：其一，旅游资源的价值和功能是多层次的、多形式的、多内容的，包括历史文化、科学考察、艺术鉴赏、社会因素等多重功能，所以必须全面、系统、综合地评价；其二，旅游资源开发不是单个的、排外的行为，它会受到经济环境、社会环境、自然环境的影响以及区位、客源、投资等条件的限制。因此，我们在评价旅游资源时，应遵循全面原则。

（3）科学原则

我们在对旅游资源的形成、价值、属性、本质等核心问题进行评价时，应采取科学的、理性的态度，这样才能做出正确的解释。

（4）效益原则

旅游资源评价的最终目的在于开发和利用旅游资源，使旅游资源创造经济效益，实现经济效益和社会效益的双赢。因此，我们在进行旅游资源评价时，必须预先估算开发可能带来的经济效益，再确定应采取何种开发策略。

（5）定量原则

在进行旅游资源评价时，带有个人主观色彩的定性评价容易产生偏差，因此应该尽量采用定量和半定量的标准进行评价，这样可以保证旅游资源评价的客观性和科学性。

旅游广角 4-3

北京环球度假区：打造区域经济发展新引擎

2）旅游资源评价的方法

目前，旅游学界对旅游资源的评价有不同的标准，采用的方法也多种多样，一般采用定性评价和定量评价相结合的方法对旅游资源的显性吸引力和隐性吸引力进行分析。

（1）定性评价方法

定性评价方法是指评价者根据已有的知识、经验和综合分析能力，通过对旅游资源的科学考察及对有关材料的分析判断，形成对旅游资源的整体印象的评价方法。目前，旅游资源的定性评价方法有以下几种：

①一般体验性评价方法。这是评价者根据亲身体验，对一个或一个以上旅游资源的整体质量进行定性评估的方法。这种方法通常是随机挑选旅游者，要求其回答调查问卷中的问题，或者是邀请各方面的专家组织评议，确定该国或该地区最出色的旅游资源。

②"三三六"评价方法。该方法是由北京师范大学卢云亭先生提出的。这种方法通过评估旅游资源的三大价值（即历史文化价值、艺术欣赏价值和科学考察价值）、三大效益（即经济效益、社会效益、环境效益）以及六大条件（即旅游资源分布区的地理位置和交通条件、景物或景类的地域组合条件、景区旅游容量条件、施工难易条件、投资能力条件、旅游客源市场条件），达到科学、理性地评价旅游资源的目的。

③旅游资源与环境结合评价方法。该方法是由黄辉实先生提出的。这种方法主要是从旅游资源自身和旅游资源环境两个方面进行评价。在旅游资源自身方面，宜采用美、古、名、特、奇、用六个标准进行衡量；在旅游资源环境方面，一般采用七个标准进行衡量，即季节、污染、联系、可进入性、基础结构、社会经济环境以及市场因素。

④美感质量评价方法。该方法一般是基于对旅游者或专家体验的深入分析，建立规范化的评价模型，评价的结果多是具有可比性的尺度或数量值。其中，对旅游区自然风景质量的视觉评价已经过多年的实践，因此比较成熟。

⑤美学评价方法。该方法采用的模型是一个复杂的审美结构系统，受人口与周围景观的地理分布、审美素质差异、社会文化因素、心理特征四个因素的影响和制约。

（2）定量评价方法

定量评价方法是指评价者在掌握大量第一手资料的基础上，根据给定的评价标准，运用科学的统计方法和数理评价分析模型，通过揭示评价对象的数量变化程度及结构关系，给予旅游资源一个科学的、理性的量化测算的评价方法。定量评价方法主要有以下两种：

①单因子技术性评价（单体评价）方法。单因子技术性评价方法是指在评价旅游资源时，集中考虑某些典型因子，如美感、地貌、气候、植被、水文等，并对它们进

育德启智 4-1

世界遗产评语
（节选）

行适宜性评价的方法。该方法的特点是运用了大量的技术性指标，适宜对专项旅游活动进行评价。

②多因子综合性评价（整体评价）方法。多因子综合性评价方法是在多个因子的基础上，运用数理方法建立数学模型，对旅游资源本身以及外部环境和开发条件进行评估的方法。采用该方法的目的在于对旅游资源的开发价值进行比较，对规划和管理的梯度进行排序。评价内容不仅包括旅游资源本身，而且包括旅游资源的外部环境和开发条件。

3）旅游资源评价的内容

旅游资源评价的内容包括旅游资源的特点、旅游资源的环境及旅游资源的开发条件三个方面。

（1）旅游资源的特点

①旅游资源的特色。旅游资源的特色是衡量旅游资源对游客吸引力大小的关键，也是旅游资源开发的灵魂。它对旅游资源的功能、开发程度和规模，以及经济效益和社会效益起决定作用。

②旅游资源的价值和功能。旅游资源的价值包括艺术欣赏价值、科学文化价值、经济价值和美学价值等。艺术欣赏价值和美学价值侧重于观光功能，科学文化价值侧重于科学考察和文化旅游功能，经济价值侧重于娱乐、健身和商务等功能。

③旅游资源的数量、密度和布局。旅游资源的数量是指旅游区景观的多少；旅游资源的密度是指景观资源的集中程度；旅游资源的布局是指景观资源的组合和分布特征。

（2）旅游资源的环境

①旅游资源的自然环境和社会环境。自然环境是指调查区的地质、地貌、气候、水文等组成的生态环境，它是旅游资源开发的决定性因素。植被、水文、气候等直接影响着旅游资源的品位与质量。社会环境是指旅游资源所在地区的社会政治情况、社会治安状况、医疗卫生状况、当地居民对旅游业的态度和认知程度等条件。旅游业是一个对外部环境依赖性极强的敏感行业，社会环境的变化会直接影响旅游市场的供求状况。一些常见的自然灾害对旅游业的影响可能是局部的和短期的，但一些社会突发事件对旅游业的打击则可能是灾难性的，如恐怖袭击事件等。可见，良好、有序、稳定的社会环境是旅游业持续发展的保证。

②旅游资源的经济环境和环境容量。能够满足游客开展旅游活动的交通、水电、通信、食宿等基础设施就是旅游资源的经济环境。它是决定一个地区的旅游资源能否成功开发的重要指标。环境容量是指旅游资源自身或所处地区在一定时间条件下进行旅游活动的容纳能力，包括容人量和容时量两个方面。容人量是指旅游景区单位游览面积所能容纳的游客数量，它反映了旅游景区的投资、设施和用地等方面的指标。容时量是指游客游览景区需要的基本时间，它体现了旅游景区的布局、内容、景观、游程等方面的内容。一般说来，旅游资源越丰富、复杂，越有吸引力，其容时量就越

大；反之亦然。

（3）旅游资源的开发条件

旅游资源的开发条件评价将在后文进行介绍。

4）《旅游资源分类、调查与评价》（GB/T 18972—2017）中提出的旅游资源评价的方法及内容

《旅游资源分类、调查与评价》（GB/T 18972—2017）中也提出了符合我国国情的旅游资源评价方法，即旅游资源共有因子综合评价系统。具体评价方法及内容如下：

旅游资源共有因子综合评价系统设评价项目和评价因子2个档次。评价项目包括"资源要素价值""资源影响力""附加值"3项。其中，"资源要素价值"项目中包含"观赏游憩使用价值""历史文化科学艺术价值""珍稀奇特程度""规模、丰度与概率""完整性"5项评价因子；"资源影响力"项目中包含"知名度和影响力""适游期或使用范围"2项评价因子。"附加值"项目中包含"环境保护与环境安全"1项评价因子。

评价项目和评价因子都用具体计量值表示。"资源要素价值"和"资源影响力"总分值为100分。其中，"资源要素价值"为85分，分配如下："观赏游憩使用价值"30分、"历史文化科学艺术价值"25分、"珍稀奇特程度"15分、"规模、丰度与概率"10分、"完整性"5分。"资源影响力"为15分，分配如下："知名度和影响力"10分、"适游期或使用范围"5分。"附加值"中"环境保护与环境安全"分正分和负分。每一项评价因子分为4个档次，因子赋值相应分为4档。

学习探究4-2　　　　　　　　　　**旅游资源评价赋分标准**

旅游资源评价赋分标准见表4-2。

表4-2　　　　　　　　　　旅游资源评价赋分标准

评价项目	评价因子	评价依据	赋值（分）
资源要素价值（85分）	观赏游憩使用价值（30分）	全部或其中一项具有极高的观赏价值、游憩价值、使用价值	30~22
		全部或其中一项具有很高的观赏价值、游憩价值、使用价值	21~13
		全部或其中一项具有较高的观赏价值、游憩价值、使用价值	12~6
		全部或其中一项具有一般观赏价值、游憩价值、使用价值	5~1
	历史文化科学艺术价值（25分）	同时或其中一项具有世界意义的历史价值、文化价值、科学价值、艺术价值	25~20
		同时或其中一项具有全国意义的历史价值、文化价值、科学价值、艺术价值	19~13
		同时或其中一项具有省级意义的历史价值、文化价值、科学价值、艺术价值	12~6
		历史价值，或文化价值，或科学价值，或艺术价值具有地区意义	5~1

续表

评价项目	评价因子	评价依据	赋值（分）
资源要素价值（85分）	珍稀奇特程度（15分）	有大量珍稀物种，或景观异常奇特，或此类现象在其他地区罕见	15～13
		有较多珍稀物种，或景观奇特，或此类现象在其他地区很少见	12～9
		有少量珍稀物种，或景观突出，或此类现象在其他地区少见	8～4
		有个别珍稀物种，或景观比较突出，或此类现象在其他地区较多见	3～1
	规模、丰度与概率（10分）	独立型旅游资源单体规模、体量巨大；集合型旅游资源单体结构完美、疏密度优良；自然景象和人文活动周期性发生或频率极高	10～8
		独立型旅游资源单体规模、体量较大；集合型旅游资源单体结构很和谐、疏密度良好；自然景象和人文活动周期性发生或频率很高	7～5
		独立型旅游资源单体规模、体量中等；集合型旅游资源单体结构和谐、疏密度较好；自然景象和人文活动周期性发生或频率较高	4～3
		独立型旅游资源单体规模、体量较小；集合型旅游资源单体结构较和谐、疏密度一般；自然景象和人文活动周期性发生或频率较小	2～1
	完整性（5分）	形态与结构保持完整	5～4
		形态与结构有少量变化，但不明显	3
		形态与结构有明显变化	2
		形态与结构有重大变化	1
资源影响力（15分）	知名度和影响力（10分）	在世界范围内知名，或构成世界承认的名牌	10～8
		在全国范围内知名，或构成全国性的名牌	7～5
		在本省范围内知名，或构成省内的名牌	4～3
		在本地区范围内知名，或构成本地区名牌	2～1

续表

评价项目	评价因子	评价依据	赋值（分）
资源影响力（15分）	适游期或使用范围（5分）	适宜游览的日期每年超过300天，或适宜于所有游客使用和参与	5～4
		适宜游览的日期每年超过250天，或适宜于80%左右游客使用和参与	3
		适宜游览的日期每年超过150天，或适宜于60%左右游客使用和参与	2
		适宜游览的日期每年超过100天，或适宜于40%左右游客使用和参与	1
附加值	环境保护与环境安全	已受到严重污染，或存在严重安全隐患	-5
		已受到中度污染，或存在明显安全隐患	-4
		已受到轻度污染，或存在一定安全隐患	-3
		已有工程保护措施，环境安全得到保证	3

注："资源要素价值"项目中含"观赏游憩使用价值""历史文化科学艺术价值""珍惜奇特程度""规模、丰度与概率""完整性"5项评价因子；"资源影响力"项目中含"知名度和影响力""适游期或使用范围"2项评价因子；"附加值"含"环境保护与环境安全"1项评价因子

资料来源　中华人民共和国国家质量监督检验检疫总局，中国国家标准化管理委员会. 旅游资源分类、调查与评价：GB/T 18972—2017［S］. 北京：中国标准出版社，2017.

　　根据旅游资源单体评价总分，旅游资源可以分为五个等级：一级旅游资源，得分区间为30～44分；二级旅游资源，得分区间为45～59分；三级旅游资源，得分区间为60～74分；四级旅游资源，得分区间为75～89分；五级旅游资源，得分区间为≥90分。其中：五级旅游资源称为"特品级旅游资源"；五级、四级、三级旅游资源通称为"优良级旅游资源"；二级、一级旅游资源通称为"普通级旅游资源"。

4.3.3　旅游资源开发

1）旅游资源开发的条件

　　20世纪90年代中后期，国内外许多地方都掀起了所谓的"旅游资源开发热"。不难理解，"开发热"背后隐藏的是经济动因。然而，任何一个旅游地如果想最大限度地发挥旅游资源的功能和积极作用，进而从旅游业的运作中获取最大的经济效益，都

必须经过系统的开发和利用，使潜在的旅游资源转化为现实的旅游资源。从区域经济学的角度来看，旅游资源开发的目的是以最小的投入获取最佳的经济效益。因此，旅游资源开发必须具备以下几个方面的条件：

（1）区位条件和客源条件

旅游资源所在地区的行政区划、地理位置、交通条件以及与周围旅游区之间的相互关系等统称为区位条件。区位条件是决定旅游资源能否成功开发的最基本的条件。景区的区位条件越优越，吸引力就越大，越能够产生巨大的聚居效应，越容易成为旅游热点。例如，位于零度经线的英国格林尼治天文台、位于北半球极昼极夜起点的瑞典斯德哥尔摩等，因所处地理位置特殊，均成为国际旅游的热点。所以，在旅游资源的开发条件中，区位条件是第一位的。

客源条件是指游客数量变化存在着时空二维变化的特殊性。游客数量的多少决定了旅游业经济效益的好坏。没有一定数量的游客作为保证，旅游资源的开发就没有经济效益可言。游客数量在时间上的分布不平衡，表现为旅游季节的淡季和旺季之分。需要特别指出的是，一年之中春、夏、秋、冬四季气候的变化与游客数量的变化有密切关系。游客数量在空间上的分布半径及密度与旅游资源的吸引力和社会经济环境有密切关系。所以，在开发旅游资源时，我们必须进行广泛的客源市场调查，只有清楚客源市场变化发展的规律，并且有稳定的客源保证之后，才能进行旅游资源的开发，才可能获得较好的经济效益。

（2）投资环境和施工条件

旅游资源区内的社会经济环境和经济发展水平、该区政府制定的经济发展战略及政府能够给予投资者的优惠政策等，直接影响着投资者的投资意向和投资数量。因此，认真研究旅游资源区的投资环境是非常必要的。具有开发潜力的旅游景区，只有具备良好的经济环境和社会环境，才能吸引投资。

施工条件是指旅游资源的开发应具备的基础条件。地质、地形、供水、交通等条件不同，对施工的要求也不同。因此，在开发旅游资源之前，必须进行充分的技术论证，只有精确计算施工的难易程度，选择最佳的施工方案，才能以较少的投入取得最大的回报。

2）旅游资源开发的原则

旅游资源开发必须遵循下列基本原则：

（1）环境保护与生态平衡原则

这是基于旅游业可持续发展的总目标提出的一项最基本的开发原则。对许多旅游资源，特别是自然旅游资源和历史文化遗产而言，开发本身就意味着一定程度的"破坏"。党的二十大报告提出："加大文物和文化遗产保护力度，加强城乡建设中历史文化保护传承，建好用好国家文化公园。"因此，我们必须正确处理好旅游资源保护与开发之间的关系，贯彻"在保护中开发，在开发中保护"的方针，努力实现经济效益、社会效益及环境效益三者之间的有机统一。保护好是第一位，开发好是第二位，两者之间的相互契合是我们必须遵循的最基本的原则。

（2）市场原则

随着世界各国旅游业的快速发展，国际旅游业已进入买方市场，旅游市场竞争日益激烈，加之旅游者的出游动机与需求是随着社会和时代的演变而不断变化的，因此旅游资源时时面临着适时或过期、吸引力扩大或丧失的可能。开发旅游资源必须坚持市场导向原则，花大力气做好市场因素、客源条件等方面的调查、分析，准确、及时地掌握市场需求及其变化规律，及时、适时调整开发利用方向，确保旅游资源开发工作的灵活性、应变性和前瞻性。

（3）突出特色原则

开发利用旅游资源，从根本上说就是要发掘和利用旅游资源的特色。特色和吸引力是相互契合的，旅游资源的特色越鲜明，就越有吸引力。在开发旅游资源时我们必须注意，既要尽可能地恢复与发扬其"原始"特征，又要充分利用其资源的独特风格与优势，防止雷同建设，做到"人无我有，人有我佳"，通过科学、理性的规划和别出心裁的措施来强化旅游资源的特色，形成别具一格的旅游形象，塑造颇具特色的旅游品牌。

（4）和谐有序原则

旅游资源开发是一项系统工程，必须统筹兼顾、循序开发，从资源地的社会承受能力和经济实力出发，根据投资效益预测确定重点开发项目，然后分期、分批、分阶段地有序开发，绝不能一窝蜂地上项目、搞开发。

3）旅游资源开发的内容

旅游资源开发包括以下内容：

（1）旅游景区的规划

旅游景区的规划是旅游资源开发的核心部分，是旅游开发工作的出发点。只有对旅游景区进行科学、理性的规划，使其成为普通大众理想的旅游目的地，旅游资源的价值才能得以实现。

（2）旅游景区配套设施的建设

在开发核心旅游资源时，我们必须注意为旅游者提供相关的旅游配套设施。旅游景区配套设施的建设是为了配合旅游资源的开发，满足游客多方位的需求，同时也便于将旅游开发与区域经济发展紧密联系起来。

（3）旅游目的地可进入性的提高

旅游目的地的可进入性是指旅游目的地同外界的交通联系以及旅游目的地内部交通运输的通畅、便捷程度。如今，普通游客的出游范围越来越大，旅游距离也越来越远，游客对旅游目的地可进入性的要求也日益提高。因此，旅游目的地必须采取强有力的措施，在景区内外交通线路的通达性、便捷性方面下功夫，提高旅游目的地的档次和服务水平，使游客来得顺畅、玩得开心、走得方便。

（4）客源市场的开拓

对客源市场的开拓，一方面，要将景点建设与旅游活动的设置及旅游需求联系起

旅游广角4-4

鸟巢推出
"双奥"主题
旅游线路

来，根据旅游者消费行为的特点，开展旅游资源开发的具体工作；另一方面，要通过多种新闻媒体加强宣传促销工作，将新老产品及时介绍给旅游者，努力开拓市场、扩大客源，从而实现旅游资源在广度与深度两个方面的和谐有序开发。

（5）良好旅游环境的营造

该项工作包括制定有利于旅游业发展的政策法规，制定方便境内外游客出入境的有关管理措施，努力提高旅游从业人员——从管理者到普通服务员的业务素质。此外，还必须提高当地居民的文明素质和科学文化素质，培养他们可持续发展的旅游观念。

课堂互动4-3

🔄 **课堂互动4-3**

从20世纪80年代中期起，我国以西游记宫、荣国府为代表的第一代主题公园曾经火爆了一段时间，而后又如退潮般销声匿迹，请思考一下这些主题公园开发失败的主要原因是什么。

答案提示

4.4　旅游资源的保护与可持续发展

旅游资源是旅游目的地借以吸引旅游者的最重要的因素，是旅游业发展的基础和先决条件。旅游资源一旦被破坏，旅游业就成了无源之水、无本之木。因此，保护旅游资源不受破坏，使其能够可持续开发和利用，是旅游业发展的生命线。

4.4.1　破坏旅游资源的因素

要对旅游资源进行保护，首先要明确破坏旅游资源的因素。从宏观层面上看，我们可以将破坏旅游资源的因素分为两类：一类是自然因素；另一类是人为因素。

1）自然因素造成的破坏

旅游资源是大自然的一部分，它们无时无刻不受自然界的影响。自然界的发展变化既能塑造旅游景观，也会破坏旅游景观。概括起来，这种破坏主要有以下两种：

（1）突发性灾害破坏

突发性灾害破坏主要是指由地震、火灾、飓风、山洪、海啸等自然界中突然发生的灾害所引起的对旅游资源的破坏。例如，西安小雁塔建于唐代景龙年间，原为15层，明代时遭受两次大地震的破坏，现仅存13层，且塔身、塔顶均受到了不同程度的损坏。

（2）缓慢性破坏

缓慢性破坏主要是指由自然界风化作用、溶蚀作用、氧化作用、风蚀作用、流水切割作用、温度变化及生命规律等导致的旅游资源形态和性质的缓慢改变。例如，《史记·秦始皇本纪》中记载，秦始皇陵"高五十丈，周回五里有余"，经折算，其高约120米，底边周长约2 167米，然而由于2 000多年的风雨侵蚀，其高度现已降到50

多米。又如，山西大同云冈石窟由于长期受到石壁渗水浸泡和自然风化的侵蚀，现在大部分洞窟的外檐塌裂，许多雕像面目全非，一些洞窟因自然风化严重而无法开放。此外，包括细菌、病虫害、鸟粪及生物根系在内的生物作用也会对各类旅游资源造成破坏。例如，鸟粪对建筑和雕塑的化学分解、腐蚀作用远大于工业废气。现今，一些广场为吸引游人，放养了不少鸽子。大批鸽子的到来的确给广场增添了不少生机，但这些鸽子的排泄物不仅破坏了广场及周边景区的洁净度，而且对上述地区的建筑物和雕像等旅游资源具有极大的腐蚀作用，从而给旅游资源造成了严重的破坏。

2）人为因素造成的破坏

破坏旅游资源的人为因素是多方面的，并且其破坏范围和强度远大于自然界演变对旅游资源的破坏。根据破坏的根源，人为因素造成的破坏可分为生产建设性破坏和旅游资源开发及旅游活动本身造成的破坏两种情况。

（1）生产建设性破坏

这主要是指在工农业生产、工程建设、市政建设中，因环保意识淡薄、规划不当导致的旅游资源的破坏。

我国是一个具有几千年历史的文明古国，灿烂而辉煌的历史给我们留下了众多具有旅游价值的文物古迹。然而在生产建设过程中，人们由于缺乏环保意识，往往片面强调生产，从而忽视了对旅游资源的保护，造成了三废污染，导致旅游环境不断恶化。例如，西安是中国古代都市风貌保存得最好的城市之一，古城墙、鼓楼、大雁塔等景观吸引了无数中外游客。然而，工业生产带来的严重的大气污染和水污染，使得这座古城的旅游资源和环境都受到了不同程度的污染和破坏。

（2）旅游资源开发及旅游活动本身造成的破坏

在旅游资源开发过程中，如果没有事先进行科学的规划和设计，没有充分考虑到旅游资源自身的一些特性，盲目实施、仓促进行，势必会对旅游资源造成破坏。此外，一些风景区出于经济目的，盲目扩大旅游区和修建旅游基础设施、娱乐设施的行为也在一定程度上破坏了景区内的旅游资源。例如，一些景区为了方便游人登山，争先恐后地修建索道，甚至连一些相对高度不到百米的山上也修建了索道。"索道建设热"大大破坏了景观的完整性及视觉效果，成为旅游开发建设中的一大败笔。

除了旅游资源开发，旅游活动本身也会给旅游资源带来一定的破坏，包括游人过量、生活污水和垃圾的污染、各种有损社会公德的行为等。例如，我国古代文化宝库——敦煌莫高窟，过去石窟中空气干燥，自然风化缓慢，石窟中的艺术品虽历经千百年却依然栩栩如生；但近年来，随着游客的大量涌入，石窟中的环境不再干燥，许多精美的雕塑、壁画失去了原有的色泽和细节，变得模糊不清。

旅游活动是一种高消费的活动，游客在旅游消费过程中产生的废弃物的数量十分惊人，旅游垃圾已成为影响景区生态环境的一个重要问题。例如，被称为"全国最美公路"的新疆独库公路因为旅游的火爆，一度垃圾遍地，尤其是在停车区、休息站等场所，食品袋、塑料瓶遍地都是，从而对当地的生态环境造成了破坏。

综上所述，自然因素和人为因素对旅游资源的破坏，使旅游业的生存和发展面临着严重的威胁，这迫切需要我们从理论上和实践上给予旅游资源保护高度的重视。旅游业作为一项长久的经济文化事业，在未来能否持续发展，关键要看旅游资源的保护工作能否落到实处。因此，保护旅游资源是旅游业可持续发展的当务之急，任务艰巨，任重道远。

4.4.2 加强旅游资源保护的对策

加强旅游资源保护，必须从旅游资源遭受破坏的具体原因出发，针对旅游业发展过程中面临的主要问题，在人与自然共生理论和可持续发展理论的指导下，对旅游资源采取以防为主、以治为辅、防治结合的保护措施。具体而言，可以从以下几个方面进行操作：

1）重视对旅游资源的保护研究，提高旅游资源开发的安全性

（1）重视对旅游资源的保护研究和人才培养

旅游资源的保护工作是建立在科学技术不断向前发展的基础上的。在我国，有关旅游资源保护的研究还不够深入，许多现存问题和随着旅游业发展而出现的诸如旅游资源保护方法论、旅游资源保护政策、旅游资源保护工程等问题，都有待系统的保护理论和技术措施来解决。因此，我们必须加强对旅游资源保护相关理论的研究，力争在短时期内取得一批能在实际工作中发挥作用的研究成果。对旅游资源的开发与保护，无论是理论研究还是实际操作，都需要由具体人员来实施。一般来说，对旅游资源的开发与保护是从人的角度来界定的，开发者和保护者会直接影响旅游资源开发与保护的广度和深度。因此，加强人才培养，不断提高旅游专业人才的素质，更是刻不容缓。

（2）在开发中要注意旅游环境容量问题

生态学的研究表明，任何类型的环境所容纳的生物量都是有极限的，一旦超过这个极限，原有的生态环境质量就会被破坏，就会引发一系列问题。旅游环境具有与其他类型环境相似的特性，即任何旅游活动都会对旅游环境产生影响。有些影响没有超过环境自身的承受能力，所以经过一段时间的修复，环境质量不会有太大的改变；有些影响则超出了环境自身的承受能力，环境质量就会下降甚至恶化。这表明，旅游环境对旅游活动的承载也有一个极限，这就是旅游环境容量。旅游环境容量的测评是一门技术，对它进行测评可以减少对资源的过度利用，从而避免开发后"人满为患"，对资源造成破坏。因此，为了实现旅游业的可持续发展，我们必须将环境影响评估引入旅游资源的开发和保护中来。将评估结果作为重要的理论依据，可以使开发商和旅游管理部门慎重确定旅游建设项目，避免盲目开发造成资金浪费和资源环境破坏。同时，我们还应采取科学、合理的措施对环境脆弱的区域实行严格保护，如对游客进行限制、分流和疏导等，这也是实现旅游资源可持续发展的重要途径。

（3）在旅游资源开发和保护中实施"科技兴旅"战略

其核心是充分利用科技手段，变盲目的、掠夺式的粗放型开发为集约化的开发，最大限度地提高旅游资源的利用率和旅游产品的科技文化品位及环境容量承载力，同时减少开发过程中对旅游资源造成的破坏，使旅游业向规范化、质量化、效益型的方向发展。

2）提高旅游资源保护和开发的管理水平

（1）加强旅游资源保护的宣传和教育力度，提高大众的保护意识

旅游是一种以"人"为中心的社会经济活动，旅游业对资源环境的破坏也主要源于人的各种活动，包括游客和旅游地居民的活动等。由于保护意识淡薄，旅游资源环境恶化的严重性和危害性长期以来尚未受到社会各界的重视，这也是过去旅游资源常常遭受人为因素破坏的根源所在。当前，我们应采取各种措施加强宣传，开展科普教育，提高全民族自觉保护旅游资源环境的思想意识，使宝贵的旅游资源免遭破坏。只有持久不懈地进行宣传教育，使旅游资源保护的意识深入人心，最终成为全民族的自觉意识和行动，才能从根本上杜绝人为破坏旅游资源的行为。

（2）加强立法与执法工作

加强立法与执法工作是对破坏旅游资源行为的一项强有力的约束措施。我国自20世纪50年代初开始，先后制定了《中华人民共和国文物保护法》《风景名胜区条例》等多种旅游法律法规来保护旅游资源和环境，这对旅游资源的保护起到了非常重要的作用。然而，在实际保护工作中，仍有许多不尽如人意的地方。尤其是一些经济欠发达地区，往往只顾眼前的经济利益而不惜牺牲长远利益，对旅游资源的保护不够重视，破坏旅游资源的现象时有发生。因此，要将旅游资源保护落到实处，必须大力加强旅游资源保护的执法力度，严格追究破坏者的法律责任，从而使我国的旅游资源保护工作真正走上法治化、规范化的道路。自 2013 年 10 月 1 日起施行的《中华人民共和国旅游法》（以下简称《旅游法》），明确了旅游经营者和旅游者在旅游资源保护方面应履行的义务，从法律上进一步保障了旅游资源保护工作的落实。

（3）完善自然保护区、风景名胜区和历史文化名城保护系统

在自然生态系统不断受到破坏、生物物种不断减少的严峻形势下，世界各国、各地区逐步建立了自然保护区，形成了自然保护区网络系统。为了保护人文旅游资源及其环境，世界各国、各地区也相继建立了风景名胜区和历史文化名城保护系统，使自然与人文旅游资源都得到了有效的、更大范围的保护。40 多年来，我国的自然、历史文化保护制度不断完善，20 多个省、区、市颁布了地方性保护法规、规章，建立了自然保护区、风景名胜区和历史文化名城保护的领导协调机制，进一步完善了旅游资源的保护系统。

3）加强对已破坏旅游资源的恢复与修复

旅游资源的不可再生性决定了其一旦遭到破坏，将难以恢复，但有些自然文化景观和历史建筑因为具有很高的历史文化价值和旅游价值，虽已衰败，甚至不复存在，

育德启智 4-3

提升旅游者文明意识，文旅部发布《旅游景区文明引导工作指南》

育德启智 4-4

"随意刻画"就该依法严惩

仍可以采用治理恢复措施重现其风采。

（1）仿古重修，整旧如故

一些历史建筑经历了千百年的自然风化，存在着不同程度的破损与衰败，对此可以采用重修复原的办法，尽量使用原材料、原构件，以保持原貌为准则，对之进行修补，切忌盲目"翻新"而使其失去原有风貌。

（2）保护好旅游资源所在地的自然和人文环境

我国的古典园林、寺庙、陵寝、住宅等建筑非常讲究与周边自然环境的和谐一致，旅游资源的保护与恢复也要十分注意这一点，即实现景点与周边自然环境的高度协调。某种文化意境的获得通常需要借助于周边自然环境的陪衬，一旦离开了自然环境的烘托，其观赏价值便会大打折扣。此外，人文环境与旅游资源的和谐一致也非常重要。比如，云南丽江古城的吸引人之处不仅在于其古朴的建筑，还在于当地纳西族人民传统而淳朴的民风及他们所创造的灿烂而悠久的历史文化遗产。现今，不少景区存在着古建筑与周边现代化高层建筑极不协调地共存，以及当地原始民风、民俗被现代化气息所掩埋的现象，从而严重影响了整个景区环境的美学特征与文化内涵。所以，从某种程度上说，保护好旅游资源所在地的自然和人文环境也十分重要。

（3）广辟资金渠道，增加保护经费

旅游资源的保护和维修离不开资金支持，但目前旅游景区的门票收入还不能完全满足景区保护和维修的需要。因此，我们应调动社会各方面的力量筹集资金，以解决旅游资源保护经费不足的问题。

4）大力发展生态旅游

生态旅游也称"绿色旅游"，是20世纪80年代在国际上兴起的一种旅游活动。在国外，这种旅游方式也被称为"软旅游""责任旅游""正确旅游"等。生态旅游的开展既能做到保护环境，防止旅游资源被破坏，促进旅游资源的再生循环，又能为旅游者留下美好的旅游体验，可谓一举两得。因此，作为促进旅游业可持续发展的最佳选择之一，生态旅游值得大力提倡和推广。

课堂互动4-4

课堂互动4-4

俗话说："不到长城非好汉！"长城是中华民族的象征。然而，在长城的部分城墙上，我们可以看到"某某到此一游"的字样，这不但严重损坏了城墙，而且损坏了中国的对外形象。请分析原因并提出解决办法。

本章小结

旅游资源是指客观存在于一定地域空间内，对旅游者具有吸引力，并可能被用来开展旅游活动的一切自然存在、历史文化遗存或社会经济现象。旅游资源的特点包括吸引性、客观存在性、动态变化性、区域性、观赏性、可创造性、综合性、永续利用性、不可再生性。旅游资源根据不同的标准可以分为多种不同的类型。目前，最具代表性的分类方法是《旅游资源分类、调查与评价》（GB/T 18972—2017）。对旅游资源进行评价，首先要对旅游资源进行调查，旅游资源调查是旅游开发的前提；然后根据评价原则对旅游资源进行评价，一般采用定性评价和定量评价相结合的方法对旅游资源的显性吸引力和隐性吸引力进行分析。旅游资源的开发应具备区位条件和客源条件、投资环境和施工条件，并遵循环境保护与生态平衡原则、市场原则、突出特色原则、和谐有序原则。旅游资源开发的内容包括旅游景区的规划、旅游景区配套设施的建设、旅游目的地可进入性的提高、客源市场的开拓、良好旅游环境的营造等。一般来说，破坏旅游资源的因素有自然因素和人为因素两种，我们应加强对旅游资源的保护，努力实现旅游资源的可持续发展。

本章的重点是旅游资源的定义、特征及分类，难点是旅游资源的开发原则和内容。

边听边学 4-1

本章小结

边听边学 4-2

主要概念

主要概念

旅游资源　旅游资源调查　旅游资源开发

主要概念

基础训练

4.1　填空题

1）依据旅游资源的价值和管理级别的高低，旅游资源可划分为_____、_____、_____、_____四个级层。

2）旅游资源评价的基本原则是_____、_____、_____、_____和_____。

3）_____和_____构成了旅游资源定量评价的两种方法。

4）_____、_____、_____、_____和_____是旅游资源开发的主要内容。

5）从宏观层面上看，我们可以将破坏旅游资源的因素分为两类：一类是_____；另一类是_____。

在线测评 4-1

填空题

在线测评 4-2

4.2　选择题

1）按照旅游资源的自然属性可将旅游资源分为（　　）。

A.地质地貌类旅游资源　　　　　　　　B.自然旅游资源和人文旅游资源

C.原生性旅游资源和萌变性旅游资源　　D.观赏型旅游资源和参与型旅游资源

2）人为因素造成的旅游资源破坏有（　　）。

A.工农业建设性破坏　　　B.旅游者的破坏　　　　　C.旅游规划人员的破坏

D.突发性灾害的破坏　　　E.市政工程建设中的破坏

3）旅游资源的基本特征包括（　　）。

A.区域性　　　　　　　　B.观赏性　　　　　　　　C.可创造性

选择题

D.综合性　　　　　　　　E.永续性和不可再生性

4.3　简答题

1）旅游资源有哪些分类？

2）为什么说旅游资源是一个不断变化、发展的概念？

3）旅游资源调查有哪几种类型？

4）旅游资源开发应该遵循哪些基本原则？

4.4　讨论题

1）认识旅游资源的永续利用性和不可再生性对旅游资源开发有何指导意义？

2）你认为应如何保护旅游资源、实现旅游业的可持续发展？

4.5　案例分析题

民居，顾名思义，是指各地区、各民族的居住形式和居室结构的总称。我们知道，良好的居住条件是人类对美的共同追求，舒适、美丽、经济、安全、卫生、方便是人类营造居室的基本准则。各地区的人民在长期的生产、生活实践中，创造了许多适合本地区、本民族居住的居室类型，如我国南方地区以竹为材料的居室，中部地区以竹木为材料的居室，北方地区以木、砖、泥、沙为材料的居室，都从不同角度和侧面反映了不同区域的地理特征。又如，壮族和侗族人民建造的形式优美的廊桥和寨楼；傣族人民建造的风格独特的佛寺和塔；藏族人民建造的石砌高碉；新疆地区自古即利用土坯造穹隆，一些古代穹隆结构的土坯塔至今仍屹立在风沙侵袭的沙漠中。由此可见，现今形式各异的居室和建筑物都是人类长期适应环境条件的具体创造，这也从不同角度反映了一个地区人民的精神面貌及文化素养。参观、考察这些独具风格的民居，不仅可以获得人类与自然斗争方面的多学科知识，而且可以启迪思想、开阔眼界、陶冶情操、培养美感，对游人有一种神秘的、奇异的吸引力。

问题：请根据上述资料讨论人文旅游资源的特点。

实践训练

请实地考察一个旅游资源较为丰富的景点，并对该景点的旅游资源进行分类、评价。

第5章

旅游产品

【学习目标】

1. 掌握旅游产品的概念，认识单项旅游产品、组合旅游产品与整体旅游产品；
2. 掌握旅游产品的构成及特征，认识旅游产品的特征对市场营销的影响；
3. 掌握旅游产品的基本类型，了解我国旅游产品的发展情况；
4. 掌握旅游地和旅游线路产品的开发与组合策略，能够结合自己熟悉的旅游地进行旅游产品线路设计；
5. 坚持守正创新，弘扬工匠精神。

【知识导图】

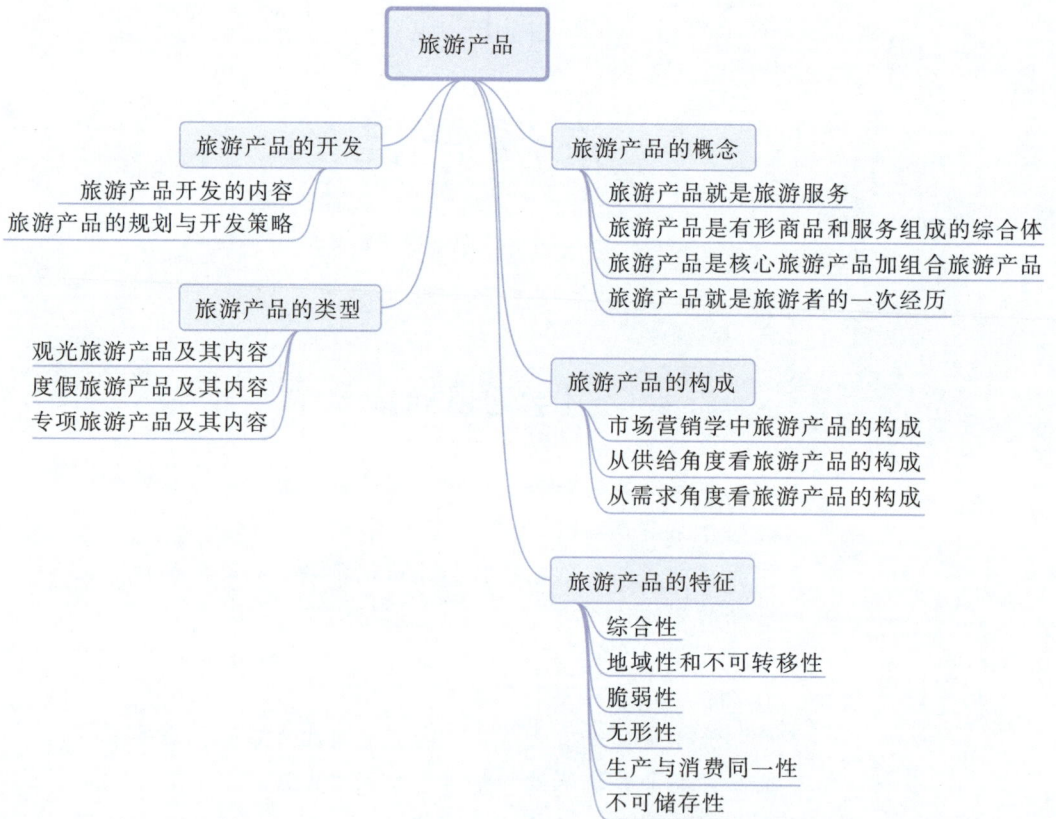

旅游产品

旅游产品的开发
　　旅游产品开发的内容
　　旅游产品的规划与开发策略

旅游产品的类型
　　观光旅游产品及其内容
　　度假旅游产品及其内容
　　专项旅游产品及其内容

旅游产品的概念
　　旅游产品就是旅游服务
　　旅游产品是有形商品和服务组成的综合体
　　旅游产品是核心旅游产品加组合旅游产品
　　旅游产品就是旅游者的一次经历

旅游产品的构成
　　市场营销学中旅游产品的构成
　　从供给角度看旅游产品的构成
　　从需求角度看旅游产品的构成

旅游产品的特征
　　综合性
　　地域性和不可转移性
　　脆弱性
　　无形性
　　生产与消费同一性
　　不可储存性

引例

某高校暑假出游活动安排

某高校准备趁暑假组织教职员工出游，通过向旅行社咨询，选定了海南环岛六日游。选定路线后，双方就线路和标准进行商议，并签订了旅游合同，双方构成了买卖关系。

基本线路和行程如下：

第一天：重庆飞海口，游海底红树林、东郊椰林。（宿椰林）

第二天：游万泉河、东山岭、兴隆热带植物园。（宿兴隆）

第三天：游珍珠场、亚龙湾、鹿回头、大东海。（宿三亚）

第四天：游天涯海角、番茅黎寨。（宿五指山）

第五天：眺望五指山，游枫木鹿场。（宿海口）

第六天：自由活动，海口飞重庆，散团。

标准：

（1）15人以上成团，含往返机票，全程旅游空调车。

（2）市内住三星级标准双人间（包括独立卫生间、空调、彩电）。

（3）包餐（八菜一汤），包行程内景点第一道门票。

（4）旅游人身意外伤害保险，全程导游服务。

（5）不含民族歌舞表演费。

思考：该高校向旅行社购买的产品是什么？联系市场上的一般商品，谈谈旅游产品与一般商品有何不同？

分析：该高校向旅行社购买的产品是包含食、住、行、游等基本内容的一条旅游线路。一般商品是唯一的、确定的，可以通过观察、比较确定产品质量后购买；旅游产品是包含多种内容的综合性产品，购买前难以确定质量。

5.1　旅游产品的概念

在现代市场营销学中，产品是指能提供给市场、用于满足人们某种欲望和需要的一切东西，包括实物、服务、组织、场所、思想、创意等。旅游产品是旅游业存在和发展的基础，然而人们对旅游产品迄今尚无比较统一的定义，究其原因主要有两个方面：一方面，旅游活动作为一种社会经济和文化活动，其消费内容涉及物质产品、服务产品和精神文化产品等内容，从而难以简明、准确地进行定义；另一方面，旅游研究的广泛性和多学科性，使人们从不同的视角来认识和界定旅游产品，从而形成了多种多样的旅游产品定义。这些定义归纳起来有如下几种：

1）旅游产品就是旅游服务

这种观点从旅游目的地或旅游供给者的角度出发，认为旅游产品就是旅游活动过程中所提供的总体服务或单项服务之和。例如，林南枝在《旅游经济学》一书中指出："旅游产品是旅游经营者凭借着旅游吸引物、交通和旅游设施，向旅游者提供的用以满足其旅游活动需求的全部服务。"李天元在《旅游学概论》一书中提出："所谓单项旅游产品，是指旅游企业面向旅游市场提供的设施和服务，或者说是旅游企业借助一定的设施和设备面向市场提供的服务项目。"

2）旅游产品是有形商品和服务组成的综合体

这种观点认为旅游产品是以服务产品为主的无形产品，但同时承认其组成部分中也有许多有形成分。例如，李亚非认为："旅游产品是凭借旅游资源和旅游设施，向旅游者提供的其在整个旅游活动过程中所需要的全部服务和商品。"

3）旅游产品是核心旅游产品加组合旅游产品

宋书楠、张旭在《对旅游产品概念及其构成的再探讨》一文中指出，旅游吸引因素即旅游资源，它是旅游产品的核心。游览设施是游客欣赏旅游吸引物的必要条件，是旅游产品的必要组成部分。住宿、交通、餐饮等为旅游者提供旅游服务的部分不属于核心旅游产品的范畴，而应属于组合旅游产品的范畴。核心旅游产品的主要形式为旅游景点或旅游景区。

4）旅游产品就是旅游者的一次经历

这一观点是从消费者的角度来对旅游产品进行定义的，认为旅游产品就是一次旅游经历，是由各种单项服务组成的总体旅游产品。例如，"旅游产品是指以在旅游目的地的活动为基础所构成的一次完整的旅游经历"（李天元）；或者"旅游产品是指旅游者支付一定的金钱、时间和精力所获得的满足其旅游欲望的经历"（林南枝）。

以上关于旅游产品的不同定义，主要是由于学者们对旅游产品概念的认识和理解存在差异所致。传统产品的概念以生产为中心；现代产品的概念以消费为中心，即产品是为了满足消费者的需求而通过市场交换形成的，是有形的物质产品和无形服务的总和。因此，在充分考虑旅游者消费内容的综合性和多样性后，我们做出如下定义：旅游产品是指在旅游市场上，由旅游经营者向旅游者提供的，用于满足其一次旅游活动所需要的所有物品和服务的总和。它是旅游市场这一特定领域里的交易对象，是围绕特定的旅游活动而由旅游地或旅游企业提供的满足旅游者需求的一系列产品及服务。

这一定义的特点在于：首先，定义从质的规定性上明确了旅游产品是旅游者在旅游活动中所消费的各种物质产品及服务的总和，它由旅游资源、旅游设施、旅游服务等多种要素构成，这些要素可以是有形的，也可以是无形的。旅游经营者凭借旅游资源、旅游交通设施、酒店等有形的物质载体，向旅游者提供游览、交通、住宿、娱乐等非物质形态的服务。事实上，在整个旅游过程中，旅游者消费的实物部分较少，接受的无形服务较多。凭借大量的接待服务和导游服务，旅游者在旅游活动过程中能够充分感受所接触到的事物和事件，从而获得一次深刻的旅游体验。从这一角度来说，旅游产品也可以视为旅游者花费一定的时间、费用和精力所获得的一次完整的旅游经历。其次，定义从量的确定性上界定了旅游者每一次旅游活动所消费的物质产品和服务就是一单位的旅游产品，因此从统计上可以将每一次旅游活动作为一个旅游产品来统计。最后，定义明确了旅游产品必须是通过经营者开发并通过市场交换，被旅游者购买或消费的物质产品和服务的总和。

课堂互动 5-1

旅游地、旅行社、旅游饭店等谈论的旅游产品是同一对象吗？

课堂互动 5-1

答案提示

5.2　　旅游产品的构成

旅游产品是综合性的产品，其构成非常复杂，从不同的角度分析，其构成内容不同。对旅游产品构成的分析可以从旅游产品的消费形式出发，也可以从消费内容出发。本节将重点从市场营销学、旅游供给和旅游需求的角度来分析旅游产品的构成，以便能更加清楚、明确地认识旅游产品在市场交换中的内容与形式。

5.2.1　市场营销学中旅游产品的构成

现代市场营销学认为，产品一般由三个部分构成，即产品的核心部分、外形部分和延伸部分。其中，核心部分是指产品能满足顾客需要的基本效用和利益，它是产品最基本的层次；外形部分是指满足市场需要的各种具体产品形式，它可以被看成核心部分的载体，包括产品的形状、式样、品牌、质量等；延伸部分是指顾客购买产品时得到的附加服务和利益，包括包装、售后服务、赠品以及优惠等，它能给顾客带来更多的利益和更大的满足。

从市场营销学的角度分析，旅游产品也由三个部分构成（如图 5-1 所示）。

1）旅游产品的核心部分

旅游产品的核心部分是指旅游产品的主要内容部分，包括旅游吸引物和旅游服务，其可以满足旅游者外出旅游的最主要的需求，是旅游产品的具体内容。

旅游吸引物由于其对旅游者的吸引性而成为拉动旅游者到旅游地旅游的核心要素。旅游吸引物是指凡是对旅游者具有吸引力，能为旅游业开发、利用并由此产生经济效益、社会效益和环境效益的各种事物和因素，包括自然旅游吸引物、人文旅游吸引物。其中，自然旅游吸引物主要是指气候、森林、河流、湖泊、海洋、温泉、火山等自然风景资源；人文旅游吸引物包括文物古迹、文化艺术、民俗风情、城乡风光等人文旅游资源。

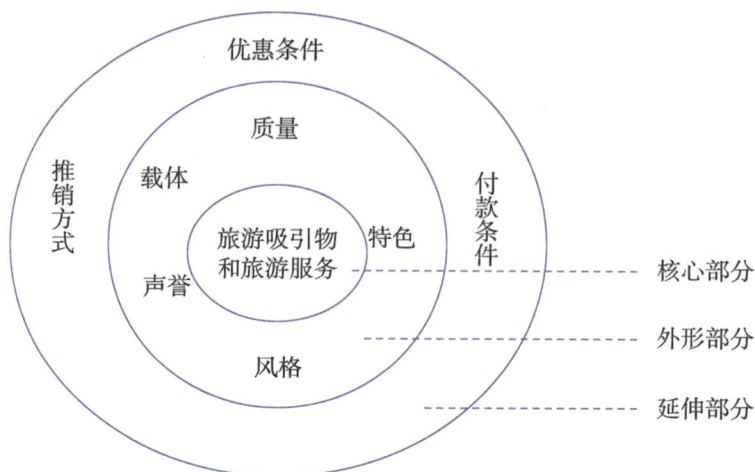

图 5-1　旅游产品的构成

旅游服务是指依托旅游资源和旅游接待设施向旅游者提供的各项服务。按照旅游活动的过程，旅游服务可分为售前服务、售时服务和售后服务三部分。售前服务是旅游活动前的准备性服务，包括旅游咨询、旅游线路的设计与安排、出境游中签证手续的办理及货币兑换等；售时服务是在旅游活动过程中向旅游者提供的食、住、行、游、购、娱等服务；售后服务则是旅游者结束旅游活动后，离开旅游目的地的一系列服务，如托运行李、送机、旅游者返程后的跟踪服务等。

2）旅游产品的外形部分

旅游产品的外形部分是指旅游产品的载体、质量、特色、风格、声誉等，是旅游产品向市场提供的实体和劳务的具体内容，是核心部分向生理或心理效应转化的部分。

旅游产品的载体主要是指各种旅游接待设施、景区景点、娱乐项目等，是以物化形式表现出来的具有物质属性的实体。旅游产品的质量、特色、风格和声誉是旅游产品依托旅游资源、旅游设施反映出来的外在表现，是激发旅游者旅游动机的诱因，是引导和强化旅游消费行为的具体形式。这些方面表现的不同组合方式形成了旅游产品的差异性，即形成了不同的旅游线路、不同的接待规格、不同的旅游活动，从而满足了旅游者多样化和个性化的需求。

3）旅游产品的延伸部分

旅游产品的延伸部分是指旅游者购买旅游产品时获得的优惠条件、付款条件及旅游产品的推销方式等，是旅游者进行旅游活动时得到的各种附加利益的总和。例如，团队游客在购买团体票时获得的价格优惠，旅游过程中获得的导游额外赠送的小礼品等。延伸部分不是旅游产品的主要构成部分，对旅游产品的生产和经营也没有重要影响，但在激烈的旅游市场竞争中，延伸产品的多少、好坏往往体现了一个企业服务质量的高低，还可能对旅游产品的消费者评价产生重要影响。因此，旅游经营者在进行旅游产品营销时，应注重旅游产品的整体效能，除了要突出旅游产品的核心部分和外

形部分，还应在旅游产品的延伸部分上形成差异性，这也是一种有效的市场竞争手段。

5.2.2　从供给角度看旅游产品的构成

从旅游经营者或旅游地的供给来看，一个完整的旅游产品由旅游资源、旅游设施、旅游服务等基本要素构成。

1）旅游资源

旅游资源是旅游业发展的基础，也是一个旅游目的地旅游供给最主要的内容。显然，旅游资源是旅游活动的主要诱因，如果没有旅游资源，旅游业就失去了存在和发展的基础。一个国家或地区拥有的旅游资源越丰富、越有特色，对旅游者的吸引力就越大。因此，一个国家或地区的旅游业兴旺发达与否，首先取决于它所拥有的旅游资源的数量和质量。

旅游资源的显著特点就是对旅游者具有吸引力，其吸引力的大小由资源的品位、特色和价值的大小决定。旅游资源的吸引力往往从不同的层面和角度表现出来，如旅游资源能满足旅游者审美、休闲、娱乐、商务、探险、考察等需要，这些需要促使旅游行为的发生。旅游经营者往往依托于旅游地有吸引力的旅游资源，开发、组织具有特色的观光休闲、度假、科学考察、文化交流等旅游产品，以满足旅游者多方面的旅游需求。

育德启智 5-2

中国高铁跑出旅游加速度 快旅慢游微度假成趋势

2）旅游设施

旅游设施（tourism facilities）是实现旅游活动所必须具备的各种设施、设备和相关的物质条件。旅游设施是旅游活动正常进行的前提，是对旅游者产生吸引力的影响因素。旅游设施一般分为专门设施和基础设施两大类。

（1）专门设施

专门设施是指旅游经营者直接服务于旅游者的凭借物，包括旅游运输设施、旅游食宿接待设施、游览娱乐设施和旅游购物设施。

旅游运输设施泛指旅游者赖以实现其空间转移的客运设施和设备。它不仅包括铁路、公路、航空和水上交通工具，而且包括与这些交通工具相配套的车站、机场、停车场和码头，以及与这些要素相关的各种辅助设施和设备。旅游者在旅游过程中，不仅关心从居住地到旅游目的地的空间距离，而且关心二者之间的时间距离。旅游者能否方便、快捷地实现空间转移，不仅取决于交通运输工具的先进程度，而且取决于交通运输部门的运营效率。因此，旅游运输设施及其经营管理的现代化是提高旅游供给质量的必要措施之一。

旅游食宿接待设施是指以现代饭店为代表，能够适应和满足旅游者食宿需要的服务设施。旅游食宿接待设施在为旅游者提供基本生活服务方面起着重要作用，其数量和质量也是衡量一个国家或地区旅游接待能力的主要指标。实践证明，拥有一定的、符合旅游者需要的，并且风格独特、设备齐全、居住舒适、饮食丰美的旅游饭店，是旅游业兴旺发达的重要保障。随着旅游业竞争的加剧及旅游者需求的提高，单纯经营食宿的设施已无法适应新形势发展的需要，旅游饭店已开始向提供综合性、多功能服务的方向发展。

游览娱乐设施是指为旅游者提供参观、游览和娱乐活动的场所及其相关设备的总和。这些设施包括两类：一类是集中反映和表现当地民族历史、民族文化、民族艺术和风俗的场所，如各种博物馆、美术馆、藏书馆、民俗展览和表演馆、反映民族特色的园林，以及名人或历史事件纪念馆等，这些设施往往是当地旅游吸引物的重要组成部分。另一类是为了丰富旅游者的旅游生活而提供的娱乐设施，如歌舞厅、夜总会、游乐场所，以及其他各种参与性的娱乐设施。

旅游购物设施是指供旅游者购物的场所及其相关设备。购物是旅游活动中的一项重要内容，它虽然不属于旅游者必需的基本旅游消费，却是一种必然性的旅游行为。正因为如此，旅游者购物消费在许多接待地的旅游收入中都占有重要地位。狭义的旅游购物设施主要是指专供旅游者购物的设施，一般布局在方便游客购买的区域，如景区、机场、车站以及城市定点旅游购物商店。但总体而言，旅游购物设施的范围很广，凡是旅游目的地可供旅游者购物的设施均属于旅游购物设施。这些旅游购物设施的方便程度，提供商品的品种、特色、质量和价格，都对旅游者的购买兴趣和购买数量有重要影响。在有些地方，如我国香港，旅游购物设施甚至可以构成旅游者来访的主要吸引因素。

（2）基础设施

基础设施是指保证旅游活动有效开展所需的各种公共设施，包括供水供电、邮电通信、安全卫生、城市环境等设施。通常，基础设施主要是针对当地居民的需要而设计和提供的，旅游者只是在旅游过程中暂时使用。

3）旅游服务

旅游服务（tourism service）是旅游产品的主体内容。旅游经营者向旅游者提供的产品中，除了餐饮产品和旅游购物产品等少量有形物质产品外，大量提供的是各种各样的无形的旅游服务，如咨询服务、导游服务、接送服务、餐饮服务、交通服务、娱乐服务等。旅游服务包括商业性的旅游服务和非商业性的旅游服务两种。前者多指旅行社的导游服务和翻译服务、交通部门的客运服务、饭店业的食宿服务、商业零售部门的购物服务，以及其他部门向游客提供的商业性接待服务。后者则主要指当地为游客提供的旅游咨询服务及当地居民为游客提供的义务服务。旅游服务作为旅游产品的主体内容，对旅游者的购买决策影响很大，旅游经营者提供的服务内容、服务价格、服务效率等直接体现了旅游地的服务质量。但是旅游服务并不是独立存在的，只有依托于旅游目的地的资源和设施提供的相关服务，才是有意义的。

育德启智 5-3

持续升级智慧旅游 构建公共服务体系

5.2.3 从需求角度看旅游产品的构成

1）从旅游产品满足旅游者不同需要的角度看

一个完整的旅游产品必须满足旅游者食、住、行、游、购、娱等各方面的需要。

因此，从旅游产品满足旅游者的不同需要的角度看，一个完整的旅游产品包括旅游餐饮产品、旅游住宿产品、旅游交通产品、游览产品、旅游购物产品及旅游娱乐产品等。

旅游餐饮产品是指为了满足旅游者在旅游活动过程中的基本生存需要，使旅游活动得以顺利进行而提供的产品。一般来说，旅游餐饮产品除了能够满足旅游者基本的生存需要以外，还具有特殊的功能，就是旅游者会尽量选择品尝异国他乡的特色饮食、风味餐，以体验不同地区、不同民族的饮食文化差异。

旅游住宿产品同样是为了满足旅游者在旅游活动过程中的基本需要，且主要是为了满足旅游者放松身心、恢复体力等方面的基本生理需要。现代旅游饭店除了能够满足旅游者住宿的基本需要外，还提供购物、健身、娱乐等服务项目，以满足旅游者的精神享受需要。特别是一些景区的饭店，本身就具有极大的吸引力，也是一种旅游资源。

旅游交通产品是指为了满足旅游者从居住地到旅游目的地的空间往返，以及在旅游目的地的空间转移而提供的产品，如飞机一次飞行中的一个舱位，轮船或火车、汽车一次运输中的一个座位或铺位。一个国家或地区的旅游交通越发达，可提供的旅游产品越丰富、越优良，就越有利于旅游业的发展。

游览产品主要由旅游吸引物和游览服务构成，是旅游活动的核心内容和主要目的，也是旅游产品的基本组成要素。一个国家或地区的旅游业发达与否，一方面取决于其客观上拥有的旅游资源的丰富程度，另一方面取决于其在主观上开发、利用和保护这些旅游资源的程度和合理性。旅游者的兴趣爱好多种多样，旅游目的和动机也各不相同，因此多样化是进行旅游资源开发和旅游景点建设的一个趋势。

旅游购物产品也称旅游商品，是指旅游者在旅游活动中购买的对旅游者具有实用性、纪念性、礼品性等物质形态的旅游产品。旅游购物产品集中反映了旅游地的传统文化和民族特色，包括地方特产、工艺美术品、生活日用品等。与一般商品不同的是，旅游购物产品除了具有一定的实际使用效能外，还具有一定的象征效能，具有某种纪念意义和回忆价值。有些旅游购物产品甚至没有具体的使用价值，它们的价值仅表现在满足旅游者主观需要的象征效能上。

旅游娱乐产品是指为了满足旅游者在旅游活动过程中的娱乐需要而提供的产品，它是对游览产品的必要补充，目的在于通过娱乐来放松精神。旅游娱乐产品的多样化、新颖化、趣味化和知识化可以丰富旅游产品的内涵，从而更广泛地吸引具有不同爱好的旅游者，为旅游目的地增加旅游收益。

2）从旅游者对旅游产品的需求程度看

从旅游者对旅游产品的需求程度看，旅游产品由基本旅游产品和非基本旅游产品构成。

不同的旅游者对旅游产品构成中每一部分的需求程度是不同的，其中交通、住宿、餐饮和游览等产品在旅游活动中的购买频率最大，在旅游者的任何一次外出旅游

旅游广角 5-1

尝"石窟"、啃"陶俑"，看各地文创雪糕大比拼

中都是必不可少的。这类产品就属于旅游活动中的基本旅游产品。从我国目前的情况来看，基本旅游产品在旅游消费中表现出了两个明显的特征：一是其在消费支出中受价格变化的影响不大，即其需求价格弹性较小；二是其消费支出在整个旅游活动支出中所占比重较大，属于旅游收益中较为稳定的部分。

此外，有些旅游产品，如购物、娱乐、医疗等，它们并不是旅游者在旅游活动中所必需的且具有较大的弹性，因此它们构成了旅游活动中的非基本旅游产品。

当然，基本旅游产品和非基本旅游产品的划分不是绝对的，在一定条件下，非基本旅游产品也可能会转化为基本旅游产品。例如，我国香港素有"购物天堂"的美誉，不少国家和地区专门组织游客到香港购物旅游。在这样的旅游活动中，旅游的主要目的和内容是购物，因此旅游购物属于基本旅游产品。

识别基本旅游产品和非基本旅游产品，既有助于旅游经营者提供有针对性的服务，以满足不同旅游者的多样化需求，也有助于旅游者在选择、购买旅游产品的过程中，有计划地制定、调整自己的需求结构和消费结构，以提高旅游活动的舒适度和满意度。

课堂互动 5-2

答案提示

🔄 **课堂互动 5-2**

认识旅游产品的构成，对旅游经营者有什么意义？

5.3　旅游产品的特征

旅游产品作为一种特殊领域内的产品，具有不同于其他商品的一般特征。这些特征包括：

（1）旅游产品由满足旅游者需要的多种不同产品和服务形式组成，是综合性的产品；

（2）旅游产品形成于特定地域，具有不可转移性；

旅游广角 5-2

《"十四五"旅游业发展规划》之丰富优质产品供给

（3）旅游产品作为一种高层次的满足精神需要的产品，其消费受外界因素的影响较大，因此具有一定的脆弱性；

（4）在旅游产品中，除了少数的物质产品以外，绝大多数产品属于无形的服务产品，因此旅游产品具有服务产品的许多共性。

需要注意的是，虽然旅游产品以服务为主，具有服务产品的共性，但旅游服务是以旅游目的地的核心吸引要素为依托的，离开了旅游目的地的吸引要素，旅游服务就失去了存在的意义。

5.3.1　综合性

旅游产品是旅游者在一次旅游活动过程中所购买的满足旅游活动需要的各种产品和服务的总和。任何一次旅游活动中的旅游产品都是以旅游者的需求为前提，并由多个经营单位生产和提供，能够满足旅游者多方面需要的综合性产品。这一特征与从需求角度定义的旅游产品概念密切相关。

旅游产品的综合性表现在两个方面：一方面，从旅游产品的构成上看，旅游产品由旅游资源、旅游设施、旅游服务等多种成分组合而成，其中既有有形的部分，也有无形的部分，既有物质产品，也有精神产品，可以满足旅游者在食、住、行、游、购、娱等多方面的需要。另一方面，旅游产品的生产和经营涉及多个部门和行业。其中，有直接面向旅游者的旅行社业、旅游饭店业、旅游交通运输业、旅游景区及景点业等，也有间接面向旅游者的工业、农业、建筑业、金融业、保险业及医疗业等。这些部门和行业有的以物质生产为主，有的以非物质生产为主，既涉及经济类部门，又涉及非经济类的政府部门。

针对旅游产品的综合性，旅游经营者在组合旅游产品时必须全面规划、通盘考虑、综合安排，以确保提供的旅游产品能够满足旅游者在旅游活动过程中的整体需要。

5.3.2　地域性和不可转移性

旅游产品的核心是旅游吸引物，任何旅游活动都是由于旅游吸引物对旅游者产生吸引而形成的，离开了旅游吸引物，旅游活动就不可能实现。而旅游吸引物主要分布于特定的地域之上，其位置是相对固定的，如泰山位于山东，漓江位于桂林，九寨沟位于四川，秦始皇陵兵马俑位于西安。不管是自然吸引物还是人文吸引物，其一旦形成，就具有不可转移性。相应的食、住、游、购、娱等旅游产品设施与服务，都是依托旅游吸引物而产生的，都必须在旅游目的地进行消费。因此，旅游产品依托于一定的地域并具有不可转移性。

旅游产品的地域性和不可转移性还表现在：首先，旅游者要购买旅游产品，必须通过自己的移动而不是旅游产品的转移来完成。其次，旅游产品在交换时，产品的所有权并不发生转移。一般物质产品发生交换，产品被消费者购买后，其所有权会转移到消费者手中，消费者可以将其带走。对旅游产品的购买，仅是暂时购买旅游产品在特定时间和特定地点上的部分使用权，其所有权在任何时候都属于旅游目的地和旅游经营企业。

针对旅游产品的这一特征，旅游经营者要想在竞争中取胜，就要在旅游产品的营销中拓宽信息流通渠道，尽量缩短旅游产品的信息传递时间和销售周期。同时，由于旅游者只能购买旅游产品的暂时使用权，而不能长期拥有旅游产品，这就使得旅游者对旅游产品服务质量的要求比一般产品高。

5.3.3　脆弱性

旅游产品是一种容易受到很多因素影响的、风险成本较高的产品，这就使旅游产品的生产与消费表现出了一定程度的波动性和脆弱性。旅游产品的这种特点主要与下列影响因素有关：

1）旅游产品的内部因素

一方面，旅游产品构成中的某些吸引物，特别是天象与气候景观，如哈尔滨的冰雕、吉林的雾凇、北京香山红叶等，都具有较强的时令性，这直接造成了旅游产品销售的淡旺季，从而影响了旅游产品的价值实现。另一方面，旅游产品是由多种产品围绕旅游者的需要而形成的组合性产品。这些产品的组合需要一定数量的单项产品，并且这些产品要素的构成存在一定的比例关系。一旦比例关系失调，就会导致旅游产品组合失败，从而直接影响旅游产品功能的发挥。

2）旅游产品的外部因素

这涉及旅游客源地和旅游目的地的政治、经济、自然等多个方面。例如，政治要素中两国之间的外交关系，经济要素中的经济危机，自然要素中的地震、海啸等，都会引起旅游需求的较大波动，进而给旅游产品的生产和销售造成困难。

5.3.4　无形性

旅游产品的无形性是从服务产品的形态来说的，服务产品的购买和消费是看不见、摸不着的，只能通过消费者的体验来感觉产品质量的好坏。旅游产品的这一特征可以从旅游产品购买之前、购买之中和购买之后具体反映出来。

旅游产品在购买之前，只是旅游者心目中的一种印象。一般有形商品的交换，购买者可以看见实物商品的尺寸、大小、几何形状、物理特征等。旅游产品的购买则不同，旅游者在选择旅游目的地及相应的产品时见不到具体的旅游产品，只能通过旅行社、报纸、杂志、电视及网络等宣传媒体获得一种印象，因此旅游产品是一种无形产品。

在旅游产品的购买过程中，各种旅游服务产品也是无形的，是无法被看见也不能被触摸的，服务质量的好坏只能靠接受旅游服务的旅游者的体验来判断。又由于每个旅游者的经历和需求不一样，因此旅游者对所接受的服务质量的评价也各不相同。

旅游产品购买结束后，不像一般商品那样可以给旅游者留下有形的、可供二次使用的产品，旅游者得到的只是从离开居住地到返回居住地的一次完整的经历和一次美好的体验。

对旅游经营者来说，由于旅游产品具有无形性，因此其在宣传产品和获得市场竞争力方面挑战较大。针对这一特征，旅游企业和旅游目的地应树立起自身和产品的信誉，加强旅游产品的宣传促销，以优质的服务和良好的形象换取旅游消费者的认可。

5.3.5　生产与消费同一性

这也是由旅游产品的服务性所决定的。只有旅游者到达旅游目的地以后，旅游服务才会提供，旅游消费才开始发生。旅游者离开旅游目的地以后，旅游消费全部结束，旅游产品的生产也立即停止。因此，从空间上看，旅游产品的生产与消费都在旅游目的地进行；从时间上看，旅游产品的生产与消费是同时进行的，而一般物质产品的生产与消费是先后出现的两个环节。

　　旅游产品生产与消费的同一性决定了旅游产品的质量标准很难控制。旅游服务是旅游者评价旅游产品质量的核心和关键，旅游服务质量的好坏，一方面取决于提供服务方服务质量的好坏，另一方面取决于接受服务方的评价。在旅游经营过程中，旅游企业如何将二者统一，提供令旅游者满意的服务产品，也是旅游经营者竞争制胜的关键。

5.3.6　不可储存性

　　由于旅游产品生产与消费的同一性，因此旅游产品还具有不可储存性。旅游产品不可能像其他有形产品那样，在暂时销售不出去时储存起来，留待以后销售。旅游产品的价值具有一定的时间对应性，随着时间的流逝，旅游产品如果没有实现对应时间上的交换价值，那么此期间为生产该种旅游产品所付出的人力、财力、物力资源就是一种浪费，并且损失的价值永远也得不到补偿，因为机会已经丧失，折旧已经发生，人力已经闲置，资金已经占用。以客房出租为例，每一单位的住宿产品在一定时间内销售出去，其实现的产品价值是对所投入的服务和有形产品及固定资产折旧的价值补偿。如果客房一日无人租用，那么这一天的客房服务及相应的固定资产折旧应分摊的价值就得不到实现和补偿。虽然这间客房在第二天可能被租用，但该客房所实现的价值只是第二天应分摊的部分，未被租用的前一天的客房价值则永远无法得到补偿。由于旅游产品的主体内容是服务，因此只有当游客来到并消费时，服务创造的价值才会实现；如果一日没有服务对象享受服务价值，那么这一日的服务价值就丧失了。认识到这一点，对旅游企业的经营管理非常重要。

课堂互动 5-3

　认识旅游产品的特点，对旅游经营者来说有什么意义？

课堂互动 5-3

答案提示

5.4　旅游产品的类型

　　研究的角度不同，对旅游产品的分类也不一样。从旅游者需求的角度来看，旅游产品可分为餐饮产品、住宿产品、交通产品、游览产品、购物产品和娱乐产品等单项产品。从旅游目的地的角度来看，旅游产品可分为观光旅游产品、度假旅游产品、商务旅游产品、探险旅游产品等。

　　从旅游产品的定义来看，旅游产品包括各种单项产品和组合产品，旅游者购买的就是各种单项产品及其组合。不管哪种产品或组合，旅游产品都是以旅游吸引物为核心，由多种要素组成的综合性产品。因此，我们在谈及旅游产品的类型时，主要围绕核心吸引要素的特点和功能进行分类，归纳起来主要有三大类，即观光旅游产品、度假旅游产品和专项旅游产品。

5.4.1 观光旅游产品及其内容

观光旅游产品可以分为自然旅游产品和文化旅游产品两大类。

1）自然旅游产品及其内容

从内容上看，自然旅游产品主要有自然景观、国家公园、野生动物园、海洋公园等。

（1）自然景观

自然景观是以自然风光为主的观光旅游产品，主要包括名山大川、森林草原、江河湖海、峡谷瀑布、海滨海岛、雪域冰川、沙漠丘陵、地热火山等各种各样的自然风光。游览和观赏各种自然风光，可以使旅游者增长知识、开阔眼界、陶冶情操，既享受了大自然的美景，又放松了身心，从而使生活更加丰富多彩。

（2）国家公园

国家公园是指各国政府为了保护动物、植物和生态环境而专门设立的区域，其中部分区域可以供人们游览和观赏。世界自然保护联盟对国家公园的要求是：国家公园总面积不少于10平方千米，并具有优美的景观、特殊的地貌和良好的生态环境；具有需要长期保护的野生动植物、自然地貌景观和特殊的生态系统；在维护已有自然状态的前提下，划出一定范围供开展科研、教育及旅游活动；采取有效的保护措施，维护自然景观和生态环境的平衡。

（3）野生动物园

野生动物园是为了满足人们认识和了解野生动物的需要，根据野生动物的生活习性，仿效动物产地的自然环境，以放养为主、散养和圈养相结合的形式，向游人展示野生动物本来的生态环境的旅游产品。游客进入参观一般有车入式和步入式两种形式。

（4）海洋公园

海洋公园是进行各种海洋生物展示、海洋动物表演等活动的旅游产品，如各种各样的水族馆、海洋动物表演馆，以及各种海底探秘馆和海底观光隧道等。

2）文化旅游产品及其内容

文化旅游产品的内容丰富、种类繁多，概括起来主要有文物古迹、博物馆、文化艺术、民俗风情、宗教朝觐等。随着社会经济的发展，还涌现出了许多以文化旅游产品为主的文化旅游区或旅游文化中心。

（1）文物古迹

文物古迹主要是往昔人们生产生活的遗迹和遗物，其反映了古代人们生产生活的状况和特点。参观和游览各种文物古迹，寻觅和了解古代社会文化、建筑、活动、名人遗址等，不仅可以增加旅游者对人类社会发展历史的深刻了解，增加旅游审美的文化享受和乐趣，而且可以使旅游者开阔眼界，更多地了解名人的生活和成名经过，从而激发旅游者的进取心和责任感。

（2）博物馆

博物馆是自然与人文的物化成果的集中展示场所。世界上的博物馆主要有历史博物馆、考古博物馆、民族博物馆、自然博物馆、文化艺术博物馆、科学技术博物馆、园艺博物馆、综合博物馆等。对每一类博物馆还可以进行具体划分，如自然博物馆可分为地质博物馆、动物博物馆、植物博物馆、天体博物馆、海洋博物馆，甚至还可以细分为蝴蝶博物馆、昆虫博物馆、飞禽博物馆等。

旅游广角 5-3

中国国内十大受欢迎博物馆

（3）文化艺术

文化艺术包括戏剧、音乐、歌舞、影视、绘画、雕塑、民间工艺等内容。欣赏文化艺术产品不仅能够使旅游者深刻认识和了解不同民族的文化艺术，满足旅游者的文化旅游需求，而且由于文化艺术产品的感染力强，具有消费方便、通俗易懂、参与性强等特点，因此对旅游者具有较强的吸引力。例如，意大利是欧洲文艺复兴运动的发祥地，许多文艺复兴时期保存下来的绘画艺术、雕刻艺术珍品，每年都吸引了大量的国际旅游者。

（4）民俗风情

民俗风情是指各民族在长期的生产生活中形成的独特的生活习惯和生产方式，包括饮食起居、衣着服饰、婚恋嫁娶、节庆礼仪、生产交通、村庄建筑等方面的风格和特色。民俗风情旅游既可以满足人们对不同文化的了解，从中获得更多的知识，还可以为旅游者提供大量的参与性活动，使旅游者能够亲自体验和感受不同民族文化的特点。目前，我国的民俗风情旅游产品主要有民族文化村、民族村寨、民族博物馆、民族文化区等。

（5）宗教朝觐

宗教是一定时期社会经济发展的产物，也是一个国家和民族文化的重要组成部分。在我国，不仅许多宗教场所是著名的寺庙教堂，有优美的自然风光和良好的生态环境，而且许多宗教建筑、雕塑、绘画都具有很高的文化艺术价值，是旅游审美和艺术欣赏的重要内容。由于不同民族的宗教信仰不同，因此各种宗教设施、宗教仪式的神秘气氛对旅游者产生了一定的吸引力。世界上许多著名的宗教圣地不仅是宗教朝觐之地，而且是著名的文化旅游产品。

5.4.2　度假旅游产品及其内容

度假旅游产品的发展历史很长，从传统的温泉度假、海（湖）滨度假、森林度假等度假旅游产品发展到包括滑雪度假、野营度假、乡村度假等在内的综合性度假旅游产品，不仅发展迅速、内容丰富，而且特色更加鲜明，规模不断扩大。度假旅游产品是目前深受旅游者喜爱的旅游产品，旅游者在度假过程中不仅可以放松身心、恢复体力，还可以欣赏优美的自然风光，获得美的享受。

1）温泉度假

温泉度假是世界上最早的度假旅游产品之一，即利用温泉对人们身体健康的价值，通过开发和建设包括矿泉沐浴、蒸浴、饮用及附属设施在内的温泉度假区，向旅游者提供康复疗养服务。目前，世界上著名的温泉度假地有中国的腾冲、比利时的斯帕、匈牙利的布达佩斯等。

2）海（湖）滨度假

海滨度假或湖滨度假主要是利用现有的海滨或湖泊开展度假旅游活动。海滨和湖泊都是一种天然旅游资源，并且大多数海滨和湖泊周围都拥有优美的自然环境和良好的生态条件。海（湖）滨度假不仅可以使旅游者充分享受阳光，尽情开展水上运动和海底观光，而且可以使旅游者感受当地的自然和人文风情。世界上著名的海滨度假地有中国海南三亚亚龙湾、印度尼西亚巴厘岛、泰国普吉岛等；湖滨度假则比较普遍，凡是有湖泊的地方均可以开发湖滨度假旅游，如我国新疆地区的高原湖泊群、云贵地区的高原湖泊群等，都已成为吸引国内外旅游者的重要湖滨度假旅游胜地。

3）森林度假

森林度假主要是依托于环境优美、生态系统良好的天然森林开展度假旅游活动。现代工业化和城市化的迅速发展及其带来的一系列环境问题，迫使人们走向大自然，到环境优美的森林中休闲和度假，以及开展各种游乐活动。森林是现代社会中少有的、未被污染的"净土"，生态系统多种多样，生物种类丰富多彩。依托森林区开展度假旅游，旅游者可以享受天然氧吧、登山观瀑、欣赏珍稀树种和特产动物，还可以开展野营、野炊、垂钓、篝火、狩猎等活动，因此森林度假是一种原始而有吸引力的旅游活动。

5.4.3 专项旅游产品及其内容

专项旅游产品又称专题旅游产品或特色旅游产品，是在传统旅游产品的基础上派生、提高和发展起来的特殊旅游产品。下面我们介绍几种主要的专项旅游产品：

1）会奖旅游

会奖旅游即会展及奖励旅游，是指依托于各种类型的学术会议、专业会议、国际论坛、展销会和各种奖励而开展的旅游活动，也就是为参会、参展及获奖人员提供的各种会前、会后服务，以及专门的观光、游览、度假等旅游活动。

其中，奖励旅游是公司用于奖励在工作、生产、销售等方面做出突出贡献的人员而提供的旅游活动，它是调节劳资关系的一种重要手段。目前，主要的奖励旅游形式有观光奖励旅游、度假奖励旅游、学习奖励旅游等。

2）康体旅游

康体旅游是指包括滑雪、高尔夫球、漂流、登山等体育运动，以及健身、疗养等保健活动在内的旅游活动，是一种能够使旅游者的身体素质和健康状况得到不同程度的改善和增强的旅游活动。康体旅游产品的种类很多、内容丰富，从大众性的康体娱乐到专业性的康体旅游，凡是有益于旅游者身心健康的体育和保健活动，都可以视为康体旅游产品。从目前康体旅游产品的发展情况来看，主要的康体旅游产品有体育旅游、保健旅游等。

体育旅游是指旅游者以参加大众体育活动为主要目的而进行的旅游活动。大众体育活动有很多，包括滑雪、游泳、蹦极，以及打高尔夫球、网球、保龄球等。体育旅游一方面可以使旅游者通过锻炼身体恢复体力，增进健康；另一方面，对于具有较好接待设施和条件，但缺乏旅游景观且接待率不高的地区来说，其可以利用大众体育旅游来吸引游客，从而提高现有接待设施的利用率。

保健旅游是指旅游者以治疗疾病、恢复或促进身体健康为目的而进行的旅游活动。目前，保健旅游产品正在世界各国兴起，并呈现出强劲的发展势头，主要有医疗旅游、康复旅游、疗养旅游等。医疗旅游是出于治疗疾病的目的而进行的旅游活动，如有的国家利用医学人才、医疗设备和医疗费低的优势，大力发展特种病治疗、减肥等项目。康复旅游是利用某些特种康复设施和良好的环境进行身体康复的旅游活动，如温泉浴、泥沼浴、日光浴、药浴等。疗养旅游是选择环境优美的地方建立疗养院，并配备各种类型的专用健身及美容设施而进行的旅游活动。

3）研学旅游

研学旅游是一种学习知识、进行文化交流的特殊教育形式，其学习目的性强、内容丰富多彩、方式灵活机动，有助于旅游者提高知识水平、开阔眼界。

在我国，中小学生研学旅行是由教育部门和学校有计划地组织安排，通过集体旅行、集中食宿方式开展的研究性学习和旅行体验相结合的校外教育活动，是学校教育和校外教育衔接的创新形式，是教育教学的重要内容，是综合实践育人的有效途径。开展研学旅行，有利于促进学生培育和践行社会主义核心价值观，激发学生对党、对国家、对人民的热爱之情；有利于推动全面实施素质教育，创新人才培养模式，引导学生主动适应社会，促进书本知识和生活经验的深度融合；有利于加快提高人民生活质量，满足学生日益增长的旅游需求，从小培养学生的文明旅游意识，养成文明旅游的行为习惯。

旅游广角 5-4

研学旅行要
有课程开发

4）工业旅游

工业旅游是指组织旅游者参观各种类型的工业企业，使旅游者能够开阔视野、增长专业知识的旅游活动。工业旅游是为了适应旅游业和旅游者的需求而产生和发展起来的。它一方面满足了部分旅游者在游览名胜古迹之外，对参观工厂、矿山等工业企业的需求；另一方面也为那些缺少自然、人文等观光旅游资源，但又想办出地方旅游特色的地区和城市开拓了发展旅游业的空间，即利用本地工业化的优势，通过开放一些工厂、矿山等工业企业让人参观，来促进旅游业的迅速发展。

5）探险旅游

探险旅游是指旅游者到人迹罕至或险象环生的特殊环境进行的充满神秘性、危险性和刺激性的旅游活动。探险旅游是一种非常有特点的特种旅游产品：一是旅游目的地非同寻常，能充分满足旅游者的好奇心；二是旅游者在旅游活动中处于高度紧张和兴奋状态；三是能给旅游者留下难忘的回忆。目前，探险旅游产品的种类和项目已经非常多，主要有秘境旅游、海底旅游、火山旅游、沙漠旅游等。

6）科考旅游

科考旅游是指以考古、科学考察和研究为主要目的的旅游活动。我们生活的地球上不仅有许许多多的自然之谜和未知世界需要考察和研究，而且人类社会发展的历史也有很多尚待考证的内容。随着现代科学技术的发展，人类正在致力于外太空的开发，以开拓人类社会更广阔的生活空间。不论是考古、科学考察，还是外太空考察，其除了对科学家具有吸引力外，对许多旅游者也具有较强的吸引力。因此，各种科考旅游迅速发展起来，并呈现出强劲的发展势头。科考旅游的内容很丰富，典型的有极地科考旅游、古迹科考旅游、太空科考旅游等。

7）红色旅游

育德启智 5-5

红色旅游成效
显著　红色基
因世代相传

红色旅游主要是以中国共产党领导人民在革命和战争时期建树丰功伟绩所形成的纪念地、标志物为载体，以其所承载的革命历史、革命事迹和革命精神为内涵，组织接待旅游者开展缅怀学习、参观游览的主题性旅游活动。红色旅游线路和经典景区，既可以观光赏景，也可以了解革命历史，增长革命斗争知识，学习革命斗争精神，培育新的时代精神，并使之成为一种文化。

课堂互动 5-4

答案提示

课堂互动5-4

旅游产品的类型是不是绝对的？是否可能存在交叉？

5.5　旅游产品的开发

旅游产品是旅游活动的基础，也是旅游市场交易的核心，了解旅游者，开发和提供适销对路的旅游产品，对旅游业的发展至关重要。旅游产品的开发是一项系统工程，它需要旅游经营者对旅游市场需求、旅游市场环境、旅游投资、旅游宏观政策、旅游基础设施等多方面要素进行分析，这样才能制订出符合旅游目的地实际情况的旅游产品开发方案。

5.5.1　旅游产品开发的内容

旅游产品是一项综合性的产品，旅游产品的开发要求旅游经营者根据市场需求状况，对旅游资源、旅游设施、旅游人力资源及旅游商品等进行规划、设计、开发和组合。它主要可以落实到两个方面：一是旅游地的规划与开发；二是旅游线路的设计与组合。

1）旅游地的规划与开发

（1）旅游地生命周期理论

旅游地是旅游产品的地域载体，旅游者对旅游产品满意与否，主要取决于旅游者在旅游地所能参加的一系列旅游活动，以及能够得到的一切旅游服务，而这些都需要旅游经营者对旅游景区景点的建设、接待设施的完善、旅游人才的培养、环保措施的制定等做出统一的安排和部署。

旅游地的成长是一个有生命的自组织现象，包含着发现引入、加速成长、走向成熟到最终衰落的生命过程。

1980年，加拿大地理学家巴特勒（Butler）在《旅游地生命周期概述》一文中，借用产品生命周期模式来描述旅游地的演进过程，提出了旅游地生命周期理论，将旅游地的成长过程划分为六个阶段，即探索期、参与期、发展期、稳固期、停滞期及衰落期（或复苏期）。运用该理论，我们可以了解旅游地的发展阶段，明确其发展的限制因素，并通过人为调整延长旅游地的生命周期。

（2）不同阶段的开发策略

典型的旅游地是旅游景区，根据国内旅游景区的开发模式，我们参照产品生命周期理论将旅游地的生命周期简化为引入期、成长期、成熟期、衰退期四个阶段。由于开发历史和开发程度不同，因此不同旅游地的开发重点和方向也不相同。

①引入期旅游地（新兴旅游地）的开发。对新兴旅游地的开发，首先，要明确其在竞争中所处的位置，查明旅游资源的总量、种类、密度、丰度、品位等，并对旅游资源的优劣做出判断；其次，要分析潜在的竞争对手，并根据当前旅游市场的竞争状况，确定合适的旅游目标市场，制定出明确的旅游发展目标；再次，要具体考虑建设哪些景区、景点，开发哪些旅游项目，挖掘哪些旅游商品，增加多少旅游车船、酒店等；最后，要对旅游从业人员的需求总量做出预测，加强职业培训、引进人才，使人力资源的增长与旅游业的发展速度相匹配。

②成长期旅游地的开发。成长期的旅游地已有一定的基础，开发的重点是利用原有旅游产品的声誉和开发优势，扩大和增加新的旅游活动、旅游项目，突出特色旅游产品，加大旅游市场营销力度，进一步提高旅游地的吸引力。

③成熟期旅游地的开发。成熟期旅游地的开发主要是巩固和提升旅游地的市场形象，不断提高旅游地的管理水平和服务水平，积极创新，充分运用现代科学技术改造和改进原有的老产品，提高原有产品的科学技术含量，通过精心构思和设计，创造出一批对市场有引导作用的旅游项目。

④衰退期旅游地的开发。衰退期旅游地的主要表现是旅游接待人数、旅游收入等增长乏力，此时需要进行再开发，以增强旅游地的吸引力，从而进入复苏阶段。开发的重点是通过市场需求分析进行再定位或重新定位，拓展旅游产业链，进行业态创新，积极发展以现代科技为支撑、以旅游文化为内核的文旅项目。

需要注意的是，无论开发什么类型的旅游地，都要严格遵守《旅游法》，采取切实可行的旅游环境保护措施，保证旅游地的开发是科学的、可持续的。

2）旅游线路的设计与组合

从旅行社的角度来看，旅游产品的销售最终要落实到具体的线路上。旅行社销售旅游线路的情况，是旅游产品开发是否成功的晴雨表。在旅游市场上，如果旅游线路的设计与组合能够满足旅游者的心理预期，与旅游者的消费水平相适应，旅游线路就受欢迎，销路就好；反之，旅游线路则不被接受，就会成为滞销品。因此，旅游线路的销售成功与否同旅游线路设计水平的高低密切相关。

旅游线路的设计必须考虑四个方面的因素：旅游资源、旅游设施、旅游成本和旅游服务。旅游线路的设计实质上是综合旅游产品的开发。旅游线路的设计与组合分为四个阶段：第一个阶段是分析目标市场的旅游成本，确定旅游线路的性质和类型；第二个阶段是根据旅游市场需求组织相关的旅游资源或吸引要素，确定旅游资源的基本空间格局；第三个阶段是结合上述背景材料，分析相关的旅游设施，设计出若干可供选择的线路；第四个阶段是选择最优的旅游线路。

不同类型的旅游线路，其设计与组合的方法不同。

①按使用对象的不同，旅游线路可以分为团体旅游线路和散客旅游线路。团体旅游线路的设计属于一揽子设计。散客旅游线路又可以细分为拼合选择式线路和跳跃式线路。前者是指整个旅程的设计有几种分段组合线路，旅游者可以自己选择和拼合，并且在旅程中可以改变原有选择；后者是指旅行社只提供整个旅游过程中的几小段线路或几项服务，其余皆由旅游者自己设计。

②按旅游线路跨越的空间尺度的不同，旅游线路可以分为跨区域的旅游长线（如南京、杭州、无锡、上海双卧十二日游）、省际的中程旅游线路（如桂林漓江、阳朔双飞四日游）和省内的中短程旅游线路（如桂林漓江一日游）。景区内的游览线路主要与旅游地的规划与开发有关。

③按旅游者的行为和意愿的不同，旅游线路可分为周游型旅游线路和逗留型旅游线路。周游型旅游线路以观光为主，线路中所含旅游目的地的数量较多。逗留型旅游线路中所含旅游目的地的数量较少，旅游者不仅仅是为了观赏风景，还可能重复使用一些资源和设施。

此外，旅游线路还可以根据旅游天数的不同分为一日游旅游线路和多日游旅游线路等。

5.5.2 旅游产品的规划与开发策略

为了有效利用旅游资源和设施，最大限度地满足旅游者的消费需求，旅游经营者必须制定正确的旅游产品规划与开发策略，保证旅游产品合理开发。对于不同的旅游产品，其规划与开发策略的侧重点不同。

1）旅游地的规划与开发策略

旅游地是一种整体性的旅游产品，不同旅游地的开发程度不一样，甚至旅游地内所包含的单项旅游产品，如旅行社、旅游饭店、旅游交通设施等的发展水平也各不相同。针对这一情况，旅游地的规划与开发应当采用以下策略：

（1）主导旅游产品策略

旅游者到旅游目的地旅游，他们的需求是多种多样的，他们的消费水平有高有低，旅游目的地应尽量提供品种丰富、类型齐全的产品，最大限度地满足旅游者的不同需求。然而，这并不意味着旅游地不需要拥有自身的特色及主导旅游产品。主导旅游产品是资源优势与客源市场双向驱动的产物，在旅游业发展的初期，有助于旅游者对旅游地尽快认知和熟悉；在旅游业发展的中、后期，可以通过主导旅游产品树立旅游地的独特形象。

（2）有序开发策略

旅游地产品的开发，既要考虑产品的时效性，也要考虑产品的特色和自身的开发条件。在旅游地开发条件有限的情况下，旅游经营者应采取重点项目、特色产品先开发的策略；当旅游产品开发到一定程度时，要注意产品的可更新性，兼顾短期和长期效益，以保证旅游地的长期、稳定、持续发展。为此，旅游地在建设景区景点、修筑道路、购进旅游车辆等方面都要审时度势、有序进行。

（3）保护性开发策略

旅游地的开发要以可持续发展为原则，对资源的保护是开发的前提。对罕见的或出色的自然景观及人文景观，更要进行绝对的保护或维护性开发。例如，自然保护区的核心区对于维护当地生态系统平衡和进行典型性科学研究具有重要意义，因此即使在自然保护区开展保护性的生态旅游，也一定要慎之又慎。

旅游广角 5-5

加强暗夜生态保护　促进星空旅游高质量发展

2）旅游线路的设计与组合策略

旅游线路的设计与组合以最有效地利用资源、最大限度地满足旅游者的需求、最有利于企业的竞争为原则。常见的旅游线路的设计与组合策略有三种，即全面全线型组合策略、专项系列型组合策略和专业市场型组合策略。

（1）全面全线型组合策略

这是一种针对整个旅游市场和已有的产品推出的，能够满足各种旅游需要的旅游产品组合策略。它既包括观光、度假、探亲等传统旅游产品线，也包括会议、商务、科考等专项旅游产品线，具体到一个旅游地或景区，则是当地根据自身拥有的旅游资源类型，提供可以满足各类市场需要的没有差别化的产品。

（2）专项系列型组合策略

这是一种根据企业自身的经济及技术条件、游客的需要、特定的产品，向目标市场提供专项系列旅游产品的策略。其要点是向不同的目标市场提供同一类型的旅游产品，满足游客在某一方面的共同需要。例如，文化系列旅游产品满足游客在武术、京剧、气功、书法、绘画、艺术等方面的旅游需要。

（3）专业市场型组合策略

这是一种针对某一特定市场的需要来组合各种旅游产品的策略。其要点是进行市场细分，向某一特定的旅游市场提供特殊的旅游产品。例如，针对有特殊兴趣和自主性强的游客推出一些参与性强和具有探险性、竞技性的旅游产品，包括科学考察旅游、地质考察旅游、生物考察旅游、体育旅游、探险旅游等。

本章小结

边听边学 5-1

本章小结

　　旅游产品是旅游活动顺利进行的基础，也是旅游市场交易的核心。旅游产品是指在旅游市场上，由旅游经营者向旅游者提供的，用于满足其一次旅游活动需要的所有物品和服务的总和。为了更加清楚、准确地认识旅游产品的内涵，我们需要从市场营销学、旅游供给和旅游需求的角度进一步认识旅游产品的构成。在此基础上，掌握旅游产品的综合性、地域性和不可转移性、脆弱性、无形性、生产与消费同一性及不可储存性等特征，这对于我们认识旅游产品的内涵，尤其是对旅游经营者更好地经营产品及提高产品竞争力具有重要意义。在熟悉旅游产品基本内涵的基础上，我们重点介绍了旅游产品的类型，以及旅游产品开发的基本内容与策略。

　　本章的重点是掌握旅游产品的概念，在此基础上掌握旅游产品的构成及特点；难点是旅游产品的开发。

主要概念

边听边学 5-2

主要概念

　　旅游产品　　旅游设施　　专项旅游产品　　会奖旅游　　研学旅游

基础训练

在线测评 5-1

选择题

5.1　选择题

1）旅游产品是满足一次旅游活动所需要的各种（　　　）的总和。
A.时间和精力　　　B.时间和费用　　　C.产品和服务　　　D.设施和服务
2）旅游产品在交换时，（　　　）。
A.产品发生移动　　　　　　　　　B.产品所有权转移
C.产品使用权暂时转移　　　　　　D.产品使用权多次转移
3）旅游购物品的质量应主要体现出（　　　）。
A.纪念性　　　　　B.实用性　　　　　C.艺术性　　　　　D.观赏性
4）旅游购物品是指（　　　）。
A.满足人们生活消费的物质产品
B.反映旅游地的传统文化和民族特色的商品
C.经济价值与观赏价值相结合的商品
D.工艺美术品

5）旅游产品的特征包括（　　　）。

A.综合性　　　　　　　　　B.不可储存性　　　　　　　C.不可转移性

D.生产与消费同一性　　　E.脆弱性

6）旅游产品的不可储存性是由（　　　）决定的。

A.旅游产品的综合性　　　　　　　B.旅游产品的供求矛盾

C.旅游活动的特点　　　　　　　　D.旅游产品不存在独立的"生产"过程

5.2　简答题

1）简述旅游产品的构成要素。

2）旅游产品有哪些特点？

3）观光旅游产品有哪些基本类型？

4）什么是专项旅游产品？它包括哪些形式？

5）旅游线路有哪些设计与组合策略？

在线测评 5-2

简答题

5.3　讨论题

1）什么是旅游产品的不可转移性？这一特点对旅游经营者有什么启示？

2）当前我国旅游产品的发展现状如何？

5.4　案例分析题

北京冬奥会申办成功以来，我们见证了冰雪旅游的全面升级。冰雪旅游的快速发展，跃动着经济社会发展的脉搏，讲述着千家万户的美好生活故事，向世界描绘着中国的美丽风景。

北京冬奥会激发了群众冰雪旅游的消费需求，"三亿人上冰雪"从愿景变为现实。数字就是最好的证明，尽管受到新冠肺炎疫情影响，但在北京冬奥会、冰雪出境旅游回流、旅游消费升级以及冰雪设施全国布局等供需两方面刺激下，全国冰雪休闲旅游人数从2016年至2017年冰雪季的1.7亿人次，增加到2020年至2021年冰雪季的2.54亿人次，预计2021年至2022年冰雪季，我国冰雪休闲旅游人数将达3.05亿人次。

以北京冬奥会为契机，我国冰雪旅游要坚持高质量发展，将政策优势转化为产业推动力。要着眼于国内和国际两个市场，继续扩大冰雪旅游市场规模，推进冰雪旅游供给侧结构性改革，构建世界级冰雪旅游大国产业体系。深入挖掘中国冰雪文化的内涵，以文化提升冰雪旅游产品的吸引力，向各国游客展示中国冰雪文化的独特魅力。

资料来源　韩元军. 开辟冰雪旅游新境界［N］. 经济日报，2022-02-07（9）.

问题：冰雪旅游产品具有什么特点？分析冰雪旅游产品热的原因。

实践训练

结合自己熟悉的旅游地和旅游景点，设计一条适合老年人休闲观光的旅游线路。

第6章

旅游业

【学习目标】

1. 掌握旅游业的概念、性质、特点和构成；
2. 了解旅游景区、旅行社、旅游饭店、旅游交通、旅游娱乐、旅游商品的发展现状与趋势，以及它们各自在旅游业中的地位与作用；
3. 初步认知旅游业的经营与管理；
4. 恪守职业道德，提升职业素养和旅游服务意识。

【知识导图】

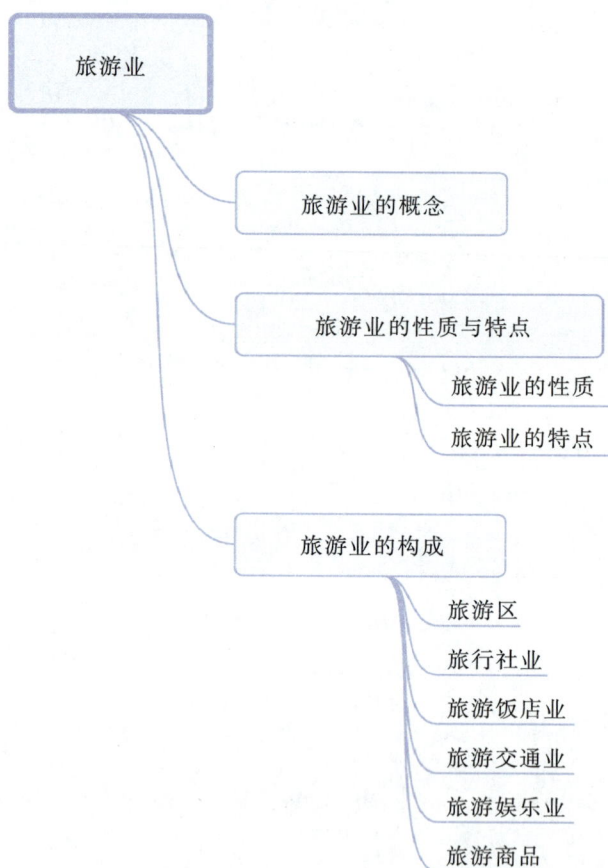

⌒ 引例 ⌒

中国旅游业发展概况

随着我国旅游业发展成为综合性的现代产业，我国旅游市场已形成了国内旅游、入境旅游和出境旅游三大市场三足鼎立的格局。

1. 国内旅游

从国内旅游人数来看，2012—2019年国内旅游人数稳步增长，2020年受到新冠肺炎疫情影响，国内旅游人数下降至28.79亿人次，同比减少52.1%。2021年，国内旅游人数回升至32.46亿人次，同比增长12.8%。其中，城镇居民23.42亿人次，同比增长13.4%；农村居民9.04亿人次，同比增长11.1%。

从国内旅游收入来看，2021年国内旅游收入（旅游总消费）约2.92万亿元人民币，较2020年增长0.69万亿元人民币，同比增长31%，恢复到2019年的51%。从城乡划分来看，城镇居民是我国国内旅游消费的主力军。2021年，城镇居民旅游消费2.36万亿元人民币，恢复至2019年同期的49.67%；农村居民旅游消费0.55万亿元人民币，恢复至2019年同期的56.46%。

从人均消费情况来看，在消费升级和经济内循环大背景下，居民人均旅游消费不断提高。2021年，国内人均旅游消费约899.28元人民币，同比增长16.2%，恢复至2019年同期的94.33%。

2. 入境旅游

文化和旅游部公布的数据显示，2011—2014年，中国入境旅游人数持续下降，2015—2019年，中国入境旅游人数从1.33亿人增长到1.45亿人，年均复合增长率达到2.08%。受新冠肺炎疫情影响，中国入境旅游人数从2020年春节后出现断崖式下跌，2020年中国共接待入境游客2 747万人次，同比下降81%。

2011—2013年，中国入境旅游收入低迷，2014年以后中国入境旅游进入平稳发展、效益提升阶段。2014—2019年，中国入境旅游收入从1 053.8亿美元提高到1 313亿美元，年均复合增长率为4.5%。

3. 出境旅游

2019年，中国出境旅游人数为1.55亿人次，2020年为2 033.4万人次，同比减少86.9%。总体来看，目前中国出境游政策仍未放开，预计未来出境游政策的放开将会遵循"循序渐进"的节奏。随着国内疫情持续好转，游客出游信心初步建立，整体国内旅游市场有望受益出境游需求回流。

资料来源　华经产业研究院. 2021年中国出入境旅游人次、收入、消费金额及行业发展趋势[EB/OL].［2022-08-23］. https://baijiahao.baidu.com/s?id=1741938321107287426&wfr=spider&for=pc.

思考：什么是旅游业？旅游业由哪些部门构成？

分析：旅游业是从需求角度定义的，是整个旅游活动过程中为旅游者提供所需要的产品和服务的行业组合。旅游业涉及的行业相当广泛，如交通通信业、餐饮住宿业、游览娱乐业、金融保险业、文化体育业等。在这些行业中，有些是没有旅游活动发生便不能存在的行业，如旅行社业、酒店业、旅游景点业等；有些是没有旅游活动仍可继续存在，但是企业规模会缩小的行业、如交通通信业、文化娱乐业等。

6.1 旅游业的概念

日本旅游学者前田勇先生在《观光概论》一书中指出："旅游业就是为了适应旅游者的需要，由许多不同的独立的旅游部门开展的多种多样的经营活动。"

美国夏威夷大学旅游学院院长朱卓任教授在《旅游业》（1978）一书中精辟地论述道："旅游业是为了满足旅游者的需求而提供服务和旅游产品开发、生产、销售的公共组织和私人组织的混合体。"

我国学者谢彦君教授在《基础旅游学》一书中指出，旅游业有狭义和广义之分。狭义的旅游业是指各个提供核心旅游产品以满足旅游者的旅游需求的旅游企业所构成的集合；广义的旅游业是指各种提供能满足旅游者需求的产品的企业所构成的集合。

以上定义都说明，旅游业具有三层意思：①旅游业是一个综合的经济部门，由一系列相关行业组成；②旅游业是旅游供给的重要提供者，其任务是为旅游者提供产品和服务；③旅游业组织产品和客源。

因此，我们做出如下定义：旅游业是指以旅游资源为依托，以旅游设施为基础，为旅游者在整个旅游活动过程中提供所需要的直接产品和服务的一系列相关的供给行业。

学习探究 6-1　　　　　　定义旅游业的意义和困难

1.定义旅游业的意义

（1）定义旅游业的实际需要

对旅游业进行定义有研究和实践两个方面的需要：

①研究的需要。要研究一个学科，首先要对这个学科的研究内容有一个标准的定义，然后在定义的限制下建立研究对象和研究内容。

②实践的需要。度量旅游经济活动对地方、国家和全球社会、经济、环境的影响要有统一的口径，也就是说，必须保证地区之间的统计数据具有一致性和可比性，而要得到这些数据必须有统一的标准。

（2）定义旅游业的重要性和基本要求

旅游统计量度的准确性十分重要，它直接关系到旅游设施和资源的规划与开发，关系到旅游者结构的确定，关系到营销和促销策略的制定，关系到游客的流向、方式和偏好的识别等。

联合国十分关心对国际旅游相关资料的统计工作，在1971年召开了贸易与发展会议，制定了旅游统计的准则。该准则指出，国家旅游统计的综合系统在功能上应满足以下要求：

①在需求方面，能够度量在该国的国外（和国内）旅游（和出国旅游）的数量和方式。

②能够提供有关旅游者使用的住宿和其他设施供给方面的信息。

③有助于评估旅游对国际收支和总体经济状况的影响。

2.定义旅游业的困难

（1）旅游业范围的模糊性和不确定性

与其他产业不同，旅游业不是一个单一产业，而是一个产业群，它由多种产业组成，具有多样性和分散性，旅游业包括景点经营业、旅行社业、旅馆服务业、餐饮服务业、交通业、娱乐业和其他许许多多的行业。由于这些行业同时也为当地居民提供服务，因此旅游业的概念和范围存在模糊性和不确定性。

（2）统计上的困难性

旅游业范围的模糊性和不确定性给旅游分析和决策带来了一定的困难，在所有国家中建立可靠的产业信息库，评估旅游业对地方、全国和世界经济的贡献十分困难。

由于定义上的困难导致了统计测量上的困难，因此人们至今仍然无法给出旅游业对世界经济的贡献和对经济影响程度的准确数据。同时，旅游统计也成为旅游研究的一个重要组成部分，并且日益受到关注。

资料来源　牛亚菲教授在"旅游地理学"课程中的讲义.

课堂互动 6-1

旅游业的定义和一般产业的定义是否相同？

课堂互动 6-1

答案提示

6.2　旅游业的性质与特点

6.2.1　旅游业的性质

旅游业从产业分类来看，属于第三产业，即以服务劳动为主的产业。随着现代旅游活动的高速发展，旅游业的规模日益扩大，其对国民经济的影响也越来越大，旅游业作为国民经济的一个组成部分受到普遍认可。如今，世界旅游业的产值已经超过了石油工业和钢铁工业，成为令人瞩目的、最有活力的、发展势头最强劲的行业。这说明旅游业从根本上讲是一项经济性产业。其经济性质表现在以下几个方面：

①从旅游业的产生来看，旅游业是社会经济发展到一定阶段的产物，是建立在一定的经济发展水平之上的，没有一定的经济发展水平作为保证，就不可能产生旅游需求和旅游供给。

②从发展商品经济的观点出发，旅游业的生产必须考虑投入与产出的效益比，在

交换中需要有市场观念，还需要参与国际市场的竞争。

③旅游业可以促使和带动与旅游有关的其他经济行业的发展，进而带动地区经济的发展。

④旅游业可以增加外汇收入，促进货币回笼。

6.2.2 旅游业的特点

1）综合性

旅游业的综合性是由旅游活动的综合性决定的，旅游者在旅游活动过程中，有食、住、行、游、购、娱等各种需要，所以旅游活动是由一系列不同的消费活动构成的，是一种综合性消费。为了满足旅游者的各种不同的需要，就要有各种不同的行业为旅游者提供各种商品和服务，如为旅游者提供住宿、交通运输工具等，这些又涉及建筑业、制造业、加工业等多个方面。"满足旅游者的需要"这一纽带把各个行业联系在一起，使旅游业成为一个综合性的服务行业。

2）服务性

旅游者在购买了某种旅游产品以后直到消费完成，所得到的是高层次的物质享受和精神享受，即通过旅行社、旅游饭店、旅游交通等行业从业人员热情周到的服务，来满足旅游者综合性的需求。旅游业提供的产品虽然有一些是具体的物质产品，但在整个旅游活动过程中，一般不涉及商品转移（除了购买旅游纪念品同其他商品交换一样），所以旅游业属于第三产业，即服务业。

3）文化性

文化性表现在以下几个方面：一是旅游者旅游动机的文化性。旅游者的旅游动机是寻求高层次的物质和文化享受，其活动内容中充分体现了文化的内涵。如体验异国情调实际上就是体验各种不同文化的差异，旅游活动中涉及的民俗、民居、饮食等内容都是文化的构成要素。二是旅游资源的文化性。旅游资源本身所具有的文化底蕴和文化气息是发展旅游业的基础，不仅文物、古建筑、园林等旅游点是文化传播点，旅游者还可以通过欣赏异国他乡的戏剧、歌舞、节日活动等去体会异国、异地的文化。三是旅游经营服务的文化性。在旅游经营服务的每一个环节，如旅游建筑的民族风格和地方特色、旅游线路的设计组合，甚至服务员的服务内容、程序等，都渗透着旅游地的文化特征。特别是现代旅游活动，更体现出了文化性，旅游企业的文化素质越高，其吸引力和竞争力就越强。所以我们说，旅游业是一个文化性很强的经济行业。

4）依托性

旅游业的发展不仅要凭借旅游资源的优势，而且要以国民经济总体的相对发达或高度发达为依托。因为客源是旅游业的生命线，客源的产生取决于一个国家或地区的经济发展水平，而接待国的经济发达程度则决定了旅游综合接待能力的强弱，并会在一定程度上影响旅游服务的质量。此外，依托性还反映在旅游业内部各企业间及旅游业对相关行业的依赖性上。例如，外国游客从入境、游完全程到出境，需要民航、铁路、各地景点、各城市酒店等的配合、联络与协调。任何一个相关部门或行业出现问题，旅游业的经营活动都难以正常进行。

5）波动性

波动性是指旅游业的脆弱性及其经营的不稳定性。旅游业的发展不仅会受到世界或地区经济消长的影响，而且会受到如地震、瘟疫、战争等因素的直接影响，甚至会受到致命的打击。这给旅游业的经营活动带来了更多难以把握的因素，使得旅游业的微观经营和总体发展具有很大的波动性。

课堂互动 6-2

旅游业的经济性与旅游业的文化性是否矛盾？

旅游广角 6-1

《2021—2022 年新冠肺炎疫情对旅游客流影响报告》

课堂互动 6-2

答案提示

6.3　旅游业的构成

狭义的旅游业是指旅行社、旅游饭店、旅游车船公司及专门从事旅游商品买卖的旅游商业等行业。广义的旅游业除了包括专门从事旅游业务的部门以外，还包括与旅游相关的各行各业。

联合国对从事旅游业务的具体部门进行了分析，认为旅游业主要由三部分构成：旅行社、交通客运部门和以旅馆为代表的食宿业部门。这也就是我们常说的旅行社业、旅游交通业和饭店业，它们构成了旅游业的三大支柱。联合国的划分标准属于狭义的旅游业。

我国的划分标准属于广义的旅游业。我国学者从旅游者的旅游活动内容（食、住、行、游、购、娱）来看，认为旅游业包括旅行社业、饭店业、交通客运、景区景点业、旅游用品及纪念品经营业、娱乐业和旅游装备业。

6.3.1　旅游区

1）旅游区的定义

旅游区是指经县级以上（含县级）行政管理部门批准成立，有统一的管理机构，范围明确，具有参观、游览、度假、康乐、求知等功能，并提供相应旅游服务设施的独立单位。它包括旅游景区（点）、主题公园、旅游度假区、国家公园与自然保护区、风景区、森林公园、动物园、植物园、博物馆、美术馆等。

2）旅游区的种类

（1）旅游景区（点）

旅游景区是旅游区的一种类型，是指一定地域空间内风景旅游资源富集，并与相应旅游服务设施及配套旅游条件有机结合，能保证旅游者旅游活动目的实现的旅游地域综合体。旅游景点是指地域范围小，旅游资源比较单一，但景观价值比较高的旅游

地。旅游景点是旅游景区的基本单位，若干旅游景点可以组合成一个旅游景区。截至 2022 年 7 月 18 日，我国共有国家 5A 级旅游景区 318 家。

（2）主题公园

主题公园是人工创造而成的具有特定主题的舞台化休闲娱乐活动空间，是一种休闲娱乐产业。主题公园是从游乐园演变而来的，其最大的特点就是赋予游乐形态以某种主题，围绕既定主题来营造游乐的内容与形式，园内所有色彩、造型、植栽等都为主题服务，成为游客易于辨认的特质和游园的线索。

1955 年，美国人华特·迪士尼（Walt Disney）在美国洛杉矶创造了一个理想而愉悦的世界——迪士尼乐园（Disneyland）。迪士尼乐园的出现标志着主题公园的诞生，它的成功促进和刺激了各种主题公园的发展。我国主题公园的诞生是以 1989 年深圳锦绣中华的成功开业为标志的，深圳锦绣中华轰动性的示范效应使得主题公园在我国如雨后春笋般地涌现出来。主题公园按内容的不同可以分为：以传统文化、民族文化为主题的公园，如深圳锦绣中华·民俗村；以异国地理环境和文化为主题的公园，如北京世界公园、长沙世界之窗；以文学文化遗产为主题的公园，如北京大观园；以影视文化为主题的公园，如无锡唐城、中央电视台南海影视城、浙江东阳横店影视城；以神话传说、宗教故事为主题的公园，如八仙幻宫、丰都鬼城。

（3）旅游度假区

旅游度假区是利用假期进行休养和消遣的综合性旅游区。一般来说，旅游度假区有明确的地域，适于集中建设配套旅游设施，所在地区的旅游度假资源丰富，客源基础较好，交通便捷。游客通过旅游度假，可以探求新的经历，寻觅异国他乡的观念和文化，借异地进行休息。

旅游度假产品虽然产生时间不长，但发展很迅速。第二次世界大战结束后，传统旅游度假产品越来越丰富，并且成为世界旅游市场发展的一大趋势。在欧洲和北美，旅游客源输出的 70% 以上是休闲度假游客。

（4）国家公园与自然保护区

国家公园是指由国家批准设立并主导管理，以保护具有国家代表性的大面积自然生态系统为主要目的，实现自然资源科学保护和合理利用的特定陆地或海洋区域。自然保护区是指对有代表性的自然生态系统、珍稀濒危野生动植物物种的天然集中分布区、有特殊意义的自然遗迹等保护对象，依法划出一定面积予以特殊保护和管理的陆地、陆地水体或者海域。

自然保护区承载着保护自然生态和景观的使命。国家公园是自然保护区的一种类型，国家公园体系的建立并不意味着自然和风景保护的级别降低，而是在自然保护区的管理目标中增加——为公众提供旅游、休闲服务功能，为公众提供享受自然和接受自然教育的机会。2021 年 10 月 12 日，我国正式设立三江源、大熊猫、东北虎豹、海南热带雨林、武夷山等第一批国家公园，保护面积达 23 万平方千米，涵盖近 30% 的陆域国家重点保护野生动植物种类。第一批国家公园的设立标志着美丽中国建设进入新阶段，其将引领生态文明新风尚，构建生态保护新格局，促进人与自然和谐共生。

（5）风景区

风景区即风景名胜区，是国家法定的区域概念，由相应级别的政府批准。风景区是指具有欣赏、文化或科学价值，自然景观、人文景观比较集中，环境优美，具有一定规模和范围，可供人们游览、休息或进行科学、文化活动的地区。换言之，风景名胜区是一个具有多种价值，由自然景观和人文景观相互交融组成的地域综合体。

我国的风景名胜区大多是具有典型代表性的自然景观，有着良好的生态环境、珍贵的历史文化遗迹和民族文化风情，在美学、历史学、文学、游览观赏、思想教育、发展经济、国际交往等方面均具有很高的价值。截至2021年底，我国共有国家级风景名胜区244处。

（6）森林公园

森林公园是和自然保护区、风景名胜区有密切关系的，以森林旅游为主体的特殊地域和景区。我国的森林公园跨越了五个气候带，几乎包括了我国所有类型的森林景观资源。森林公园为人们提供了适宜的观光、避暑、野营、度假、科考、探险等活动场所，因此吸引着越来越多的游客。自1982年我国第一个国家森林公园——张家界国家森林公园成立以来，我国的森林公园发展迅速。截至2019年底，我国共有国家森林公园897处。

（7）动物园、植物园

动物园是指按动物栖息的环境设计、饲养世界各地的珍禽异兽，以供游人观赏的公园。参观野生动物园，可以使人们从中领略到动物栖息地的自然风貌，可以直接接触到一些动物的"卧室"，可以从中学到一些动物喂养和繁殖的知识。

植物园是指栽培各种植物，以供学术研究或游人观赏的场所。

动物园和植物园的建立，不仅是为了发展旅游业，也是为了保护动物和植物。

（8）博物馆、美术馆

博物馆可以说是一个浓缩了自然和人文的专题学术研究成果的物化展示场所。博物馆是衡量一个国家文明程度的重要标志，它包括综合博物馆、艺术博物馆、考古博物馆、社会历史博物馆、民族民俗博物馆、人物博物馆、文化教育博物馆、自然博物馆、科技与产业博物馆、收藏博物馆等。

博物馆是一种高品位的特色旅游资源。参观博物馆可以开拓视野、丰富知识，既是艺术上的享受，又能促进身心健康。一般情况下，旅游者每到一地，都会参观当地知名的博物馆，所以博物馆有"旅游者之家"的美称。

美术馆是收藏绘画、装饰艺术、实用美术、工艺美术等人类精神文化遗产并对其进行展示的场所。美术馆的任务是收集、保藏、研究有关文化艺术方面的实物资料和古代、近代、现代的各种文化艺术珍品，继承人类优秀的精神文化遗产，弘扬人类文化瑰宝，从而影响人们的审美情趣，提升人们的精神境界和文化素质。

3）旅游区的作用

旅游区不仅是旅游产品的核心和旅游业的重要支柱，对旅游目的地的经济发展、社会文化进步、资源和环境保护也具有十分重要的促进作用。

（1）旅游区是构成旅游产品的核心要素

从旅游产品的构成来看，旅游区是构成旅游产品的核心要素。没有旅游区，就没有旅游产品，也就没有现代旅游的发展。

（2）旅游区是我国旅游业的重要支柱之一

旅游业是一个综合性的经济产业，它不仅包括以食、住、行、游、购、娱为核心的直接旅游服务，而且包括其他间接服务。因此，旅游业的综合性决定了旅游业产业结构的多元化。而旅游区是发展旅游业必不可少的行业，被誉为现代旅游业的重要支柱之一。没有旅游区的发展，旅行社业、旅游交通业、旅游饭店业、旅游娱乐业和旅游购物业就不能健康发展，更不能带动其他各个相关行业和部门的发展。

（3）旅游区是旅游者参观游览的吸引物

旅游区是旅游者产生旅游动机的直接因素，是旅游吸引力的根本来源，是旅游目的地形象的重要体现。

（4）旅游区对其所在地的经济发展具有促进作用

旅游区的开发和建设不仅对其所在地的旅游发展具有重要作用，而且直接促进了其所在地的经济发展。一方面，旅游区通过接待游客、收取门票、提供配套设施和服务，直接创造了大量的旅游收入和税收收入，既增加了旅游区所在地居民的收入，又增加了地方政府的收入，尤其是一些专门为旅游者开发和建设的旅游区，还能够为投资者带来巨大的投资收益。另一方面，旅游区的开发、建设和经营必然直接或间接地带动旅游区所在地的住宿、交通运输、邮电通信、购物、建筑建材、医疗救护、农副产品加工等行业的发展，从而发挥旅游区的乘数效应和关联带动效应，促进旅游区所在地社会经济的发展。

（5）旅游区对所在地的社会文化进步具有促进作用

旅游区作为一种具有物质实体和活动内容的旅游企业，其开发建设和经营管理需要大量的人才。因此，旅游区的建设和发展必然会促进旅游区所在地劳动就业机会的增多、国民经济收入的增加和人们生活水平的提高。同时，旅游区的开放和经营，不仅向国内外游客展示了旅游区的自然景观和文化特色，而且促进了游客与旅游区所在地居民的文化交流，旅游区所在地居民能够了解更多的异国文化和生活方式，学习更多的礼仪礼节，从而促进了旅游区所在地社会文化的发展和精神文明的建设。

（6）旅游区对所在地的资源和环境保护具有促进作用

具有独特的景观、优美的环境、丰富的文化内涵的旅游区，不仅是吸引旅游者的决定性因素，也是旅游区开发和建设的关键。因此，地方政府和旅游企业在开发和建设旅游区时，必须高度重视对旅游资源的保护和对旅游环境的美化，这有利于改善旅游区所在地的环境质量，塑造旅游区和旅游目的地良好的形象。

6.3.2 旅行社业

旅行社业是旅游业的三大支柱产业之一，它与交通业、住宿业共同构成了旅游业的主体。

1）旅行社的概念

旅行社是指以营利为目的，为旅游者代办出境、入境和签证手续，从事招徕、接待旅游者，为旅游者安排食宿等有偿经营服务活动的企业。旅行社在旅游活动中扮演着双重角色，它既是旅游产品的组织者，把交通、食宿、景点等组成一条路线和一系列项目，又是旅游产品的销售者，要走向市场，招徕旅游者，把旅游产品卖给旅游者。旅行社在旅游活动的主体（旅游者）和客体（旅游对象）之间起着媒介的作用。

2）旅行社的分类

（1）西方国家对旅行社的分类

目前，西方国家将旅行社分为三大类：

①旅游批发商。旅游批发商是一种旅行社组织。它们与旅游目的地的交通部门、旅馆、餐馆等旅游服务部门签订合同，根据旅游者的实际需求，设计、组合出若干不同日程、项目和包价等级的包价旅游线路或包价度假集合产品，并将它们刊印在宣传册上，然后交给旅游零售商进行推销。这种旅行社一般经济实力较雄厚，且有广泛的社会联系，其不仅同本地的旅游代理商保持着密切的联系，还与外国（地区）的旅游部门有着业务联系。

②旅游经营商。旅游经营商是以生产旅游产品为主，也做一些零售活动的旅行社。它们的旅游产品大多由旅游代理商出售，也自售一部分，同时代售其他旅游经营商的产品。旅游经营商负责安排旅行业务，如制定旅游日程、路线，安排食宿、交通，提供导游，确定包价等，即为旅游者办理一系列的交涉和联络工作。

③旅游代理商。旅游代理商主要负责招揽生意、组织旅游团体或负责接待。通常，旅游代理商并不生产旅游产品，只是为旅游批发商和旅游经营商代售产品并收取佣金。

（2）我国对旅行社的分类

我国对旅行社的分类经历了以下几个阶段：

①1985年5月11日颁布的《旅行社管理暂行条例》将我国的旅行社按照经营业务范围的不同分为三类。具体划分方法如下：

一类社：经营对外招徕并接待外国人、华侨、港澳同胞、台湾同胞来中国、归国或回内地（大陆）旅游业务的旅行社。

二类社：不对外招徕，只经营接待第一类旅行社或其他涉外部门组织的外国人、华侨、港澳同胞、台湾同胞来中国、归国或回内地（大陆）旅游业务的旅行社。

三类社：经营中国公民国内旅游业务的旅行社。

②1996年10月15日颁布的《旅行社管理条例》对旅行社进行了重新划分，由原

来的一、二、三类旅行社变为国际旅行社和国内旅行社。

③自 2009 年 5 月 1 日起施行的《旅行社条例》，取消了对旅行社的分类，只对旅行社的业务范围进行资格上的审批。明确了旅行社自取得业务经营许可证之日起，可以经营国内旅游业务和入境旅游业务；旅行社取得经营许可满两年，且未因侵害旅游者合法权益受到行政机关罚款以上处罚的，可以申请经营出境旅游业务。

入境旅游业务是指旅行社招徕、组织、接待外国旅游者来我国旅游，香港特别行政区、澳门特别行政区旅游者来内地旅游，台湾地区居民来大陆旅游，以及招徕、组织、接待在中国内地的外国人，在内地的香港特别行政区、澳门特别行政区居民和在大陆的台湾地区居民在境内旅游的业务。

出境旅游业务是指旅行社招徕、组织、接待中国内地居民出国旅游，中国内地居民赴香港特别行政区、澳门特别行政区旅游，中国大陆居民赴台湾地区旅游，以及招徕、组织、接待在中国内地的外国人、在内地的香港特别行政区和澳门特别行政区居民及在大陆的台湾地区居民出境旅游的业务。

3）旅行社的作用

旅行社在旅游业众多的部门、行业、企业中发挥着龙头作用。旅行社既是旅游产品的设计者、组合者，又是旅游产品的销售者。旅行社的作用主要包括以下几个方面：

（1）组织、协调作用

旅行社是旅游者与旅游目的地之间的中介体，不仅为旅游者组织旅游活动，而且在旅游业各组成部门之间发挥了组织、协调作用。

（2）主渠道作用

旅游业中的住宿业、交通运输业等部门以及各有关接待服务部门，虽然也直接向游客出售各自的产品，但其相当数量的产品都是通过旅行社这一渠道销售给旅游者的。

（3）宣传、促销和咨询作用

一方面，旅行社通过各种方式进行宣传，向旅游者提供了旅游地的各种旅游信息，包括旅游目的地的选择、观赏的内容及各种活动项目的价格等；另一方面，旅行社向其他旅游供给企业提供包括旅游者的爱好、要求及意见等信息，这对其他旅游企业了解旅游市场、指导市场开发、指导生产和服务均有积极作用，对旅游产品的各个组成部分也能起到监督和指导作用。所以，旅行社在宣传、促销、咨询及整个旅游行业的运行中具有重要作用。

4）我国旅行社业的发展

（1）我国旅行社业的发展历程

我国旅行社业的发展史是我国旅游业发展史的一个缩影。1923 年，我国成立了第一家旅行社，即陈光甫先生在上海商业储蓄银行下设的旅行部，承办国际、国内旅游业务。1927 年，该旅行部更名为"中国旅行社"，总部设在上海，在国内有 22 个分支机构。1949年11月，福建厦门华侨服务社成立。1954年4月，中国国际旅行社总社在北京成立。1980年6月，中国青年旅行社成立。至此，我国知名度最高的三大旅行社建成。综合来看，中华人民共和国成立以来，我国旅行社业的发展历程大体可以分为以下几个阶段：

第一个阶段是从1949年到1978年，属于开创阶段。在这个阶段，旅行社数量少，从业人员少，旅游活动少，不具备行业规模，但积累了很多经验，为旅行社业的发展打下了基础。

第二个阶段是从1979年到1989年，属于垄断经营阶段。在这个阶段，我国旅行社形成了国旅、中旅、青旅三足鼎立的行业垄断局面。

第三个阶段是从1990年到1995年，是一个逐步放开、市场竞争逐步加剧的阶段。在这个阶段，国内旅游市场逐渐发育成熟，经营国内旅游业务的旅行社迅速增加。

第四个阶段是从1996年到2008年，是一个逐渐步入规范的阶段。《旅行社管理条例》对旅行社的分类进行了调整，取消了对一、二、三类社的规定，将旅行社分为国际旅行社和国内旅行社两大类，一系列的旅行社行业管理措施逐步出台。

第五个阶段是从2009年至今。2009年1月21日，国务院第四十七次常务会议通过了《旅行社条例》，自2009年5月1日起正式施行。《旅行社条例》是旅行社的经营准则、工作指南，是旅游经营者及旅游者的"尚方宝剑"。《旅行社条例》降低了旅行社的准入门槛，拓宽了旅游业务的范围，加大了对违规行为的处罚力度，使旅游消费更加透明。同时，自2013年10月1日起施行的《旅游法》，也使得旅行社行业的经营管理更加规范。

（2）我国旅行社业的发展现状

目前，我国旅行社业发展迅猛，但是客人分流、利润微薄，存在着以下几个方面的问题：一是价格下降，质量不稳定；二是产品结构不丰富，市场开发不足；三是旅行社单体规模小；四是传统旅行社面临OTA（在线旅行社）的巨大冲击以及智慧旅游的挑战。截至2019年12月31日，我国旅行社总数为38 943家，比2018年增长8.17%。2020年以来，受新冠肺炎疫情影响，旅行社行业遭受巨大冲击，在政府多项政策组合纾困和企业的积极努力下，截至2021年12月31日，全国旅行社总数为42 432家，比2020年增长4.30%。

（3）我国旅行社业的发展趋势

①市场营销网络化。以互联网技术为基础的高新技术与市场营销资源融合在一起，在信息社会发展的催化与影响下，生成新的市场营销模式——营销网络化：消费者的身份虚拟化，消费行为网络化，广告、调查、分销和购物结算等都通过互联网转变为数字化行为。不受空间限制的24小时网上营销可以将产品或服务通过互联网最直接、最快速地传递给处于世界任何一个角落的客户。利用互联网、多媒体手段，旅行社能够与游客建立互动式的关系。旅行社市场营销的网络化是未来制胜的法宝。

②旅行社服务在线化。随着互联网技术在旅游业的广泛应用，一批服务于旅行前、旅行中、旅行后，同时提供信息、产品、服务等内容的在线旅游企业出现，这使

得自主、自助旅行更加便利。百度、腾讯等互联网企业也纷纷以多种方式介入在线旅游、旅行社领域，加快布局旅游业。对旅行社业来说，以标准化、批量化旅游产品为特征的传统旅行社商业模式已经难以满足自主、自助、自由的旅行方式下游客对个性化、便利化、多样化产品的需求，为游客提供签证、机票、酒店、租车、导游、景区门票等单项旅游产品订购和旅游线路订购的 OTA，为游客提供目的地综合服务评价的旅游社区等，丰富并扩大了旅游服务的范畴，推动了旅游服务提供商从旅行社向旅行服务企业的转变。

6.3.3 旅游饭店业

1）旅游饭店的定义

旅游饭店是指向各类旅游者提供食、宿、行、娱、购等综合性服务的企业。它一般由住宿和娱乐两大功能区组成，以出租客房、厅堂、会议室和综合服务设施等的使用价值为主，同时生产饮食产品并提供各种服务，是一种综合性较强的经济组织。

2）旅游饭店的发展历程

旅游饭店是人类社会进入文明时代以后，随着人类旅游活动的日益频繁而产生和发展起来的。世界饭店业的发展大致可以分为以下四个时期：

（1）客栈时期

人们习惯上把19世纪中叶以前的旅馆业这一漫长的发展时期称为客栈时期。从世界范围来看，简易客栈或客店大约出现在公元前700年，距今已有2 700多年的历史。这种客栈的特点是规模小，设施设备简陋，服务项目少，一般只提供简单的食宿服务。从某种意义上说，这类"客栈"只是过路客人的"借宿之地"。早期客栈的经营者或以家庭为单位，或为国家机构专门经营，也有一些是合伙经营。至今，世界上许多地方仍有客栈存在。

（2）大饭店时期

大饭店从19世纪中叶至20世纪初存在于欧洲。19世纪后半叶，以英国为主的西方国家先后完成了工业革命，出现了较现代化的交通工具，这为有闲阶层外出旅游提供了便利，大大缩短了旅游的时间和空间距离。当时，除民间普遍的食宿设施外，随着社会剩余财富的增加，又出现了一批专供王室贵族、上层阶级享用的高级旅馆。1850年，世界上第一家采取公司体制的名为"大饭店"的较大型旅馆在法国巴黎建成。此后，"大饭店"一词便成为世界上所有高级住宿设施的名称。这些饭店的经营目的不在于赚取利润，而在于提高投资人的社会名望，是为了迎合特权富裕阶层显示社会地位与声望的心理而修建的。所以，这一时期的饭店特别注重装潢、设备和服务方式等。

（3）商业饭店时期

商业饭店于20世纪初至20世纪50年代初普遍存在。产业革命推动了经济的繁荣，商业活动在全球范围内频繁进行，人们对商业旅行的需求急剧增加，对价廉舒适的食宿设施的需求也随之增加。豪华的大饭店对一般大众来说价格昂贵、高不可攀，客栈则过于简陋，既不卫生，又不舒适，于是商业饭店应运而生。美国是现代商业饭店的发源地，20世纪初，美国经济持续发展，产生了大批中产阶级，商业活动更加频繁。1908年，斯塔特勒主持设计并兴建了斯塔特勒饭店，这是现代商业饭店发展的一个里程碑。

（4）新型饭店时期

新型饭店在20世纪五六十年代逐渐形成。第二次世界大战以后，饭店业朝着一个新的繁荣时期飞速发展，以接待商业旅行者为主要经营方向的商业饭店可提供的各项条件逐渐显示出局限性，于是新型饭店在商业饭店的基础上相继出现。

这一时期的世界饭店业有以下特点：

①许多国家竞相建造规模巨大、设备豪华的饭店。

②接待对象更加大众化。第二次世界大战以后，旅游业开始蓬勃发展，饭店业的接待对象已不再局限于商务旅行者，日益增多的观光旅游者成为饭店业的重要客源。

③饭店业的经营方针是以市场需求为准则，向客人提供满意的服务。

④设施、设备尽可能现代化和多样化，用最新的科学技术装备起来的饭店日益增多，许多日常事务由电脑来处理。

⑤饭店进行多种经营，既能够满足旅游者住宿、饮食等最基本的要求，又可以作为会议厅、办公室、购物场所、消遣场所及康乐场所等。

⑥饭店的经营管理朝集团化方向发展，连锁饭店的规模越来越大，如希尔顿酒店、假日酒店、凯悦酒店等。

今天的饭店在数量和质量上不断向新的高度发展。与此同时，为了争得更多的客源，不同饭店间的竞争更加激烈，这使得现代饭店不断向着复杂化、专业化、标准化、网络化的商业性综合企业发展。

3）饭店的类型及等级

（1）饭店的类型

从世界范围来看，饭店的类型有很多，但人们对饭店类型的划分还没有一个统一的标准。下面介绍几种常见的分类方法：

①根据地理位置的不同，饭店可分为城市饭店、汽车饭店、机场饭店、海滨饭店、温泉饭店、风景地饭店等。

城市饭店是指建在大中型旅游城市和商业中心且交通方便的饭店。其特点是建筑雄伟，大部分是高层建筑，客房集中，娱乐等服务层面积较大，而且设备先进、功能齐全。

汽车饭店是指建在公路旁（主要是高速公路），为自驾车进行旅游活动的游客提供食宿等服务的饭店。这种饭店以自我服务为主，停车场较大。

②根据主要服务对象和用途的不同，饭店可分为商业性饭店、旅游饭店、度假饭店、青年旅馆、长住性饭店、会议性饭店等。

商业性饭店是指主要为从事企业活动的商务旅游者提供住宿、饮食等服务的饭店。

旅游饭店是指以接待旅游者为主的饭店。

度假饭店是指以接待旅游度假客人为主，建在著名风景区附近的饭店。此类饭店的娱乐项目多，经营上存在季节性。

青年旅馆是为自助旅游者特别是青年旅游者提供住宿服务的旅馆，其主要特点是设备简单、收费低廉，因此极受青年学生及"背包客"的欢迎。青年旅馆一般位于交通便利的风景旅游城市。我国首批青年旅馆兴建于广州、珠海和肇庆，并于1998年投入运营。

③根据规模的不同，饭店可分为小型饭店、中型饭店、大型饭店。

④根据等级的不同，饭店可分为一星级至五星级饭店等。

⑤根据所有制性质的不同，饭店可分为国有饭店、私营饭店、外商独资饭店等。

（2）饭店的等级·

饭店的等级是饭店价值和使用价值的综合体现，也是对饭店设施设备和服务的总体评价。饭店的种类繁多，为了便于各饭店之间进行比较，也为了保护旅游者的利益，各个国家都很重视饭店等级的评定。从20世纪五六十年代开始，按照饭店的建筑设备、规模、服务质量、管理水平等条件，各国逐渐形成了自己的饭店等级评定标准。

目前，世界上各个国家对饭店等级的划分并不完全一致。在饭店等级的表示方法上，有的国家以"星"表示，分为五星、四星、三星、二星、一星，以五星等级为最高；有的国家以数字表示，分为一级、二级、三级、四级，以一级为最高，也有些国家将特级作为最高级。

我国用星的数量和设色表示旅游饭店的等级。星级分为五个等级，即一星级、二星级、三星级、四星级、五星级（含白金五星级）。最低为一星级，最高为白金五星级。星级越高，表示旅游饭店的档次越高。

4）旅游饭店的作用

饭店经历了从简易客栈到现代化大饭店的发展过程，其间，饭店的规模、设施、服务项目、服务质量等都发生了很大变化。旅游饭店在社会生活和经济活动中的作用，尤其是在旅游业中的地位和作用日益重要。

具体来说，旅游饭店的作用主要有以下几点：

（1）旅游饭店是衡量旅游接待能力的重要标志

衡量一个国家或地区旅游接待能力的因素很多，如交通运力、游览点的容量等，但首先要看饭店建设的规模和水平。饭店数量的多少、规模的大小、设备设施的好坏，以及服务和管理水平的高低等，是反映一个国家或地区旅游接待能力的重要标志。床位数不足，则旅游者无处住宿，也就无法完成旅游活动。因此，旅游饭店的数量和质量直接影响了旅游业的发展。

（2）旅游饭店是获得旅游收入，尤其是外汇收入的重要场所

旅游者下榻饭店后，必然要进行种种消费。饭店提供的服务项目越多，经济效益就越好。据统计，在国际旅游收入中，饭店收入通常占50%左右。此外，大多数外国客人、华侨、港澳台同胞和外籍华人在饭店消费所支付的费用以外汇结算，因此饭店是创造外汇收入的一个重要场所。

（3）旅游饭店的服务质量体现了旅游业的服务质量

在构成旅游活动的六要素中，至少有两项发生在饭店。从时间上看，旅游者有近一半的时间是在饭店度过的。因此，旅游饭店服务质量的高低在很大程度上体现了东道国旅游业服务质量的高低。

（4）旅游饭店为社会提供了大量的就业机会

旅游饭店的发展为当地居民创造了大量的就业机会。一般来说，饭店每增加1间客房，就可以创造1.5～2个直接就业机会；若新建一座含300间客房的饭店，将创造450～600个直接就业机会。另外，还有一些间接就业机会。当然，这些数字只是一般的估计，饭店能提供的就业机会还与饭店的等级、床位利用率及使用现代化设备的情况等有着密切的联系。

（5）旅游饭店是文化交流、科学技术交流、社交活动的重要场所

在大多数国家，饭店（尤其是知名度高的大饭店）是进行政治、外交、经济、文化等各种活动的场所。饭店的客人来自世界各地，他们的来访促进了文化的交流。同时，现代饭店中设施设备的引进及现代化管理技术的运用，也促进了科学技术的交流。除此之外，饭店提供的娱乐场所也促进了社交活动的发展。

5）我国旅游饭店业的发展

（1）我国旅游饭店业的发展历程

中华人民共和国成立后，我国旅游饭店业的发展大致分为以下四个阶段：

①接待型阶段（1949—1978年）。在这一阶段，我国的旅游工作只是外事工作的一个组成部分，饭店是外事接待部门的一个附属单位，并且大部分饭店是差额补助的事业型单位。到1978年底，我国旅游涉外饭店仅137家，客房仅15 539间，其中绝大多数是宾馆和招待所，饭店的数量少、设施陈旧、功能单一、条件简陋。

②起步阶段（1979—1988年）。这一阶段是我国旅游饭店开始起步并逐渐发展的阶段，其突出特点表现为饭店供给的数量型增长。伴随着改革开放，我国的旅游饭店完成了由政府接待型向企业化经营乃至数量形成初步规模的过渡，旅游住宿接待能力发生了巨大变化。饭店集团开始起步，联谊饭店集团、华龙饭店集团、友谊饭店集团相继成立。

③短暂的波折阶段（1989—1992年）。这一阶段是改革开放以来，我国旅游饭店业发展的波折期。这一时期，我国入境旅游人数锐减，外汇收入急剧下降，行业内开始出现恶性竞争，平均房价剧跌，我国旅游饭店业的发展也因此停滞不前，旅游饭店的客房增长率从1989年的10.8%下降到1992年的3.1%。

④全面发展阶段（1993—2011年）。1993年以后，已进入中国市场的国际酒店集团继续发展，未进入中国市场的国际酒店集团开始陆续涌入中国抢占市场，假日、希尔顿、喜来登等酒店集团先后在中国投资建设、管理了一批饭店，国内各行业，如邮电、金融、民航及一些大的房地产公司，甚至有些私营经济的公司也陆续涉足旅游饭店业，中国旅游饭店业进入了迅速发展的快车道。从1993年至2000年，我国旅游饭店保持了年均增长23%的总量扩张速度，平均每年增长饭店约587家。2000年，旅游饭店的增长数量达到高峰，增长速度远远超过国民经济的增长速度。截至2011年末，星级饭店统计管理系统中的13 513家星级饭店，有12 221家的经营情况数据通过省级旅游行政管理部门审核，完成率为90.44%。

⑤市场开拓阶段（2012年至今）

党的十八大以来，在国家政策扶持下，我国旅游饭店业的经营环境得到明显改善，标准化建设推动旅游饭店服务质量稳步提升。同时，旅游饭店市场日趋理性发展，旅游饭店集团化、连锁化、品牌化发展实现历史性跨越。截至2019年底，我国星级饭店管理系统中共有星级饭店10 003家，其中一星级饭店62家，二星级饭店1 658家，三星级饭店4 888家，四星级饭店2 550家，五星级饭店845家。2020年以来，受新冠肺炎疫情影响，旅游饭店业遭受巨大冲击。2021年度，7 676家星级饭店的经营数据通过了省级文化和旅游行政部门的审核，其中一星级饭店14家，二星级饭店853家，三星级饭店3 686家，四星级饭店2 324家，五星级饭店799家。

2021年度全国星级饭店基本指标统计见表6-1。

表6-1　　　　　　　　　　　2021年度全国星级饭店基本指标统计

指标	单位	五星级	四星级	三星级	二星级	一星级	合计
饭店数量	家	799	2 324	3 686	853	14	7 676
营业收入总额	亿元	551.24	520.20	280.88	26.97	0.14	1 379.43
客房占营业收入比重	%	42.66	38.69	40.11	45.33	39.74	40.69
餐饮占营业收入比重	%	40.59	41.40	42.04	37.48	54.46	41.13
利润总额	亿元	−23.17	−68.36	−20.68	−6.24	0	−118.45
从业人员年均数	万人	21.20	28.34	18.44	1.97	0.02	69.98

育德启智6-2

中国旅游饭店业协会：增强信心主动作为坚定复苏

资料来源　中华人民共和国文化和旅游部. 2021年度全国星级饭店统计调查报告［EB/OL］.［2022-04-15］. https://zwgk.mct.gov.cn/zfxxgkml/tjxx/202204/t20220415_932490.html.

（2）我国旅游饭店业的发展趋势

①旅游饭店设施设备更加智能化，对管理水平和服务质量的要求越来越高。未来，旅游饭店的服务和管理方式将发生革命性变革，数字化与非接触式服务将带来更多发展机遇，智慧酒店的一站式服务将给客人带来全新的入住体验，客人对旅游饭店的管理水平和服务质量也将提出更高的要求。

②旅游饭店向多功能的方向发展，并向社会开放，成为当地社会的活动中心。现在的旅游饭店已经不再是单纯提供食宿的场所了，而是具有多种功能、能够满足不同客人在不同时期的不同需要的活动中心。现代旅游饭店的各种经济职能也不再单纯地

对准游客，而是面向社会开放，吸引当地客源，充实当地人民的生活，旅游饭店成为当地人民的社会活动中心。

③旅游饭店建设更加注重民族特色和地方风格。旅游饭店的建设越来越注重在造型、装潢及室内设置等方面体现出民族特色和地方风格，这样的饭店不仅能够满足客人休息的需要，其本身也已成为客人欣赏的对象，能够吸引许多回头客。

④低碳生态成为旅游饭店业的追求。如今，人类面临着生态、能源、人口等一系列问题，这不仅影响了人们的生活质量，而且影响了人类的长远发展。因此，低碳生态是未来旅游饭店业发展的必然趋势。

⑤新的住宿业态不断涌现。为了满足游客的个性化、多样化住宿需求，旅游住宿业态将日益丰富，包括星级酒店、精品酒店、中档酒店、经济型酒店、汽车旅馆、乡村酒店、民宿、租赁房屋等。其中，旅游民宿作为一种体验城乡美好生活的住宿新业态，深受广大消费者喜爱，成为乡村旅游的重要内容和新热点。

旅游广角 6-5

2022 年国潮酒店发展报告

育德启智 6-3

高标准树立行业导向推动民宿高质量发展

6.3.4　旅游交通业

旅游交通业也是旅游业发展的前提条件和旅游业的三大支柱产业之一。第二次世界大战以后，公路、航空、铁路、水路四大现代交通运输方式的综合运用，有力地推动了现代旅游业的发展。

1）旅游交通的构成及特点

旅游交通是实现旅游者空间移动，并服务于旅游活动的交通运输形式。旅游交通业是介于交通运输业与旅游业之间的一个相对独立的产业，属于第三产业的范畴。当今世界，旅游交通业已经实现了公路、航空、铁路和水路四种交通运输方式的有机结合。四种交通运输方式各有特点，发挥着不同的作用。

（1）公路交通运输方式的特点

公路交通运输方式比水路和铁路交通运输方式起步晚。1885 年，德国人卡尔·本茨发明了以汽油内燃机为引擎的汽车，这标志着现代公路交通方式的诞生。19 世纪末期，第一批汽车出现。第二次世界大战以后，汽车运输才真正发展起来。由于绝大多数旅游点仅通公路，人们必须乘坐汽车前往，加上近年来私人汽车的增多，因此汽车成为现代旅游活动中使用最多的运载工具。

公路交通运输方式的主要特点有：

①自由灵活，短程速度快，富有独立性，能方便地开展旅游活动。

②从线路建设上看，具有投资少、施工期短、见效快的优点。

③行驶速度不如飞机和火车，主要从事短途、中途旅游客运。

④存在着安全性能差、运载量较少、运费较高等缺点。

（2）航空交通运输方式的特点

航空交通运输方式是四种交通运输方式中最年轻的运输方式。1903 年，美国的莱特兄弟试制成功了世界上第一架飞机。1919 年，飞机制造技术有了进一步的提高，民用航空事业开始迅速发展起来。当时，一个国家或地区空中交通方式的发展状况是衡量该国国际旅游发展水平的标准之一。目前，飞机是世界上远程旅游中最主要的运载工具。

航空交通运输方式的主要特点有：

①飞行速度快，节省时间，乘坐舒适，飞行灵活性大，安全系数高。

②主要承担中、远程旅客运输。

③由于飞机造价高，机舱容积和载运量小，因此运费比地面交通方式高得多。

④不能将客人直接送到住宿地或景点。

（3）铁路交通运输方式的特点

铁路交通对近现代旅游业的发展起过重要的作用，曾是人们进行旅游活动的主要交通方式。1825年9月27日，由英国人乔治·斯蒂芬森负责制造的铁路机车试车成功，斯蒂芬森也因此被称为"铁路机车之父"。1879年，世界上第一台电力机车在柏林展出。1894年，德国制造出世界上第一台内燃机车。1964年，日本东海道新干线开通，它是世界上第一条高速铁路。技术的创新极大地促进了铁路交通业的发展。

铁路交通运输方式的主要特点有：

①运输能力大，载客多，费用低，安全性高，远距离连续行驶能力强，受季节和气候变化的影响小，能源消耗少，不易堵塞，乘坐平稳。

②主要承担中、远程旅游者的运输任务。

③火车只能在固定的线路上运行，空间位置移动的灵活性较飞机和汽车差。

④运行速度比航空交通慢，长时间乘坐会导致旅客疲劳。

（4）水路交通运输方式的特点

在铁路交通出现之前，水路交通一直是人们远程旅行的主要方式。1807年，美国人罗伯特·富尔顿设计制造的"克莱蒙特"号汽船在纽约港下水，标志着现代水路交通运输方式的开始。目前，水路交通运输已跨入豪华邮轮时代。

水路交通运输方式可分为远洋交通运输、沿海交通运输和内河交通运输三种类型。水路交通运输方式的主要特点有：

①运载能力大，安全性能好，乘坐较舒适，运价较低廉，还可结合旅行开展观赏沿岸景色及在海上观日出等旅游活动。

②主要用于短途客运和长途水上游览。

③行驶速度慢，灵活性较差，受气候影响较大。

四种交通运输方式的优势互补、协调发展、综合应用是未来世界旅游交通业发展的大方向。此外，世界各国、各民族的民间传统交通运输方式是旅游交通的必要补充。

2）旅游交通的作用

旅游交通缩短了时空距离，使人们能够进行跨国、跨洲、环球甚至宇宙旅行。具体来说，旅游交通的作用主要表现为以下几点：

（1）旅游交通是旅游业产生与发展的前提条件

从历史上看，旅游业的产生是以交通运输业的发展为前提的。早期人类的旅行活动是伴随着马、牛、驴等畜力车和独木舟等古代交通运输工具的出现而产生的。18世纪中叶以后，轮船、火车、汽车和飞机等现代交通运输方式的出现，为近代旅游活动的开展和近代旅游业的产生创造了必要的条件。第二次世界大战以后，比较完善的现代交通运输业在世界范围内形成，尤其是公路和航空运输的普及，促进了现代旅游业的诞生。高速公路、高速铁路、宽体客机的问世和各种现代交通工具的综合使用，开创了当代大规模国际旅游的新纪元。

从旅游业本身的发展规律上看，凡是交通运输业发达的国家和地区，其旅游业就相对发达。旅游交通的良性、健康发展是一个国家和地区旅游业稳步向前发展的保证，反之则会制约旅游业的发展。中国国际旅游业首先发源于北京、上海、广州等交通运输业发达的航空口岸城市，然后向交通运输业较发达的其他大、中城市发展，之后才向交通运输业比较落后的偏远城市和地区蔓延。交通越发达，交通工具的种类越齐全，交通设施越完善，可供选择的旅游活动方式就越多，就越能为旅游业的发展提供广阔的空间。

（2）旅游交通是旅游业的大动脉

旅游交通担负着为旅游业输送客源的职能。首先，它要承担旅游者在旅游客源地与目的地之间的运送任务，解决旅游者进出旅游目的地的对外交通问题；其次，它要承担旅游者在旅游目的地内各交通站（场）、酒店、景区（点）、商店、文体娱乐场所之间的运送任务，解决旅游者在目的地内的疏散问题。因此，旅游交通被称为旅游业的大动脉。只有旅游交通这一大动脉畅通，旅游者才能"进得来、散得开、出得去"，旅游服务、设施和资源才能得到充分利用，才能保证旅游业的正常发展，实现良好的社会效益和经济效益；否则，便会产生旅游交通"卡脖子"现象和"瓶颈"效应，导致旅游服务、设施和资源的闲置和浪费，从而严重制约和抑制旅游业的发展。

（3）旅游交通是创造外汇收入和货币回笼的重要渠道

旅游者的交通运输费在旅游总消费额中占有很大比例，而且旅行距离越远，交通运输费越高。从来华国际旅游者的消费结构可以看到，交通费用约占其全部费用的一半，旅游交通已成为旅游业创汇的主要渠道。

（4）旅游交通促进了旅游地的发展

在国外，为了促进某地旅游业的发展，政府会有计划地解决通往该地的交通问题，之后该地的旅游业才会逐步发展起来。我国西部大开发战略的重点就是交通项目的建设，因此解决交通问题成为开发边远地区或经济发展落后地区的一个重要途径。

3）我国旅游交通业的发展趋势

①加强公路、铁路、港口、机场的建设，完善畅通、安全、便捷的现代化综合运输体系。

②加强公路国道主干线建设，完善公路运输网络，逐步提高路网通达深度。

③加强城市道路建设。

④加强铁路主通道建设，完善铁路网络，改造既有线路，提高列车运行速度，发展高速铁路和城市轨道交通。

⑤加强沿海枢纽港口建设和内河航道治理，发展水路运输，建设国际航运中心。

⑥发展支线机场，完善枢纽机场，优化航空网络。

6.3.5 旅游娱乐业

1）旅游娱乐业的概念

旅游娱乐业是指为旅游者提供各种游览娱乐设施，以满足其游乐的精神消费需要的各类相关行业的总称。

旅游娱乐产品具有不同于一般物质产品的特征。首先，旅游娱乐产品门类复杂，品种繁多，等级差异大。其次，旅游娱乐产品的最终形态有些是制成品，有些只能是半成品。最后，旅游娱乐产品不完全的商品性决定了其进入流通领域后，有些产品可以转化为商品实现其价值，如商业演出、康乐设施的利用等；有些产品则只能成为准商品，通过实现自己的使用价值，为其他旅游产品的商品化创造条件，如艺术节的广场活动等。

2）旅游娱乐的类型

旅游娱乐可以分为以下三种类型：

（1）以旅游景点、线路为依托的娱乐

这类娱乐主要有两种做法：一是在设计的旅游线路中安排文娱活动；二是在旅游线路的住宿地定点安排文娱活动。

（2）以酒店为依托的娱乐

这类娱乐的形式较为齐全，具有一定的代表性，可以满足不同层次宾客的需要。按照娱乐内容的不同，酒店的文娱活动可分为以下四类：

①音像类。它包括电视、广播等形式。

②康乐类。它是多种项目的统称，其中，球类项目最多，包括高尔夫球、保龄球、网球、台球、壁球、乒乓球等。此外，还有游泳、桑拿浴、日光浴、健身、按摩、美容美发、医疗等项目。

③娱乐类。它是目前旅游企业文娱经营活动的主要盈利部分，包括舞厅、歌厅、多功能厅、酒吧、咖啡厅、音乐茶座、游艺室、露天花园等形式。

④文艺类。它包括影厅、剧场等形式，但很大一部分文艺节目被安排到酒店的舞厅、多功能厅、酒吧、咖啡厅、茶座等处演出。

（3）以影剧院、大型游乐场所为依托的娱乐

旅游产品的生产单位还有一部分是旅游娱乐企业，即为了满足旅游者的娱乐需要，以空间设备和康乐设施投入旅游消费服务领域的企业组织。旅游娱乐企业能同时满足旅游者多方面、多层次的娱乐需要。按企业经营的项目划分，旅游娱乐企业主要

有综合性娱乐企业和单一性娱乐企业。综合性娱乐企业以大中型游乐园、主题乐园等为主；单一性娱乐企业如跑马场、射击场、高尔夫球场等。

3）旅游娱乐的作用

（1）旅游娱乐能满足旅游者的需求，丰富游客和群众的娱乐生活

"娱"是旅游业为旅游者提供的六大方面的服务之一。作为一种高级消费方式，现代旅游活动的突出特点是种类多样化及消费结构多元化。旅游者外出旅游，除了食、宿等基本需求外，还需要文化娱乐、康乐健身等各种服务项目。在近年来的国际旅游活动中，文化、娱乐、度假型旅游已成为主流，取代了观光型旅游的主导地位。顺应这种变化趋势，旅游业发达的国家和地区均高度重视文化娱乐资源的开发与利用。旅游企业通过组织、安排文化娱乐活动，满足游客正当的需求，既可以提高游客的旅游体验质量，也可以丰富游客的精神生活。

（2）旅游娱乐能增强对旅游者的吸引力

一些大中型游乐园占地面积大、设施先进，将建筑风格和现代化机械娱乐设备融为一体，并且十分重视景点设置、园林设计与建设，不仅能够为游客提供各种娱乐项目，而且具有观赏价值，从而吸引了众多的旅游者，如北京环球度假区等。

（3）旅游娱乐能提升旅游综合效益

在组织和开展旅游娱乐活动的过程中，有关旅游企业可取得一定的经济效益。旅游娱乐的吸引作用会使一些旅游者延长停留时间，增加旅游者在一地的平均住宿天数，这也从总体上增加了旅游业的收入。例如，丽江的纳西古乐等娱乐演出为丰富游客的游览内容、延长游客的停留时间和增加当地的旅游收入做出了重要贡献。

4）我国旅游娱乐业的发展

我国把"娱"正式纳入旅游生产力要素中是从1988年开始的。20世纪90年代初，我国的旅游娱乐活动主要以酒店、旅游景点为依托，也出现了许多专门的旅游娱乐企业。随着文旅融合的逐步推进，旅游娱乐的内容更加多样化，旅游娱乐场所也更加大型化、特色化。

（1）大型游乐园（场）

20世纪80年代建成的一批游乐园多是单一的机械型游乐园，由于重复建设、游客分流，因此其经济效益持续下降。1995年以后，各地新建了一批游乐园（场），它们吸收了80年代建设游乐园（场）的经验，起点比较高。此后，新一代的游乐园（场）不断涌现。

（2）水上游乐园

水上游乐园有室内和室外两种，主要以人工开掘的大型水面为依托，设置众多的水上活动设施，如人工造浪池、组合式滑道、漂流等。

（3）主题公园

我国的主题公园以1989年建成的深圳锦绣中华为开端，此后，主题公园的发展便一发不可收拾。经过过度的开发建设后，目前，我国主题公园的建设开始回归理

性。学习国际品牌主题公园的先进管理方法，以文化立园、内涵发展、办出特色、追求卓越、错位发展成为我国本土主题公园实现高质量、可持续发展的主要途径。

6.3.6 旅游商品

1）旅游商品的定义

旅游商品是指旅游地向旅游者提供的、以物质形态存在的商品，即旅游者在旅游活动过程中购买的、以实物形态存在的旅游产品。旅游商品集中反映了旅游地的传统文化、地区特色和民族特色。

育德启智 6-4

旅游"伴手礼"要具有本土气息

旅游商品与一般商品的不同之处在于：首先，两者的使用对象不同。旅游商品的使用对象是旅游者；一般商品的使用对象是大众，是为了满足日常生活需要。其次，两者的功能定位不同。旅游商品注重文化性、艺术性、民族性、纪念性；一般商品更注重实用性和经济性。最后，两者的销售网点布局不同。旅游商品的销售网点多分布在旅游胜地、旅游城市的繁华地区、宾馆饭店、购物商场或名胜古迹附近；一般商品的销售网点分布广泛、均匀，都在城乡居民区。

2）旅游商品的种类

旅游商品的品种繁多、规格各异。从目前我国市场的经营状况来看，旅游商品大致可分以下类型：

（1）旅游日用品

这是指旅游者在旅游活动中购买的具有实用价值的旅游小商品，如旅游鞋帽、旅游包、地图指南等。

（2）旅游工艺品

这类商品主要有：文房用品；雕塑工艺品，包括玉雕、牙雕、石雕、木雕、竹雕、煤雕、泥塑等；陶瓷工艺品；金属工艺品，包括金银铜摆件、工艺刀剑等；漆器工艺品；编织工艺品，主要指以各种天然植物为原料，经手工编织而成的工艺品，如草编、竹编、藤编、柳编等；花画工艺品，包括绢花、绒花、塑料花、羽毛花等工艺花，还有国画、油画、贝雕画、软木画等工艺画；织染工艺品，包括抽纱、地毯、刺绣等。

（3）土特产品

这包括我国的名茶、名酒、中成药等有地方特色的产品。

3）旅游商品的作用

购物是旅游需求的一个重要方面。对旅游目的地来说，旅游购物是旅游收入的重要来源，也是优化旅游产业结构、引导旅游企业发展多种经营的重要途径。旅游购物业的发展，以及物品需求量的增加，必然需要建立、健全和扩大生产基地，这将对轻工业品、纺织工业品、工艺美术品、土特产品的生产与发展，以及扩大就业发挥积极的推动作用。

（1）旅游商品是旅游业创收的重要途径

旅游业是国民经济中的一个重要产业。衡量旅游业发展水平的基本指标主要是旅游接待人数和旅游外汇收入。旅游商品销售收入是旅游外汇收入的一个重要组成部分。据统计，世界旅游商品销售收入占世界旅游业总收入的40%以上；我国香港地区的旅游商品销售收入约占香港旅游业总收入的60%。

（2）旅游商品的经营与发展可以优化旅游产业结构，引导旅游企业发展多种经营

合理的产业结构是保证旅游业协调发展的重要条件。开发旅游商品生产基地，提供适销对路的旅游商品，是优化旅游产业结构的重要途径。同时，经营旅游商品也是旅游企业发展多种经营、克服旅游业的脆弱性和风险性的重要途径之一。

（3）旅游商品丰富了旅游业的内容，吸引了旅游者

旅游商品既是地方文化的载体，也是诱发旅游者回忆的后续因素，更是加深国际文化交流的手段。例如，外国某旅行社专门组织了"文房四宝"旅游团到我国皖南地区旅游考察，选购"文房四宝"的精品；组织从蚕到绸的旅游考察团到江南一带考察桑蚕事业，选购中国丝绸；组织风筝交流旅游团到山东潍坊参加风筝节。这既是国际文化的交流，又弘扬了我国的文化艺术，更加深了我国人民同各国人民的友好情谊。所以，旅游商品既是购物消费的对象，也是游览欣赏的对象，可以起到吸引旅游者的作用。

（4）旅游商品的发展有助于挖掘民间工艺美术品和民俗制品，促进地方手工业的发展

具有独特艺术风格和浓郁地方色彩的手工艺品的生产与销售，既可以满足旅游者追新求异的需求，又可以挖掘传统的手工艺，如北京的景泰蓝工艺、云南的斑铜工艺、贵州的蜡染技艺等，从而促进了地方手工业的发展。

课堂互动6-3

旅游业各构成部分之间的相互关系如何？

课堂互动6-3

答案提示

本章小结

旅游业是旅游活动的媒介，是现代旅游活动顺利完成的保障。旅游业是指以旅游资源为依托，以旅游设施为基础，为旅游者在整个旅游活动过程中提供所需要的直接产品和服务的一系列相关的供给行业。旅游业从根本上讲是一项经济性产业，具有综合性、服务性、文化性、依托性、波动性等特点。正是因为旅游业构成的综合性，所以其构成的产业部门相当广泛。狭义的旅游业是指旅行社、旅游饭店、旅游车船公司及专门从事旅游商品买卖的旅游商业等行业。广义的旅游业除了包括专门从事旅游业务的部门以外，还包括与旅游相关的各行各业。我们要认识旅游业的基本构成部门，即旅游区、旅行社业、旅游饭店业、旅游交通业、旅游娱乐业和旅游商品，熟悉各构成部门的基本知识，了解各构成部门的作用及发展趋势。

本章的重点是掌握旅游业的概念及旅游业的构成；难点是把握旅游业广义和狭义的构成。

边听边学6-1

本章小结

边听边学 6-2

主要概念

主要概念

旅游业　旅游区　旅游景区　旅游景点　旅行社　旅游饭店　旅游交通　旅游娱乐业　旅游商品

基础训练

6.1　填空题

在线测评 6-1

填空题

1）旅游业是指以旅游资源为依托，以旅游设施为基础，为_____在整个旅游活动过程中提供所需要的直接_____和_____的一系列相关的供给行业。

2）旅游业从根本上讲是一项_____产业。

3）_____、_____和_____构成了旅游业的三大支柱。

4）我国旅游业包括_____、_____、_____、_____、旅游用品及纪念品经营业、_____和_____。

5）西方国家将旅行社分为_____、_____、_____三大类。

6）当今世界，旅游交通业已经实现了_____、_____、_____和_____四大交通运输方式的有机结合。

6.2　选择题

在线测评 6-2

选择题

1）旅游业的特点包括（　　）。

A.综合性　　　　　　　　B.服务性　　　　　　　　C.文化性

D.依托性　　　　　　　　E.波动性

2）旅游区包括（　　）。

A.旅游景区（点）　　　　　　　　B.主题公园和旅游度假区

C.保护区、风景区和森林公园　　　D.动物园、植物园

E.博物馆、美术馆

3）我国出境旅游业务的经营范围包括（　　）。

A.我国内地居民出国旅游

B.我国内地居民赴香港特别行政区旅游

C.我国内地居民赴澳门特别行政区旅游

D.我国大陆居民赴台湾地区旅游

E.在我国内地的外国人、在内地的香港特别行政区和澳门特别行政区居民及在大陆的台湾地区居民的出境旅游

4）世界饭店业的发展大致可以分为（　　）。

A.客栈时期　　　B.大饭店时期　　C.商业饭店时期　D.新型饭店时期

5）旅游娱乐的类型包括（　　）。

A.以旅游景点、线路为依托的娱乐　　　B.以酒店为依托的娱乐

C.以影剧院为依托的娱乐　　　　　　　D.以大型游乐场所为依托的娱乐

6.3 简答题

1）旅游业的根本性质及表现是什么？

2）旅行社的作用是什么？

3）旅游饭店的作用是什么？

4）旅游交通的作用是什么？

5）旅游商品的作用是什么？

在线测评6-3

简答题

6.4 讨论题

当前我国旅游业的发展现状如何？

6.5 案例分析题

大众定制旅游升温折射市场需求新变化

定制旅游是指旅游企业根据每位游客的不同需求而为之量身定制行程的服务形式。基于个体化差异，每位游客的需求层次和内容都不尽相同，对旅游产品的供给也会有不同的要求，最终体现在对旅游目的地、酒店、项目等细节的区分上。定制旅游可以让游客自主安排出行时间，入住喜欢的酒店，品尝喜欢的美食，体验喜欢的游玩项目，享受个性化旅游服务。

定制旅游是旅游业高质量发展的必然要求。深入当地体验，告别走马观花，不需要自己四处搜寻攻略安排行程——区别于传统跟团游和完全自由行，定制旅游近年来正在走进大众视野，成为日益受游客青睐的旅游方式。

随着互联网旅游平台纷纷布局，游客用手机一键即可实现定制，享受全程在线服务。

当前，在疫情常态化防控背景下，旅游市场正在逐步回暖，旅游形态也在悄然发生改变。定制旅游服务提供者应根据游客的需求设计旅游产品并提供服务，让游客有得偿所愿的舒适体验。如此，定制旅游服务提供者才能赢得良好的口碑，行业发展才能行稳致远。

资料来源 吴学安. 大众定制旅游升温折射市场需求新变化［N］. 中国旅游报，2022-09-20（3）.

问题：从过去的报团出游到如今的定制旅游，旅行社应如何发挥优势、不断创新？

实践训练 ✓ ──────────────── ●

结合自己熟悉的旅游地，策划开发一项具有地方特色的旅游商品。

第 7 章

旅游市场

【学习目标】

1. 理解并掌握旅游市场的概念，了解旅游市场的特点、作用和构成要素，掌握其分类方法；
2. 了解旅游流的含义和旅游流的规律，熟悉我国主要入境客源市场的发展历史和规模；
3. 理解市场细分的含义，掌握市场细分的标准和原则，熟悉市场细分的步骤；
4. 掌握市场调查的内容和基本方法，能够初步设计调查问卷；
5. 培养创新精神，积极践行社会主义核心价值观。

【知识导图】

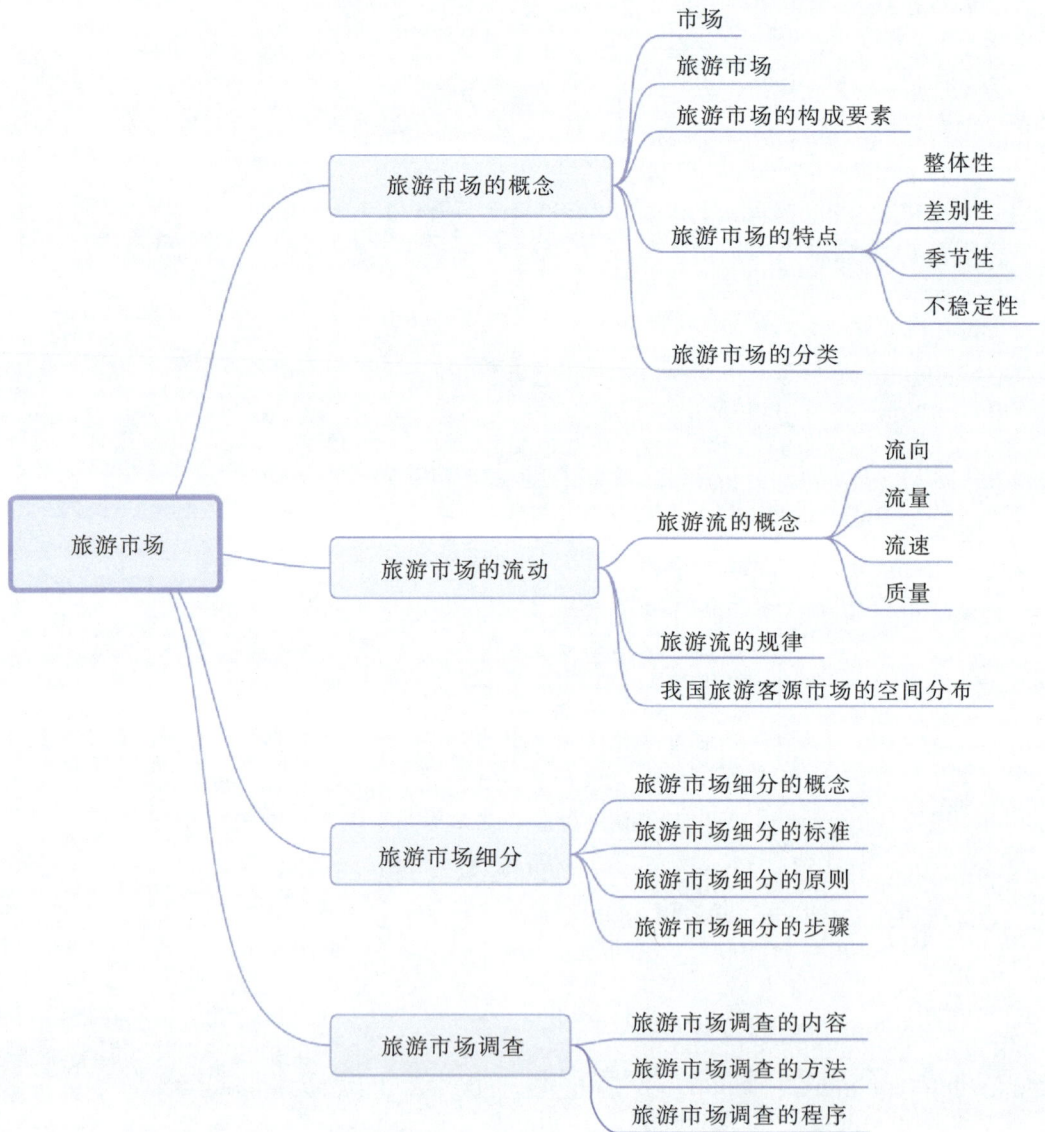

旅游市场

- 旅游市场的概念
  - 市场
  - 旅游市场
  - 旅游市场的构成要素
  - 旅游市场的特点
    - 整体性
    - 差别性
    - 季节性
    - 不稳定性
  - 旅游市场的分类
- 旅游市场的流动
  - 旅游流的概念
    - 流向
    - 流量
    - 流速
    - 质量
  - 旅游流的规律
  - 我国旅游客源市场的空间分布
- 旅游市场细分
  - 旅游市场细分的概念
  - 旅游市场细分的标准
  - 旅游市场细分的原则
  - 旅游市场细分的步骤
- 旅游市场调查
  - 旅游市场调查的内容
  - 旅游市场调查的方法
  - 旅游市场调查的程序

引例

旅游市场正在有序恢复　产业复苏仍需倍加呵护

受新冠肺炎疫情影响，旅游市场受到巨大冲击。当前，我国国内旅游市场正在有序回暖，旅游行业恢复发展的信心进一步提振，然而，旅游市场恢复发展仍面临不小的压力，旅游产业复苏振兴仍需倍加呵护。

要科学精准做好疫情防控，为旅游产业复苏优化营商环境。旅游是异地生活消费，旅游业是依托人员流动的产业，没有人员流动，旅游业便不复存在。为此，各地各部门要按照国务院联防联控机制疫情防控"九不准"要求和属地党委、政府部署，严格、科学、精准地实施疫情防控措施，坚决防止和避免"放松防控"和"过度防控"两种倾向，有效恢复和保持旅游业发展正常秩序。同时，要进一步强化旅游热点防疫预报机制，推动疫情防控关口前移，完善疫情防控应急处置机制，加大实案化、实战化演练，为大众旅游有序开展、跨省团队旅游全域恢复、国内旅游复苏振兴营造安全、稳定、有序的发展环境。

要有力有效推动助企纾困，为旅游产业复苏壮大市场主体。抓发展必须抓产业，抓产业必须抓市场主体。为此，各地各部门要将稳市场主体摆在重要位置，用心听企业意见，诚心解企业难题，真心促企业发展，做到纾困政策措施应出尽出，帮扶市场主体精准滴灌，确保纾困政策贴地而行，促进纾困帮扶措施落实到位，支持旅游企业挺得住、渡难关、有奔头。同时，要稳住市场主体发展预期，激发市场主体活力，引导旅游企业生产自救、创新转型，做强、做优、做大骨干旅游企业，大力支持中小微旅游企业特色发展、创新发展和专业发展，充分发挥旅游行业协会等中介组织的作用，引导行业企业用好保险等工具，形成多产业融合发展的新局面。

要千方百计刺激旅游消费，为旅游产业复苏提供市场支撑。有需求才有消费，有消费才有市场，有市场才有发展。为此，各地各部门要锚定人民日益增长的美好生活需要，更好发挥有为政府和有效市场作用，从供给端与需求侧协同发力，保障人民旅游权利，唤醒大众旅游意识，激发民众出游热情。同时，要健全旅游基础设施和公共服务体系，完善旅游产品供给体系，开发更多优质旅游产品线路，推出更多惠民利民活动措施，通过发放旅游消费券、推出景区门票优惠、举办消费季活动等多元手段，线上线下联动发力，营造良好旅游消费氛围，推动旅游消费提质扩容。

资料来源　徐万佳. 旅游市场正在有序恢复　产业复苏仍需倍加呵护［N］. 中国旅游报，2022-06-09（3）.

思考：在新冠肺炎疫情常态化防控背景下，如何推动旅游市场全面发展？

分析：在新冠肺炎疫情常态化防控背景下，各地各部门应科学精准做好疫情防控，扎实推进旅游行业助企纾困工作，千方百计刺激旅游消费，同时旅游企业应进一步丰富线上线下旅游产品，拓展沉浸式体验场景和项目，这对于推动旅游市场全面发展具有重要意义。

7.1 旅游市场的概念

7.1.1 市场

市场是商品经济发展到一定阶段的产物。列宁指出："哪里有社会分工和商品生产，哪里就有市场。"在商品经济活动过程中，通过市场交换，商品经营者（供给方）将商品销售给商品消费者（需求方），并获得货币；商品消费者（需求方）出让货币，买回自己需要的商品；商品的使用价值和价值得以实现。商品的交易必须通过市场来进行，市场对商品经济的发展具有重要的推动作用。

7.1.2 旅游市场

英国学者维克多·密德尔敦认为："从本质上讲，旅游是一个整体市场，它反映了消费者对种类繁多的旅游产品的需求……由于它进一步发展的潜力，在投资、就业和收支平衡方面的贡献，对接待地社会的影响，以及对旅游目的地自然环境的影响等，该市场在大多数国家都具有较为重要的意义。"在第二次世界大战结束后的半个多世纪里，尤其是进入21世纪后，全球旅游业有了长足的发展，成为带动大多数国家经济发展的重要产业，旅游业的潜力已经引起了越来越多国家的关注，人们对旅游市场的研究也进入了一个高峰期。

旅游市场有广义和狭义之分。广义的旅游市场是指在旅游商品交换过程中表现出来的各种经济关系和经济行为的总和。狭义的旅游市场是指旅游产品的需求者或购买者（包括现实购买者和潜在购买者），即旅游客源市场或旅游需求市场，如我们通常所说的国内旅游市场、海外旅游市场等。旅游客源市场的规模受多种因素的影响，但主要取决于该市场的人口数量，以及人们的支付能力和对旅游商品的购买欲望三个因素。根据旅游者在市场上的表现，旅游客源市场可分为现实客源市场和潜在客源市场。前者是指已经参与旅游商品购买的旅游者，即旅游者已经把对旅游商品的购买欲望转化为实际的购买行为；后者是指由于种种原因尚未形成对旅游商品的实际购买的旅游者，这种客源市场仅表现为一种购买欲望。

7.1.3 旅游市场的构成要素

旅游市场由旅游者、旅游购买力、旅游购买欲望和购买权利四个要素构成。其中，旅游者是旅游市场的主体，旅游购买力是旅游者消费能力的标志，旅游购买欲望是旅游者进行旅游消费的前提，购买权利是旅游消费实现的必要条件。

1）旅游者

旅游者是旅游市场的主体。没有旅游者，旅游市场就不可能存在。旅游者作为旅游市场的构成要素主要体现在以下两个方面：

（1）旅游者的数量

旅游者的数量决定了旅游市场规模的大小。旅游者数量的多少是由客源国、客源地区的人口绝对数量和社会经济发达程度所决定的。例如，内陆地区与沿海开放地区的人口数量相差很大，因此旅游者的数量也相差较大。

（2）旅游者的质量

旅游者的质量决定了旅游市场的消费能力和需求特征。旅游者的年龄、性别、家庭结构、职业、受教育水平、经济收入、地理分布、民族与宗教信仰的差异都会影响旅游者的质量。

旅游广角 7-1

中国旅客运输量已经连续18年稳居全球前两位

2）旅游购买力

旅游购买力是指旅游者支付货币购买商品和劳务的能力，即消费水平。旅游是一种具有文化享受性的高消费产品，只有当旅游者的收入水平达到一定程度时，旅游者才有可能进行消费。旅游者的购买力水平通常由一个国家和地区的人均国民收入、居民的恩格尔系数、可自由支配收入等因素决定。

3）旅游购买欲望

旅游购买欲望是指旅游者受各种因素驱动而产生的对旅游产品的购买动机和购买愿望。购买动机和购买愿望是由旅游者的某种需求引发而产生的。只有当人有某种需求时，才会产生购买欲望；只有当人有购买欲望时，才会做出购买行为。旅游者对旅游产品的购买欲望一般来自以下动机：

①生理动机，如到自然风光美丽的地方度假、休息、放松、疗养，以及追求高质量的生活享受等。

②社交动机，如探亲访友、人际交往、了解异地的民俗风情、改变原有的人际环境等。

③商务动机，如经商、贸易、谈判、会议、公务出差等。

④文化动机，如修学培训、参观名胜古迹、增长见识、陶冶情操、文化交流等。

4）购买权利

购买权利是指旅游者在购买某种旅游产品时，是否受到法律制度、政治等因素的限制。如果受到限制，旅游者对这种产品就不具备购买权利。旅游目的地和客源地之间的政治和外交关系，国际旅游中的护照、签证、货币兑换等问题，都会对旅游者的购买权利构成障碍。即使市场再好，但如果这些市场上的旅游者没有购买权利，旅游企业也不能向其瞄准和定位。

以上四个要素是旅游市场的必备条件，就像汽车的四个轮子一样，缺一不可。四个要素是靠相乘关系，而非相加关系构成旅游市场的。

7.1.4 旅游市场的特点

任何市场都具有一些基本特征，旅游市场也是如此。旅游市场的主要特点包括整体性、差别性、季节性及不稳定性。

1）整体性

旅游者在购买旅游服务或产品的过程中不会只选择一种服务或产品，他们往往会同时购买几种服务或产品。例如，观光旅游者在选择去一个旅游景区进行观光游览时，也会同时选择交通运输、餐饮住宿、通信等服务部门提供的产品。因此，旅游零售商、旅游批发商、景区景点、运输企业、餐饮住宿企业，乃至旅游行政管理部门，都在为满足旅游者的旅游需求做出不同的贡献。这就要求旅游企业在为旅游者提供服务时，应与不同部门相互协作，共同满足旅游者在不同时间、不同方面的需求。

2）差别性

同一旅游市场在总体上表现为选择某一旅游产品进行旅游活动，但如果从旅游者的角度出发进行考虑，不同旅游者到同一旅游目的地进行旅游活动的差别还是相当大的。这种差别表现为：

①旅游目的的差别，是观光、度假，还是探亲访友。

②选择交通工具的差别，是选择飞机、火车，还是选择自驾车。

③住宿要求的差别，是选择高档酒店、青年旅馆，还是选择农家客栈。

④餐饮要求的差别，是品尝地方特色小吃，还是保持原有的饮食习惯等。

旅游市场的差别性是细分旅游市场的基础。针对不同细分市场的特点进行有针对性的市场营销，是旅游企业提高市场占有率的关键。

3）季节性

旅游市场的季节性受多方面因素的影响，主要表现为：

（1）受旅游资源季节性的影响

受自然条件和社会条件的制约，旅游资源在不同的季节表现出的旅游价值和可进入性不同，旅游者一般会选择旅游资源价值和可进入性比较高的时候前往旅游目的地。例如，我国北方一些山地景区，冬天时往往大雪封山，难以进入，因此冬季成为我国北方山地景区的旅游淡季；相反，对于一些以滑雪为主的景区来说，冬季便成为旅游旺季。

（2）受时间因素的影响

旅游者进行旅游活动的前提之一是具有充足的闲暇时间，而闲暇时间因旅游者的国籍、职业不同而存在差异。例如，我国国内旅游市场在国庆节和春节期间成为旺季，入境旅游市场在圣诞节前后成为旺季，学生市场则在暑假期间成为旺季等。

4）不稳定性

旅游作为一种满足人们基本生存需求后的较高层次的需求，受多种因素的影响，并且对这些影响的反应特别敏感。政治局势、双边关系、汇率、通货膨胀、重大活动或节庆、物价、突发事件等，都会导致旅游市场的规模、结构、流向等发生变化。例如，我国从1999年开始法定年节假日增至10天，掀起了旅游消费的热潮，促进了我国国内旅游市场的迅速成长；2020年暴发的新冠肺炎疫情使全球旅游市场受到重创，至今仍没有全面复苏。

旅游市场的不稳定性表明，要使旅游业快速、稳步地发展，必须加强对旅游市场的调查研究，经常性地分析影响旅游市场的各种因素，充分掌握和预测旅游市场的发展趋势，根据市场需求的变化不断开发和优化旅游市场。

7.1.5　旅游市场的分类

从不同的角度对旅游市场进行分类、分析，可以更深刻地认识旅游市场，把握旅游市场的变化规律。一般情况下，我们可以从地域、国境、旅游目的及旅游组织形式等不同的角度对旅游市场进行分类。

1）按地域划分旅游市场

世界旅游组织根据世界各地在地理、经济、文化、交通、旅游者流向及流量等方面的发展情况，对旅游者的来源地或国家进行分析，将世界旅游市场分为欧洲、美洲、东亚及太平洋、非洲、中东、南亚六大旅游市场。

现代旅游业发源于欧美，北美及西欧国家发达的经济、便捷的交通、不断简化的入境手续，使欧美地区无论在入境旅游人数还是出境旅游人数方面，长期处于领先地位。1960年，欧洲接待的国际旅游者占全球总额的72.6%，美洲接待的国际旅游者占全球总额的24.1%，两者相加，合计占当时全球总额的96.7%，可以说是绝对垄断了当时的国际旅游市场。这一年，东亚及太平洋地区仅接待国际旅游者68万人次，只占全球总额的1%。到1997年，欧洲接待的国际旅游者人数占全球的份额下降到58.9%，美洲接待的国际旅游者人数占全球的份额下降到19.9%，东亚及太平洋地区接待的国际旅游者人数占全球的份额猛增到18.4%。如今，这种趋势进一步发展。东亚及太平洋地区在世界旅游业中地位的大幅度提升得益于本地区各国都普遍重视旅游业的发展，其中尤以我国旅游业的发展最为迅猛、贡献最大。

2）按国境划分旅游市场

按国境的不同，旅游市场一般可分为国际旅游市场和国内旅游市场。

（1）国际旅游市场

国际旅游市场是指旅游活动超出国境线范围的市场，它还可以进一步划分为外国旅游者到本国各地的入境旅游市场和组织本国居民前往外国或地区旅游的出境旅游市场。入境旅游活动是旅游目的地国家或地区赚取外汇、促进本国或本地区经济发展的重要途径之一，所以世界上许多经济比较落后、大多数居民不具备出境旅游支付能力且国内旅游市场尚不成熟的发展中国家，都采取了"优先发展入境旅游业，其次发展国内旅游业，最后带动出境旅游业"的政策。

（2）国内旅游市场

国内旅游市场是指本国居民在国境线范围内进行旅游的市场。国内旅游市场在满足本国居民的物质生活和精神生活需要、促进国内经济流通和货币回笼等方面起着日益重要的作用。本国居民的生活水平越高，国内旅游市场越繁荣。

我国的国内旅游起步于20世纪80年代中期，90年代得到高速发展，特别是1999年法定年节假日增加以来，居民的旅游兴趣越来越浓，对旅游产品的需求也越来越多样化。

3）按旅游目的划分旅游市场

按旅游目的划分旅游市场是一种非常基本的方法，它为旅游产品的开发设计和营销组合策略的制定提供了依据。采用这种方法，旅游市场可细分为以下几类：

（1）观光旅游市场

观光旅游市场的旅游者主要以观光、游览为目的，到本国或异国观赏自然风光、奇峰异景、名胜古迹，了解各地的风俗习惯、民族风情，陶冶性情和增长知识。

（2）度假旅游市场

度假旅游市场的规模很大。度假旅游者的主要目的是休养生息，最大的需求是健康与娱乐。度假旅游者的停留时间长，重复旅游者所占比例较大。

（3）会议、商务旅游市场

会议旅游市场的特点是游客的身份较高、购买力强、停留时间长、旅游收益大。会议旅游者出行的目的是参加学术交流或进行某些业务往来，对住宿、饮食条件的要求高。商务旅游市场的游客需要豪华的住宿条件和优质的服务，消费水平也很高。会议、商务旅游者往往会在工作之余参与观光旅游活动。

（4）探亲访友旅游市场

这一市场的旅游者主要以探亲访友或寻根问祖为目的，他们并不在意住宿的条件和菜肴的味道，一般停留时间较长，对价格较敏感。

除以上几类旅游市场外，还有其后发展起来的奖励旅游市场、探险旅游市场、体育旅游市场、保健旅游市场、美食旅游市场、研学旅游市场等。

4）按旅游组织形式划分旅游市场

根据旅游组织形式的不同，旅游市场可划分为团体旅游市场和散客旅游市场。

（1）团体旅游市场

团体旅游市场一般是指人数在10人以上、以包价或小包价形式在出行前向旅行社购买既定旅游线路（产品）的旅游者群体。旅行社按照旅游者的需要向各单项旅游产品生产者，如交通企业、住宿企业等采购单项旅游产品，组合后整体销售给旅游者。

（2）散客旅游市场

散客旅游市场是指单个或自愿结伴的旅游者，按照兴趣、爱好自主进行旅游活动，自主选择各种单项旅游产品的旅游者群体。散客旅游者可以自行安排活动时间和内容，委托旅行社购买某方面的单项旅游产品（如要求旅行社代订往返交通票、代办签证、代办异地订房或提供导游服务等），或自行直接向旅游供应商购买各种单项旅游产品。

除了上述分类方法，我们还可以从其他角度来划分旅游市场，如根据季节划分的淡、旺季旅游市场，根据年龄划分的老年、中年、青少年旅游市场，根据国别划分的不同的客源国市场等。

课堂互动 7-1

旅游者、旅游购买力、旅游购买欲望和购买权利之间是以什么样的关系构成旅游市场的？

课堂互动 7-1

答案提示

7.2　旅游市场的流动

7.2.1　旅游流的概念

从旅游活动的表现形式来看，一次完整的旅游活动实际上是旅游者从居住地出发前往旅游目的地，再回到居住地的一个完整的、封闭的流动过程。在这个过程中，除了旅游者的流动外，还伴随着旅游信息、货币、物质及文化的流动，于是便产生了旅游流的概念。

狭义的旅游流是指旅游者流，即旅游者从客源地出发，凭借交通工具实现空间位移，在旅游目的地完成食、住、行、游、购、娱等活动后，再返回到客源地而形成的人流。广义的旅游流是以旅游客流为主体，涵盖旅游信息流、旅游物资流和旅游能量流的一个复杂系统，即旅游客源地与目的地之间，或旅游目的地与目的地之间的单向、双向旅游客流、信息流、资金流、物资流、能量流和文化流的集合。旅游流具有流向、流量、流速和质量等衡量指标。

1）旅游流的流向

旅游流的流向是指旅游者在旅游过程中所经过的旅游路线，它反映了旅游目的地与客源地之间的关联方式和途径。受各种复杂因素的影响，旅游目的地和旅游客源地之间的关联状态在各国、各地区之间有不同的表现。

从旅游的全过程来看，旅游流的流向是一个封闭的环形，旅游者总是从居住地出发到达目的地，旅游活动结束后再回到居住地。在这个过程中，客源地、目的地及二者之间的旅游交通通道是决定旅游流向的三个主要组成部分。利珀（Leiper）提出的旅游流的流动过程（如图 7-1 所示）可以很好地说明这一点。

2）旅游流的流量

旅游流的流量是指旅游流在单位时间内和一定空间内形成的规模。对旅游目的地

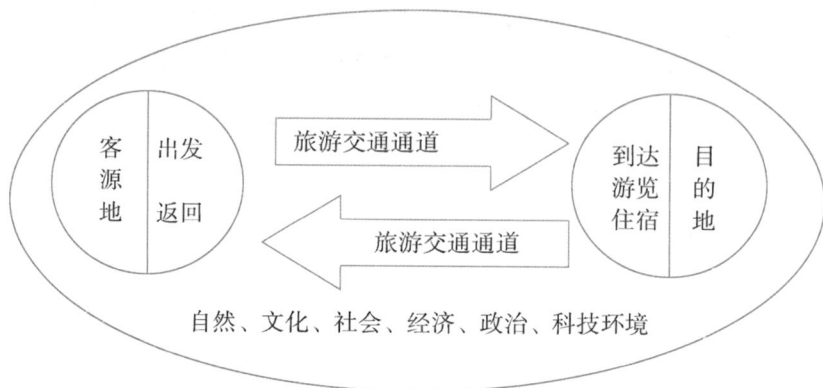

图 7-1　旅游流的流动过程

而言，持续、均衡、大规模的旅游流具有十分重要的意义。在很多著名的旅游胜地，最明显的标志就是每年都接待了大量的来自世界各地的旅游者。

世界各国在旅游流流量的问题上面临的挑战是不同的，具体来看包括以下两个方面：

（1）旅游流流量的大小

一些老牌的旅游目的地面临着旅游流流量不断增大带来的压力问题，如治安问题、通货膨胀问题、文化冲突等；一些后发型的旅游目的地则面临着如何扩大旅游流流量、带动地方经济发展的问题。

（2）旅游流流量分布的季节性

受不同社会制度的影响，各国、各地区的旅游者进行旅游活动的时间具有一定的季节性，也相应地形成了旅游流的季节性，从而形成了旅游目的地的淡季和旺季。淡季时，旅游流的流量小，旅游接待设施闲置，旅游经济效益低下；旺季时，旅游流的流量大，旅游接待设施拥挤，旅游经济效益高，对旅游资源的破坏较大。

3）旅游流的流速

旅游流的流速是指旅游流的周转速度，主要受交通工具和旅游者在旅游目的地停留时间的影响。无论是从社会文化角度还是经济角度考虑，旅游者在目的地停留时间的长短都会极大地影响当地社会经济的发展。旅游者停留时间短，则旅游者与当地居民的接触少，对当地的社会文化的了解也少，受当地文化的影响也相应较小，同样对当地居民生活和文化的影响也较小；同时，旅游者停留时间短，旅游者进行的旅游消费项目也较少，对当地经济的贡献度也相应较低。

我国每年接待的海外旅游者在各省市的停留时间长短不一，一方面有区位因素的影响，另一方面也表明了各省市在旅游产品开发的深度和广度及旅游资源结构上存在着差异。

4）旅游流的质量

旅游流的质量是指单位旅游流对地方经济、社会的影响，主要是指旅游者的文化素质、消费水平。文化素质高的旅游者对旅游目的地的文化影响较大，又由于其在旅游目的地的消费水平较高，因此其对当地的经济影响也相应较大。

7.2.2　旅游流的规律

1）旅游流由近及远逐渐减小，以短距离旅游为主

不论是国际旅游流还是国内旅游流，都呈现出以短距离为主的特点。其原因有以下三点：一是短距离旅游相对于远距离旅游来说，所需时间短，旅游者出游频率高；二是短距离旅游花费较少，大多数旅游者都能承受；三是短距离旅游交通便利，更利于旅游者出游。虽然短距离旅游无论是在现在还是在未来，都是旅游者出游的主要选择，但是随着经济的发展、旅游者收入的不断增多、科技水平的提高、交通条件的改善，远程旅游流将呈现出不断增长的趋势。

2）旅游流多流向旅游景观优美的地区和政治、经济、文化中心

爱美之心，人皆有之。高质量的旅游资源是旅游业能够蓬勃发展的基础，桂林漓江、四川九寨沟等都是吸引旅游流的重要旅游资源。政治、经济、文化中心拥有其他地区不能比拟的优势，往往是一个国家或地区的交通中心，因此成为旅游者的集散中心，如北京、上海、广州等。

7.2.3　我国旅游客源市场的空间分布

1）入境旅游市场

我国旅游业是从优先发展入境旅游市场的模式起步的。改革开放以来，我国的入境旅游市场规模持续扩大，入境旅游收入不断增加，旅游业成为我国经济发展中新的增长点。中华人民共和国文化和旅游部发布的《2019年旅游市场基本情况》显示：2019年，我国入境旅游人数1.45亿人次，比上年同期增长2.9%。其中，外国人3 188万人次，增长4.4%；香港同胞8 050万人次，增长1.4%；澳门同胞2 679万人次，增长6.5%；台湾同胞613万人次，与上年同期基本持平。

2020年以来，受新冠肺炎疫情影响，我国入境旅游人数大幅下降。

（1）入境旅游流的运动规律

我国入境旅游流的运动规律主要表现为：

①入境旅游流在流向上明显受地理位置、经济条件和文化差异等因素的影响。首先，从客源地所处的地理位置和经济条件上看，客源地相对集中，客源市场分化明显。我国历年来接待的入境旅游者，一方面主要集中在韩国、日本等与我国距离较近的国家；另一方面受客源地经济发展水平的影响，在旅游流的流量上差别较大。其次，从旅游者的旅游偏好上看，入境旅游者对以中华文化为背景的旅游景观尤其感兴趣，适当的文化差异成为吸引入境旅游者的重要因素。旅游偏好决定了北京、西安、苏州、杭州等历史文化名城和张家界、桂林、九寨沟等以自然景观著称的旅游目的地

成为入境旅游流的重要流向地。

②从入境旅游流运动的时间上看，一方面，具有明显的季节性，如欧美地区旅游流在圣诞节前后比较集中，而中国港澳台地区旅游流则在春节期间达到高峰；另一方面，入境旅游流的停留时间差别较大，欧美地区旅游流的停留时间较长，中国港澳台地区旅游流的停留时间较短。

（2）主要入境旅游客源市场

2019年，我国主要国际客源市场入境旅游人数排名前20位的国家依次为：缅甸、越南、韩国、俄罗斯、日本、美国、蒙古国、马来西亚、菲律宾、新加坡、印度、泰国、加拿大、澳大利亚、印度尼西亚、德国、英国、朝鲜、法国、意大利（其中缅甸、越南、蒙古国、印度、朝鲜含边民旅华人数）。

①韩国市场。自1992年建交以来，韩国与中国在政治、经济、文化等方面的交流便进入了高速增长期。在韩国出境旅游目的地的排名中，中国1990年排在第14位，1994年跃升为第4位，1995年升到第3位，1998年升到第2位，2001年取代日本，成为韩国最大的旅游目的地国。

②日本市场。日本经济的迅速发展，使日本成为世界上人均GDP最高的国家之一，这也为日本出国旅游市场的增长提供了坚实的经济基础。日本与我国地理位置邻近，文化上颇有渊源，因此日本一直以来都是我国主要的国际客源市场之一。

③俄罗斯市场。中俄人民之间深厚的传统友谊、两国之间良好的国际关系及密切的地缘因素，使得俄罗斯逐步成长为我国主要的旅游客源国之一。

④美国及北美市场。美国作为经济大国，在国际旅游市场中占有举足轻重的地位。2002年，中国接待美国旅游者112万人次，美国成为我国第四个入境旅游者人数超过百万的客源国。未来，我国旅游企业必须有计划、有组织地开拓美国市场，从而使美国客源市场获得进一步的发展。除美国外，北美其他国家也是我国旅游业发展的重要依托。北美地区的人口规模、经济发展水平和人口受教育程度等条件，决定了该地区是世界上国际旅游的重要客源地。

⑤欧洲市场。欧洲一直是世界上主要的旅游客源地，其中，德国、英国是我国的主要客源国。

⑥东南亚市场。20世纪80年代以来，东南亚各国经济迅速发展，促进了出境旅游市场的发展，尤其是近距离的出境旅游。缅甸、越南、马来西亚、菲律宾、新加坡等国家成为东南亚来华旅游的主要客源国，是我国入境旅游市场中不可忽视的力量。

2）国内旅游市场

我国人口众多，经济发展迅速，国内旅游市场具有非常广阔的发展前景。自20世纪80年代开始发展至今，我国国内旅游市场已经具有相当可观的规模，虽然受新冠肺炎疫情影响一度出现断崖式下降，但是在疫情控制向好的大背景下，复苏仍然是行业的主题。2021年，我国国内旅游市场有序恢复，假日旅游有力带动了全年旅游消费，局部地区旅游热度不断攀升。1984—2021年中国国内旅游人数与收入情况统计见表7-1。

表 7-1　　　　　1984—2021年中国国内旅游人数与收入情况统计

年份	国内旅游人数 （亿人次）	增长率 （%）	国内旅游收入 （亿元）	增长率 （%）
1984	2.00	—	—	—
1985	2.40	20.0	80.00	—
1986	2.70	12.5	106.00	32.5
1987	2.90	7.4	140.00	32.1
1988	3.00	3.4	187.00	33.6
1989	2.40	−20.0	150.00	−19.8
1990	2.80	16.7	170.00	13.3
1991	3.00	7.1	200.00	17.6
1992	3.30	10.0	250.00	25.0
1993	4.10	24.2	864.00	—
1994	5.20	26.8	1 023.50	18.5
1995	6.30	21.2	1 375.70	34.4
1996	6.40	1.6	1 638.40	19.1
1997	6.40	0.0	2 112.70	28.9
1998	7.00	9.4	2 391.20	13.2
1999	7.20	2.9	2 831.90	18.4
2000	7.40	2.8	3 175.50	12.1
2001	7.80	5.4	3 522.40	10.9
2002	8.80	12.8	3 878.40	10.1
2003	8.70	−1.1	3 442.30	−11.2
2004	11.00	26.4	4 710.70	36.8
2005	12.10	10.0	5 285.90	12.2
2006	13.94	15.0	6 229.74	17.9
2007	16.10	15.5	7 770.62	24.7
2008	17.12	6.3	8 749.30	12.6
2009	19.02	11.1	10 183.69	16.4

续表

年份	国内旅游人数（亿人次）	增长率（%）	国内旅游收入（亿元）	增长率（%）
2010	21.03	10.6	12 579.77	23.5
2011	26.41	13.2	19 305.39	23.6
2012	29.57	12.0	22 706.22	17.6
2013	32.62	10.3	26 276.12	15.7
2014	36.11	10.7	30 312.00	15.4
2015	39.90	10.5	34 195.10	13.0
2016	44.35	11.2	39 390.00	15.2
2017	50.01	12.8	45 661.00	15.9
2018	55.39	10.8	51 278.00	12.3
2019	60.06	8.4	57 251.00	11.7
2020	28.79	−52.1	22 286.00	−61.1
2021	32.46	12.8	29 191.00	31.00

说明：表内数据根据历年国民经济和社会发展统计公报数据整理，部分数据误差为四舍五入所致，可忽略不计。

育德启智 7-1

进一步提升
文化和旅游
市场信用管理
法治化水平

从表 7-1 中可以看出，除 1989 年、2003 年、2020 年国内旅游人数与收入明显下滑外，其他年份国内旅游市场均保持增长态势。国内旅游市场蓬勃发展的主要原因在于：一是我国经济持续健康发展，人民收入持续增加，为国内旅游的发展打下了坚实的物质基础；二是我国的基础设施建设逐步完善，高速铁路、高速公路、航空等交通设施发展迅速，住宿、餐饮等接待设施类型齐全，这些都为旅游者出游提供了极大的便利；三是人们闲暇时间增多，闲暇时间的增多使国民出游欲望的实现成为可能，旅游成为人民生活的基本组成部分。

🔄 **课堂互动 7-2**

随着客源地与目的地之间距离的缩短，旅游流如何变化？

课堂互动 7-2

答案提示

7.3　旅游市场细分

7.3.1　旅游市场细分的概念

所谓旅游市场细分，实际上就是在对旅游市场进行调查的基础上，依据旅游者的需要、行为、习惯等方面的差异性，把整个旅游市场划分成若干个旅游者群的过程。旅游企业通过市场细分，制定不同的营销组合，不同的旅游产品、价格、营销渠道、促销方法等，以便更好地满足不同旅游消费者不断变化着的需求。另外，旅游市场细分可以使旅游经营者更清晰地认识市场，通过对市场的各种特性进行整理、观察和分析，进而发现新的市场机会，挖掘出新的市场特性。在旅游市场被按照一定特性切割之后，旅游企业可以找出对自己最关键的市场部分，利用自身有限的资源集中对这部分市场进行开发和拓展。这样就能使资源得到充分利用，使企业的行为效率最大化。

7.3.2　旅游市场细分的标准

要进行有效的市场细分，就必须找到科学的细分标准。每个旅游者都有许多特点，如年龄、职业、文化程度、购买习惯等，这些特点正是导致旅游者的需求出现差异的因素，因此每一个因素都可以作为对市场实施细分的标准。总体来说，旅游市场可以按照以下几种标准进行细分：

1）地理细分

按地理因素细分旅游市场是一种传统的、至今仍被普遍重视的细分方法。这种方法比较简单易行，且资料容易得到。我们通常所说的国内旅游市场和国际旅游市场就是按国界进行市场细分的。按照客源国与接待国之间距离的不同，还可分为远程旅游市场和近程旅游市场（或称邻近国旅游市场）。此外，地区、城市、乡村、不同的气候带、地形地貌等也可以作为地理细分的标准。

2）人口细分

人口细分是将旅游市场以人口统计变量，如年龄、收入、受教育程度、职业、种族、性别、宗教、家庭规模、社会阶层等为基础划分成不同的群体，这些变量往往易于识别且便于衡量。一般情况下，旅游企业可选择其中的一个或几个变量作为划分标准。例如，旅行社可以按照家庭生命周期将旅游市场划分为新婚家庭、中年家庭和老年家庭三个子市场，从而相应地推出"新婚旅游"、"合家欢旅游"和"追忆往昔旅游"等不同的旅游产品来满足旅游者个性化的需要。

3）心理细分

旅游者在心理上也具有许多不同的特征，如旅游动机、生活方式、兴趣爱好、价值取向、旅游习惯等，心理细分就是按照这些标准对旅游市场进行细分。人们在旅游活动中主要是为了获得心理上或精神上的满足，而人与人之间在心理上或精神上的满足又存在很大的差异性。例如，有的人旅游是为了寻求刺激，有的人旅游是为了寻求安宁。因此，旅游经营者应利用这种差异对市场进行细分，创造不同的市场特色。不同的心理需求、不同的个性，使消费者具有不同的购买动机，他们有的追求新颖，有的追求实用，有的则只求物美价廉。由于消费者的心理需求具有多样性、时代性、可诱导性，因此有时心理因素是很难严格加以判定、量化和把握的，但它对旅游市场的划分是极为有效的。根据旅游动机的不同，酒店住宿的客人可分为公务客人和度假客人，与之对应的细分市场就是公务旅游市场和休闲旅游市场。酒店应根据自身情况，确定自己的目标市场。

4）行为细分

不同的旅游者在行为上往往会有很大的差异，因此按照旅游者的行为进行市场细分是很有效的。依据购买组织形式的不同，旅游市场可细分为团体旅游市场和散客旅游市场两类，这也是旅游市场最基本的细分形式之一。近些年来，散客旅游市场得到了很大的发展，并成为世界旅游市场的主体。同时，散客旅游市场的形式也日益复杂多样，出现了独自旅游、结伴同游、家庭旅游、小组旅游等形式。比如，有些旅游者在旅游时只乘坐某一家航空公司的飞机或只住某一品牌的酒店，因此航空公司和酒店可以按照这种行为习惯将旅游者分为坚定的品牌忠诚者、转移型的品牌忠诚者和无品牌偏好者，然后通过一系列市场营销活动来扩大市场占有率。

旅游广角 7-2

自驾游将成
中国车市
"第一诉求"

7.3.3 旅游市场细分的原则

要使旅游市场细分真正发挥作用，必须遵循以下原则：

1）可衡量性

可衡量性是指各细分市场的需求特征、购买行为等要能够被明显区分开来，各细分市场的规模和购买力情况等要能够被具体测量出来。要做到这一点，就要保证所选择的细分标准清楚明确，能够被定量地测定，这样才能划分出各细分市场的界限。另外，所选择的标准要与旅游者的某种或某些旅游购买行为有必然的联系，这样才能使各细分市场的特征明显，且范围比较清晰。

2）可盈利性

可盈利性是指细分出的市场在顾客人数和购买力上足以保证企业能够取得良好的经济效益。首先，必须保证细分市场的相对稳定性，也就是说，企业在占领市场后的相当一段时期内，不能改变自己的目标市场，以便于企业制定较长期的经营策略。其次，不仅要保证企业的短期利润，还必须有一定的发展潜力，即保证企业能够在较长时期内获得经济效益，从而不断提高企业的竞争能力。

3）可进入性

可进入性是指经过细分后确定的目标市场要使旅游产品有条件进入并能占有一定的市场份额。旅游企业必须从实际出发，以保证细分出的市场是企业的人力、物力、财力等资源所能达到的，是企业经营力所能及的，而不能贸然地去开拓。此外，旅游企业要保证营销人员能够与客源市场进行有效的信息沟通，并且具有畅通的销售渠道，这对于具有异地性的旅游市场而言尤其重要。

7.3.4 旅游市场细分的步骤

市场细分一般由以下六个相互关联的步骤组成：

1）确定市场范围

旅游企业在确定了总体经营方向和经营目标之后，必须确定其经营的市场范围，这项工作是旅游企业市场细分的基础。市场范围是以旅游者的需求为着眼点确定的，因此通过调查分析市场需求是必要的。同时，旅游企业应充分考虑自己的经营目标和资源，从广泛的市场需求中选择自己有能力服务的市场范围，不宜过窄或过宽。

2）了解客源市场，确定潜在的市场需求

在确定了市场范围后，旅游企业应根据市场细分的标准和方法，了解市场范围内所有现实和潜在顾客的需求，并尽可能进行详细的归类，以便针对旅游者需求的差异性，决定采用何种市场细分变量，从而为市场细分提供依据。

3）分析可能存在的细分市场

旅游企业应通过分析不同旅游者的需求，找出旅游者需求类型的地区分布、人口特征、购买行为等方面的情况，从而判断出可能存在的细分市场。

4）确定主要的细分市场

旅游企业应分析哪些需求因素是重要的，并将自身的实际情况与各细分市场的特征进行比较，最终筛选出最能发挥本企业优势和特点的细分市场。

5）评价初步细分的结果，进一步了解各细分市场的消费需求和购买行为

通过深入分析各细分市场的需求，旅游企业应了解旅游市场上消费者的购买心理、购买行为等，并对各细分市场进行必要的分解或合并。这项工作能够帮助旅游企业寻找并发现最终的目标市场。

6）分析各细分市场的规模和潜力

在前面几个步骤完成后，各细分市场的类型已基本确定，此时旅游企业应估算各细分市场的潜在销售量、竞争状况、盈利能力、发展趋势等，找出市场的主攻方向。

7.4 旅游市场调查

运用科学的方法和手段，加强对旅游市场的调查和预测，同时对旅游市场进行分析，掌握市场情况，充分挖掘现有市场的潜力，提高市场占有率，开发新的旅游市场，是旅游企业、旅游目的地持续发展的重要条件。

7.4.1 旅游市场调查的内容

系统的市场调查起源于美国。20世纪初期，美国就有了用来询问用户意见和建议的期刊调查表。20世纪30年代，美国运用抽样调查法分析归纳了当时选民对总统候选人的态度，准确预测了大选的结果。从此，市场调查成为一门学科，其理论和实践也日益丰富和完善。市场调查主要涉及数学、统计学、心理学、一般经济理论和社会学等基础学科知识，学者们常把市场调查称为现代市场营销理论应用的基础。市场调查的目的在于运用科学的方法和手段，系统地、有目的地收集、分析、研究市场信息，做出评价后，提出建议，从而为企业的经营决策和市场营销提供有力的依据，推动企业、行业、国家（地区）的健康、持续发展。

由于旅游市场的变化因素很多，因此旅游市场调查的内容也十分广泛。一般来说，旅游市场调查的内容包括以下几个方面：

1）旅游市场环境调查

旅游企业是社会经济的一个细胞，是整个社会经济建设有机整体的一部分。旅游企业的生存与发展是以旅游市场环境为条件的，旅游市场环境是不可控因素，旅游企业必须主动适应旅游市场环境。所以，旅游企业在开展经营活动之前，或在准备进入一个新开拓的市场时，必须对旅游市场环境进行调查。

旅游市场环境调查包括以下内容：

①政治法律环境调查。政治环境调查包括对国内外政治形势、国家有关方针政策、国家有关发展旅游业的政策措施等方面的调查。法律环境调查包括对国家有关影响旅游市场经营的法律、法规和规章，主要客源国有关影响旅游市场经营的法律、法规和规章，各地区颁布的影响旅游市场经营的地方性法规等方面的调查。

②经济环境调查。这是调查整个国家及主要客源国或地区经济环境的变化对旅游企业经营的影响，以此判断和确定旅游企业的服务方向。

③科学技术发展动态调查。这包括世界科学技术的现状和发展趋势、国内外旅游行业科学技术的现状和发展趋势、本企业所需科学技术的现状和发展趋势等方面的调查。

④社会文化环境调查。这包括旅游目的地和客源地居民的价值观念、受教育程度与文化水平、职业构成、民族分布、宗教信仰、风俗习惯、社会审美观念、文化禁忌等方面的调查。

⑤地理环境调查。这包括区位条件、地质条件、自然条件、气候条件、交通条件及物产等方面的调查。

2）旅游市场需求调查

旅游市场需求是指在一定时期内旅游者愿意购买并且能够购买的旅游产品的数量，它是决定旅游市场购买力和市场规模大小的主要因素。对旅游市场需求进行调查，就是要熟悉旅游者，掌握旅游者需求的变化规律，从而满足旅游者的需求。

旅游市场需求调查主要包括以下内容：

①旅游者的构成及特点调查。这包括旅游者现实与潜在的数量、收入与闲暇时间，旅游者的地区分布、年龄、性别、职业等特征，旅游者的消费构成（行、游、住、食、购、娱等方面的花费）、停留时间等方面的调查。

②影响旅游者需求的各种因素调查。这包括旅游者购买力的大小，风俗习惯、文化水平、民族特点对旅游者需求的影响，旅游者的购买动机等方面的调查。

③旅游者现实需求和潜在需求调查。

旅游广角 7-3

河北启动北京游客市场调查活动

3）旅游市场供给调查

旅游市场供给调查主要包括以下内容：

①旅游基础供给调查。旅游基础供给是指为直接满足旅游者的需求而提供的设施、设备和服务。旅游基础供给调查包括对旅游资源、旅游设施和旅游服务等一切与旅游者发生关系的供给部分的调查。

②旅游辅助供给调查。旅游辅助供给是指为旅游基础供给提供服务的基础设施。旅游辅助供给调查包括供水系统、供电系统、供气系统、污水处理系统、通信系统，以及旅游目的地的地上和地下建筑等方面的调查。

4）竞争对手调查

"知彼知己，百战不殆。"但要想掌握竞争对手的情况，进行市场调查是一个重要途径。

竞争对手调查主要包括以下内容：

①调查在全国或一个地区内有哪些同类型的旅游企业，这些企业的实力如何。所谓企业实力，是指企业满足市场需求的能力，包括生产能力、技术能力和销售能力等因素。调查这些旅游企业中，谁是最主要的竞争者，谁是潜在的竞争者。

②调查主要竞争者的旅游产品市场分布如何、市场占有率多大，及其对本企业旅游产品的销售有何影响。所谓市场占有率，是指一个企业的某种旅游产品在市场销售的同类产品中所占的比重。市场占有率在很大程度上反映了企业的竞争地位和盈利能力。

③调查主要竞争者采取了哪些市场营销组合策略，以及这些营销组合策略发生作用后对企业的生产经营产生了何种程度的影响。

5）旅游市场营销调查

旅游市场营销活动是指包括旅游产品、价格、分销渠道和促销在内的营销组合活动。只有进行旅游市场营销调查，才能掌握企业市场营销的有关情况，从而及时改善营销工作。

旅游市场营销调查主要包括以下内容：

①旅游产品调查。这里的旅游产品是指由旅游资源、旅游设施和旅游服务组合而成的旅游服务产品。旅游产品调查包括旅游产品的生命周期、市场占有率和销售潜

力，以及旅游者评价等方面的调查。

②旅游价格调查。这包括旅游产品的定价是否合理、旅游者对旅游产品价格的反应、旅游产品价格的供给弹性和需求弹性、各种旅游产品差价及优惠水平是否合理、开发新的旅游产品如何定价等方面的调查。

③旅游分销渠道调查。这包括旅游产品分销渠道的数量、分布和销售业绩，现有分销渠道是否畅通，市场上主要的中间商，分销渠道策略的实施、评估和调整情况等方面的调查。

④旅游促销调查。这包括促销对象的类型，促销方式和发送渠道的选择，广告、人员推广、公共关系等促销方式是否为促销对象所接受，促销投入预算，促销效果评估等方面的调查。

旅游广角7-4

大数据时代干旅游得会这"三招"

7.4.2 旅游市场调查的方法

旅游市场调查方法的选择合理与否，会直接影响调查结果。因此，合理选用调查方法是旅游市场调查工作的重要一环。旅游市场调查的基本方法可分为如下三类：

1）询问法

询问法是指由调查者先拟出调查提纲，然后以提问的方式请被调查者回答，以此来收集资料的方法。询问法具体包括面谈调查法、电话调查法、邮寄调查法和问卷调查法等。

2）观察法

观察法是指由调查者到现场观察被调查者的行动，或者安装仪器进行录音和拍摄（如使用照相机、摄影机、录音机或者某些特定的仪器），以此来收集资料的方法。观察法能客观地获得准确性较高的第一手资料，但调查面较窄，花费时间较长。

3）实验法

实验法是指某种旅游产品在大批量开发之前，先小批量向市场投放，进行销售实验，通过观察和收集旅游者的反应来获得情报资料的方法，也称"市场实验法"。

7.4.3 旅游市场调查的程序

有效的市场调查分为以下五个步骤：

1）明确问题和调查目标

明确问题和调查目标是市场调查的重要前提。正如人们所说，良好的开端等于成功的一半。在进行正式调查之前，旅游市场调查人员必须弄清楚为什么调查、调查什么问题、解决什么问题，然后确定调查目标、调查对象、调查内容及调查方法。

2）制订调查计划

制订调查计划的目的是使调查工作有秩序、有计划地进行，以保证调查目的得以实现。这包括调查方案设计、组织机构设置、时间安排、费用预算等。

3）收集资料

调查计划确定之后，旅游市场调查人员就要开始系统地收集资料。对于市场调查活动来说，收集资料通常是耗时最长、花费最大，而且最容易出差错的过程，整个调查活动的效果与准确性均与这个过程直接相关。这个阶段的主要任务是系统收集各种资料，包括一手资料与二手资料。

4）分析信息

资料收集完成后，旅游市场调查人员应对资料进行整理、分析，从中提取与调查目标相关的信息。分析信息主要有两种方法：一是统计分析方法，如计算综合指标（绝对数、相对数及平均数）、时间序列分析、指数分析、回归分析、因素分析等。二是模型分析法，模型是专门设计出来的、表达现实中真实的系统或过程的一组相互联系的变量及其关系。

5）编写调查报告

旅游市场调查人员需要将最终的调查结果写成调查报告，所以调查活动最终结果的体现就是调查报告。

🔄 **课堂互动7-3**

旅行社所说的团队市场和散客市场是按什么标准进行划分的？

本章小结

在商品经济条件下，商品与市场是联系在一起的，现代经济是市场经济，就是以市场调节为基础来主导社会资源的经济运行形态。旅游产品作为一种商品，也必然参与市场经济，形成旅游市场。旅游市场不同于一般商品市场，它是由旅游者、旅游购买力、旅游购买欲望和购买权利共同构成的，受多方面因素的影响，具有较强的季节性和不稳定性。旅游企业要想在激烈的市场竞争中立足，提高市场占有率，就要进行旅游市场调查和细分，针对不同的目标市场采取行之有效的市场营销措施，这样才能取得预期的效果。本章先后介绍了旅游市场、旅游流、旅游市场细分和旅游市场调查的方法和步骤，对旅游企业开展旅游市场营销活动具有重要的指导意义。

本章的重点是掌握旅游市场的概念及构成要素、旅游市场细分的方法和步骤；难点是认识旅游流的规律，把握旅游市场细分的标准和方法。

主要概念

　旅游市场　旅游流　旅游市场细分　旅游市场调查

育德启智7-2
2021年国内游客满意度达到历史最高水平

课堂互动7-3
答案提示

边听边学7-1
本章小结

边听边学7-2
主要概念

基础训练 📝

7.1 填空题

1）旅游市场由＿＿＿＿＿、＿＿＿＿＿、＿＿＿＿＿和＿＿＿＿四个要素构成。

2）旅游流的流速是指旅游流的＿＿＿＿＿，主要受交通工具和在旅游目的地停留时间的影响。

3）旅游市场细分的标准主要有地理细分、＿＿＿＿＿、＿＿＿＿＿和＿＿＿＿四种。

4）常用的旅游市场调查方法有＿＿＿＿＿、＿＿＿＿＿和＿＿＿＿＿。

7.2 简答题

1）简述旅游市场的构成要素。

2）旅游市场具有哪些特点？

3）简述旅游流的规律。

4）旅游市场细分应遵循哪些原则？

5）旅游市场调查的一般程序是什么？

7.3 案例分析题

调查显示：中国最舍得为旅游买单的是60后

2021年4月在北京发布的一项调查结果显示，中国的60后群体已经成为个人旅游消费主力。2020年，有超过23.9%的60后个人旅游消费开支超过5 000元。

2021年4月28日，中国社会科学院财经战略研究院、中国社会科学院旅游研究中心及社会科学文献出版社共同在北京发布了《旅游绿皮书：2020—2021年中国旅游发展分析与预测》，书中披露了一组通过网络开展的全国性调查数据。

调查通过主问卷和补充问卷配合的方式展开。经过样本回收与清洗，共收集主问卷（A卷）8 686份，其中有效问卷6 383份，主要聚焦于旅游活动、旅游时间和旅游消费；共收集补充问卷（B卷）8 413份，其中有效问卷5 837份，主要聚焦于旅游动机、旅游障碍和旅游关注因素等。

本次调查发现，中国的60后已经成为个人旅游消费主力，80后成为家庭旅游消费主力。调查通过9个消费区间来了解受访者的旅游消费情况，分别为"0元""1 000元及以下""1 001~3 000元""3 001~5 000元""5 001~8 000元""8 001~10 000元""10 001~20 000元""20 001~40 000元""40 000元以上"，根据这9个区间形成了"0元以上""1 000元以上""3 000元以上""5 000元以上""8 000元以上""10 000元以上""20 000元以上""40 000元以上"8个累计分类区间。

从8个累计分类区间来看，不同年龄段受访者的旅游消费存在差异。

在个人旅游消费开支方面，数据显示，2020年，有超过23.9%的60后个人旅游消费开支超过5 000元，70后、80后、90后、00后的这一比例分别为20.8%、23.8%、19.4%、7.9%。相比其他年龄段受访者，60后在财富积累和休闲时间方面都更为富足，是个人旅游消费主力。

在家庭旅游消费开支方面，80后是消费主力。2020年，超过46%的80后受访者家庭旅游消费开支超过 5 000 元，23.9% 的 80 后受访者家庭旅游消费开支超过万元。

　　资料来源　张尼. 豪横！中国最舍得为旅游买单的居然是 60 后 ［EB/OL］. ［2021-04-28］. https：//www.chinanews.com.cn/sh/2021/04-28/9466642.shtml.

　　问题：根据上述调查分析的结果，你认为旅游企业应如何做好旅游产品策划？

实践训练 ✔ ────────────●

　　在老师的指导下，编制调查问卷，调查所在地旅游者的结构特征，同时结合本章所学内容和调查结果对所在地的旅游市场进行细分。

第 8 章

旅游影响

【学习目标】

1. 了解旅游影响的概念及基本性质；
2. 掌握旅游对经济、社会文化及环境方面的影响，并能结合自己熟悉的旅游地对旅游影响进行综合分析；
3. 树立辩证唯物主义世界观，提高旅游环境保护意识。

【知识导图】

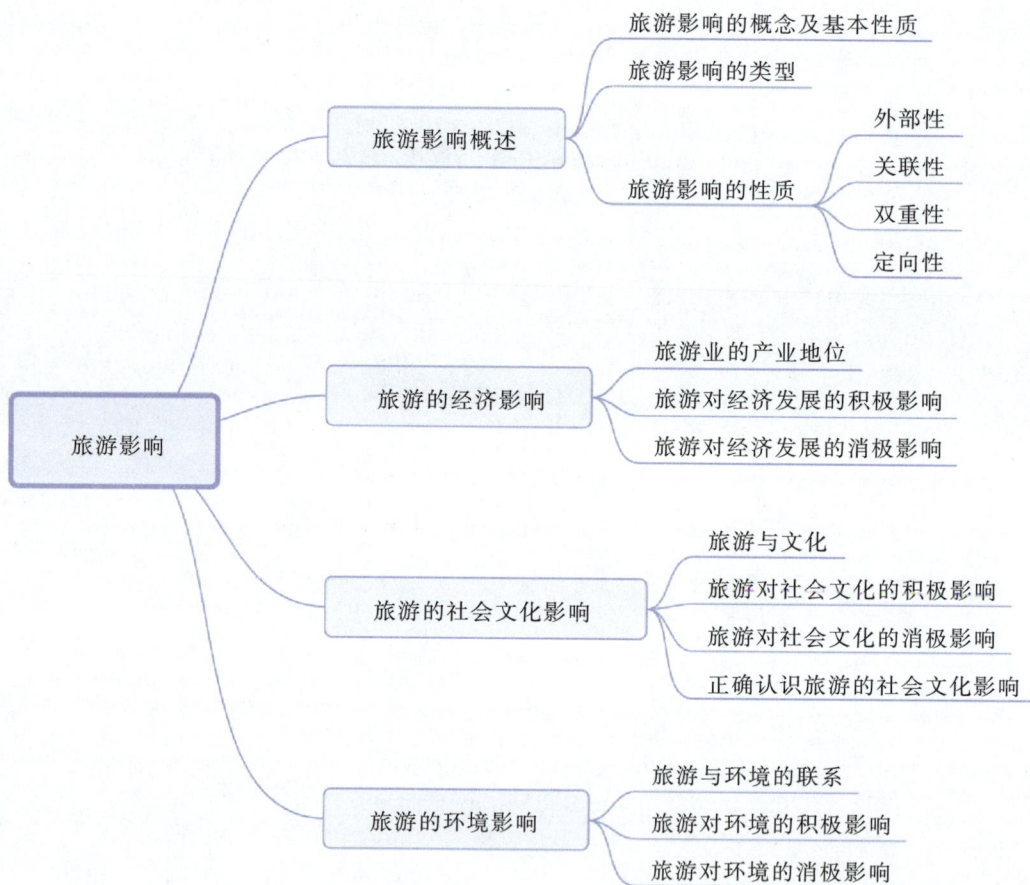

引例

旅游扶贫　做大幸福产业

2018—2020年，世界旅游联盟连续3年与中国国际扶贫中心、世界银行合作，共同发布了3本《世界旅游联盟旅游减贫案例》，在全球范围内累计收录了100个旅游减贫案例，其中90%来自中国。这些案例生动地记录了旅游为当地发展寻找"出路"的历程和带来的改变，展示了中国旅游减贫的经验，为全球贫困治理提供了中国方案。

修道路　"公路是咱的希望路"

许多贫困地区自然风光秀丽，却藏在深山，难以抵达。过去，可达性成为阻碍这些地方发展的"拦路虎"。"要想富，先修路"是这些地方脱贫的第一步。

在安徽安庆，已建成的旅游扶贫路超过1 000千米，连接产业园区近百个、种养基地近千个，公路沿线新增采摘园、农家乐等300余家。这些道路为贫困地区带去的不仅是交通便利，更是兴旺的人气和财气。每年这里都会举办岳西映山红节、望江油菜花节以及宜秀区梨花节等节庆活动，初步形成了"一路一风景、一村一幅画、一地一特色"的乡村品牌，吸引了大量游客，让原本"默默无语"的乡村自然资源成为村民致富的钱袋子。

找思路　村民精神面貌为之一新

思路决定出路，这一点在旅游扶贫中体现得尤为明显。细看《世界旅游联盟旅游减贫案例》不难发现，找到能充分发掘自身特色、利用自身资源优势的旅游发展思路，是这些成功地区的共同特点。

例如，广西河池市巴马瑶族自治县充分发挥自身的生态优势，发展特色养生旅游；山东沂南走出了一条全域旅游理念下革命老区的脱贫路；河南信阳新县田铺大塆村则在保护性开发豫南特色民居的基础上创新发展，形成了"文创小店+乡舍农家+特色商品"的发展模式。

"扶智"是旅游扶贫带给当地最大的益处，村民的观念变了，精神面貌也为之一新，从曾经的"各扫门前雪"，到现在每个人主动保护村容村貌；从过去的不爱护环境，到如今的积极绿化，村民由骨子里认同"绿水青山就是金山银山"的理念。村子的整体发展理念也变了，村民不再靠消耗资源来换取收益，眼光变得更长远，绿色、可持续成为指引村庄发展的关键词。

开销路　创造更多经济效益

发展旅游让当地脱了贫，如何让这些地方具备持续发展的能力，让旅游产业真正成为富民的幸福产业？构建"食、住、行、游、购、娱"的完整旅游产业链条，成为许多地方努力的方向。

让游客留得住、住得下，并且"带得走"特产，正在湖南小金洞村成为现实。为配合旅游业发展，当地开发了以竹笋、高山红薯为主的特色农产品，在民宿设置特色农产品展示区，并把茶叶专业合作社搬至玫瑰花海景点附近，让游客"眼里看着、嘴里吃着、手里提着、走时捎着"，为村民的农产品打开了通畅的销路，也让小金洞村的名气越传越远。

更多的地方通过"公司+农户""合作社+农户"等发展模式形成合力，让当地的特色农产品变成旅游商品，不仅完善了当地的旅游产业链，创造了更多的经济效益，也让受益群众的面更广，让乡村旅游发展之路越走越稳、越走越宽。湖南湘潭梅龙村秀美农业综合开发有限公司成立后，在当地工业园区建立农产品加工厂，进一步提高生产效率和农产品附加值，为打响"梅龙山"旅游产品的知名度奠定了基础。

科技之风、网络之风劲吹，也吹向了曾经的贫困地区。将特色农产品、自家民宿、向导服务等"上网"，村民们致富的触角伸得更远。"淘宝店开张后，基本上每月都有1 000多元的收入。"梅龙村贫困户杨鹤明开起了淘宝店。一个个淘宝店的建立，让大山里的产品为更多人知晓。

资料来源 尹婕. 旅游扶贫 做大幸福产业［N］. 人民日报：海外版，2020-10-21（12）.

思考：通过上面的材料，分析旅游发展会给旅游地带来怎样的影响。

分析：大众旅游兴起后，旅游业对旅游目的地的影响日益突出。旅游扶贫不仅可以在当地培育旅游产业链，实现产业兴旺、人民生活富裕的目的，而且通过与互联网技术的结合，促进外部信息流、资金流的有效导入，能够给扶贫地带来客源、资金及先进的生产方式、生活方式，其意义之重大不亚于一场产业革命。

8.1　旅游影响概述

在现代化的大众旅游到来之前，旅游活动只是一种个别的、偶然的现象，它只对个人或个别团体的发展有意义，对社会整体来说并不能产生大的影响。然而，当旅游发展进入大众旅游时代时，情况就变得复杂起来。作为现代社会的一种普遍实践活动，旅游者的行为和旅游企业的行为开始成为一种足以影响国际资金流动、左右人类社会文化发展趋势、影响地区环境演化的重要社会因素，由此产生的旅游影响问题也越来越不可忽视，甚至成为旅游学研究的一个重要领域。

8.1.1　旅游影响的概念及基本性质

旅游影响（tourism impact）又称旅游效应，是指由旅游活动（包括旅游者活动和旅游产业活动）引发的种种利害影响。这不仅包括对旅游活动主体本身产生的影响，而且包括对其他相关利益集团产生的超越活动主体范围的影响，即旅游活动的外部效应，后者是旅游影响研究的重点。旅游活动的外部效应多种多样、难以预测，这要求我们必须站在一个宏观的、整体的角度加以研究。

旅游活动作为一种综合性的社会活动，涉及食、住、行、游、购、娱六个方面，也就是说，旅游活动会对这六个方面对应的产业部门产生影响，并通过一系列连锁反应将这种影响延伸到社会的各个领域，牵一发而动全身，即旅游活动具有外部性，这也是所有社会活动普遍具有的特征。为了更好地说明这种外部性的存在及意义，我们来看下面这个例子：

某个投资主体拟在某乡修建一条通往某景点的二级公路，以方便人们到访。然而，公路的建设会带来一系列反应，有些反应甚至是始料未及的。例如，公路建成后导致周边地区的生态系统被强行切割，妨碍了某些迁徙性动物的集体迁移，致使这种动物大量死亡甚至影响了它们的繁殖；公路带来的噪声及共振损害了附近地区的部分古老建筑物；公路上的尘土和汽车尾气使道路两侧的庄稼减产；公路建成后会影响地壳受力的平衡，从而可能引发地震等。如果公路的投资主体与公路两旁的土地属于不同的所有者，那么公路的建设将直接改变不同的利益集团来自土地的受益水平，从而体现为公路投资者的投资行为产生的利害关系外化。

8.1.2 旅游影响的类型

为了准确、全面地认识旅游影响，我们按照不同的标准对旅游影响进行分类。

1）根据旅游影响内容结构的不同，可分为经济影响、环境影响、社会文化影响

经济影响（economic impact）是指旅游活动对国民经济产生的影响。例如，旅游可增加一个国家的外汇收入、增加旅游目的地居民的就业机会、调整产业结构等。从宏观经济的角度来看，这种影响对旅游业发达的发展中国家或贫困地区来说，可能是很强烈的。

环境影响（environmental impact）是指旅游活动对环境产生的影响。由于开展旅游活动的前提条件是进行旅游开发，即对旅游目的地原有的自然环境加以改造，因此这方面的影响是不可避免的。

社会文化影响（social & cultural impact）是指旅游活动对旅游目的地社会结构、价值观念、生活方式、习俗民风和文化特征等产生的影响。由于旅游活动具有流动性和异地性等特征，因此旅游的盛行带来了大规模的人员交流。这种人员流动对社会文化的影响是巨大的，尤其是当游客与当地居民在经济地位上存在明显差距时。目前，国际上在这方面激烈讨论的一个问题是，旅游活动的开展到底是导致了文化多样性的巩固，还是引起了文化一体化的变革。

旅游广角 8-1

旅游社会影响
研究

2）根据旅游影响社会价值性质的不同，可分为积极影响和消极影响

积极影响（positive impact）也叫正面效应，是指旅游活动对社会产生的有价值的影响。例如，旅游可增加一个国家的外汇收入，这就属于正面效应。

消极影响（negative impact）也叫负面效应，是指旅游活动对社会产生的负面影响。例如，旅游活动的开展可能造成旅游目的地环境的污染，这就属于负面效应。

育德启智 8-1

更好发挥旅游
带动作用 助
力全面推进
乡村振兴

这两种影响在同一个旅游地是交叉存在的，哪一方都不可能完全消失，只是力量上存在强弱差别。例如，旅游活动为某地区带来的外汇增长和环境污染是同时存在的，但是这一正一负两种影响的大小是不一样的。

3）根据旅游影响来源的不同，可分为旅游者影响和旅游产业活动影响

旅游者影响是指来自旅游者的种种直接影响，它是旅游影响最直观的表现形式。旅游者在旅游地进行活动对当地居民产生的文化示范效应、旅游者的消费对旅游地财政收入的影响，都是旅游者对旅游地的影响。

旅游产业活动影响是指因旅游企业的生产经营活动造成的影响，它是发展大众化旅游之后的必然结果。一般来说，旅游者影响与旅游产业活动影响存在着直接的依存关系，但旅游产业活动影响比旅游者影响的规模更大、强度更高。

4）根据旅游影响表现形式的不同，可分为显性影响和隐性影响

显性影响是指那些外化的、具有明显的数量结构或物质形态的影响。

隐性影响是指因旅游活动而产生，却无法观察到其直观的物质形态的影响。

一般而言，旅游的经济影响属于前者，如由于旅游发展而增加的就业机会、服务设施等；旅游的社会文化影响属于后者，如由于旅游的发展而潜移默化地改变了旅游地居民的价值观念和生活方式等。旅游的环境影响则可能直接显露，也可能很久以后才被人们发现。

对于显性影响，旅游行政管理部门一般都能及时反应并提出对策；对于隐性影响，由于其演变速度的缓慢性和本身的无形性，旅游行政管理部门常常会有所忽视。

5）根据旅游影响产生时间的不同，可分为即时影响和滞后影响

即时影响是指伴随着旅游活动的发生而立刻产生的影响。例如，旅游者在旅游景区乱扔废弃物，会立即对旅游景区的环境造成污染。

滞后影响一般是旅游即时影响积累到一定程度后发生质变的结果。例如，局部环境污染的扩大最终引起旅游目的地整体生态系统的崩溃。滞后影响也包括一些暂时潜伏而不发生的，将在以后适当的时机暴露出来的某些影响。例如，旅游者的行为引起的示范效应，导致旅游目的地居民的价值观念甚至道德观念发生改变等。

8.1.3 旅游影响的性质

虽然旅游影响的表现形式不一，划分标准也不尽相同，但是我们通过以上论述可以看出，所有的旅游影响都具有一定的共性，具体表现在以下几个方面：

1）外部性

外部性是旅游影响的基本性质。旅游影响不仅停留在旅游活动主体和旅游目的地之间，还会涉及其他超越活动主体的相关利益集团。这些利益集团可能是与旅游产业有经济联系的本行业外的企业或个人，也可能只是与旅游地有地缘关系或历史文化关联的其他地区。可以说，旅游影响是全方位的。

2）关联性

各类旅游影响之间都具有关联性，任何一类旅游影响都不会单独存在，一种旅游

影响的形成可能会产生一系列复合作用，导致其他旅游影响的产生。例如，旅游活动对旅游地环境的破坏，不仅会引起当地生态系统的失调，还可能导致当地居民对外地游客产生抵制心态，影响旅游氛围，最终使得该地的来访人数下降，旅游收入减少，这里就同时涉及社会、经济、文化等各个方面的影响。

3）双重性

旅游活动的消极影响和积极影响是同时存在且同时发生作用的，这是事物双重性的体现。例如，文化旅游资源的开发有利于对传统文化的保护，但是由于旅游资源开发本身带有商业目的，因此传统文化可能会在开发过程中为了迎合市场需要而庸俗化，甚至失去其本质意义。一般而言，旅游的积极影响往往是显露的、即时的，而消极影响往往是隐性的、滞后的。因此，研究旅游影响的目的之一就是预测旅游积极影响后的消极影响，评估二者孰轻孰重，从而制定相应的战略或措施，避免短期行为。

4）定向性

旅游影响的定向性是指旅游影响的强度会随着旅游接待地与客源地在经济、文化等方面差异的增大而递增，这一点在文化影响上表现得尤为突出。例如，美国游客和日本游客对我国的文化影响程度是不一样的，日本游客拥有和我国同质的文化，所以对旅游地的影响较小。当然，这种定向性还会涉及各国或各地区的经济发展水平、产业结构、区位条件等。

🔄 **课堂互动 8-1**

2022 年北京冬季奥运会的召开对我国冰雪旅游的发展具有很强的推动作用。在现代奥运成熟的商业运作模式的作用下，巨大的奥运旅游效应开始显现。试从积极影响、消极影响两个方面分析奥运旅游效应。

课堂互动 8-1

答案提示

8.2　旅游的经济影响

旅游的经济影响主要涉及由旅游引起的一些宏观经济指标的改变，包括国际收支平衡、外汇收入、就业情况、产业结构、国民收入、物价水平等。对这一领域的研究始于 19 世纪末，20 世纪 60 年代部分发达国家开始开展对旅游经济学的研究，旅游经济学逐渐成为一门独立的社会学科。目前，旅游的经济影响已经得到世界各国的普遍承认与重视，旅游业在宏观经济发展中的重要性也日渐明晰。

8.2.1　旅游业的产业地位

1）旅游业在全球经济中的重要地位

旅游业是世界经济领域发展最快的产业之一。早在 1992 年，全球旅游收入就已经超过了石油、汽车等重要工业，旅游业成为世界上第一大产业。世界旅游城市联合会（WTCF）与中国社会科学院旅游研究中心共同发布的《世界旅游经济趋势报告（2020）》显示，2019年，全球旅游总人次（含国内和国际）为123.1亿人次，较上年增长4.6%；全球旅游总收入（含国内和国际）为5.8万亿美元，相当于全球GDP的6.7%。

另外，旅游业虽然具有一定的脆弱性，但是从总体上来说，旅游业的适应性是很强的。受新冠肺炎疫情影响，2020年全球旅游总人次和全球旅游总收入出现大幅下跌，随着疫情逐步得到控制，全球旅游业在逐步复苏。2021年全球旅游总人次达到66亿人次，同比增长56.4%；全球旅游总收入达到3.3万亿美元，同比增长6.45%。这足以说明，旅游业是世界经济中不可或缺的一部分，旅游业在全球经济中占有重要地位。

2）旅游业在我国的经济地位

改革开放以来，我国旅游业不断发展壮大，已成为我国国民经济的重要产业。2009年，《国务院关于加快发展旅游业的意见》（国发〔2009〕41号）提出，我国旅游业的未来将加强统筹协调，转变发展方式，提升发展质量，力争"把旅游业培育成国民经济的战略性支柱产业和人民群众更加满意的现代服务业"。2014年，《国务院关于促进旅游业改革发展的若干意见》（国发〔2014〕31号）发布，文件从树立科学旅游观、增强旅游发展动力、拓展旅游发展空间、优化旅游发展环境、完善旅游发展政策等多个方面提出了具体要求，并明确到2020年，境内旅游总消费额达到5.5万亿元，城乡居民年人均出游4.5次，旅游业增加值占国内生产总值的比重超过5%，这意味着国家为把旅游业打造成战略性支柱产业制定了时间表。

总体而言，我国旅游业虽然也经历过亚洲金融危机、"非典"疫情、汶川地震、新冠肺炎疫情的冲击，但其发展速度一直高居世界前列，并且实现了我国从"旅游资源大国"到"亚洲旅游强国"的历史性跨越，旅游业已真正成为国民经济新的增长点。表8-1反映了1996—2019年我国旅游业总收入情况。

8.2.2 旅游对经济发展的积极影响

大众化的现代旅游对旅游服务业具有依赖性，因此旅游者的旅游活动不仅为旅游目的地的旅游企业提供了商机，而且通过其带动作用对当地的其他经济活动产生了影响。在世界局势相对稳定、全球经济高速发展的今天，这些经济影响大多是积极的，如赚取外汇、增加政府财政收入、创造就业机会、促进区域经济发展、合理调整产业结构等。

1）增加外汇收入，平衡国际收支

就国际旅游而言，其最重要的经济作用之一是可以增加接待国的外汇收入，提高该国的支付能力，从而有助于平衡该国的国际收支。

外汇是用于国际经济结算、以外币表示的一种支付手段。一个国家拥有外汇数量的多少体现了其经济实力的强弱和国际支付能力的大小。国际收支是指一个国家在一定时期内（通常为1年）同其他国家发生经济往来的全部收入和支出。

表 8-1　　　　　　　　　　　　1996—2019 年我国旅游业总收入情况

年份	旅游业总收入（亿元）	比上年增长（%）
1996	2 487	18.54
1997	3 112	25.13
1998	3 439	10.51
1999	4 002	16.37
2000	4 519	12.92
2001	4 995	10.53
2002	5 566	11.43
2003	4 882	−12.30
2004	6 840	40.11
2005	7 686	12.37
2006	8 935	16.30
2007	10 957	22.60
2008	11 600	5.80
2009	12 900	11.30
2010	15 700	21.70
2011	22 500	20.10
2012	25 900	15.20
2013	29 500	14.00
2014	32 500	10.20
2015	41 300	11.00
2016	46 100	13.60
2017	54 000	15.10
2018	59 700	10.50
2019	66 300	11.00

注：2003 年受到"非典"疫情的影响，我国旅游业各项指标都大幅度下降。2008 年受到汶川地震的影响，我国旅游业各项指标增长幅度较小。2020 年以来受新冠肺炎疫情影响，缺少统计数据。

国际收支的理想状态是收入与支出两者总计达到平衡，但在实际中，经常会出现不平衡的情况，即国家在规定时期内的国际收入少于国际支出。这种国际收支赤字往往长期存在，且很难消除。但是有些国家能够通过国际旅游这种非贸易途径获得大量外汇。部分旅游业占重要地位的发展中国家甚至可以利用旅游收入大大减少或消灭赤字，如巴哈马、斐济、泰国等；部分发达国家，如意大利和西班牙也是如此。所以，旅游业的发展有利于平衡一国的国际收支。

各国对于旅游业的支持不仅仅是因为它在赚取外汇上的潜力，还因为旅游创汇作为非贸易外汇创收的组成部分，具有传统商品出口所不具备的很多优点。首先，旅游业主要提供服务产品，不需要付出多少物质产品，"原料"消耗少，"生产能力"可持续使用；其次，旅游的换汇成本较低，因为旅游者必须到旅游产品的生产地点进行消费，所以可以节省商品外贸过程中必不可少的运输费用、仓储费用、保险费用、相关税金等各项开支；再次，"即时买卖，现汇收入"，旅游者一入境，就要进行货币兑换，从而提高了资金周转使用的速度；最后，旅游属于"就地出口"，基本不受"贸易壁垒"的干扰。鉴于以上原因，国际社会普遍认为旅游业是优秀的出口产业。表8-2反映了1996—2019年我国入境旅游人数和旅游（外汇）收入情况。

2）扩大内需，回笼货币，增加政府税收

实行商品经济的国家必须有计划地投放货币和回笼货币，并使投放量和回笼量保持一定比例，否则社会经济将难以正常运行。回笼货币的方法之一是向市场投入相应数量的物质商品或服务性产品。相对于物质商品来说，服务性产品拥有可重复多次使用、物质消耗少的特征，因此国家鼓励人们多消费服务性产品，如旅游和娱乐。从这个意义上来说，国内旅游对经济的重要作用之一便是有助于拓宽货币回笼的渠道，提高货币回笼的速度，扩大货币回笼量。

另外，旅游具有消费性，大部分旅游者在旅游过程中都会出现消费额度偏高的现象。所以，国家鼓励人们旅游还可以达到刺激国民消费、拉动内需的作用，是促进社会繁荣的有效手段。我国政府设置"黄金周"也正是出于对拉动内需的宏观考虑。

一旦国家内需扩大，政府税收也会相应提高。目前，旅游税收主要来自两个方面：一是旅游从业人员缴纳的个人所得税，以及旅游企业缴纳的各项税金等；二是从国际旅游者那里获取的税收，主要包括入境签证费，以及出入境时交付的关税等。此外，由于旅游业可带动其他经济部门的发展，因此当这些部门的生产和经营业务量扩大时，国家也可以从中得到更多的税收。

3）有利于调整产业结构，支撑关联产业的发展

旅游业既是一个综合发展的产业，也是一个有利于第一、二、三产业互相渗透合作、谋求共同发展的"催化产业"。近年来，旅游经济的覆盖面已经扩大到许多没有传统旅游资源的地区或领域，如农业旅游、林业旅游、工业旅游、科教旅游、都市旅游等，旅游活动进一步渗透到了第一、二产业的许多门类，为许多工农业单位培育了新的经济增长点，并在经济结构调整中发挥了特殊的功能。例如，我国的青岛啤酒厂、青岛海尔工业园等工业旅游示范点的旅游收入相当可观，对相应工业的发展也有较大的拉动作用。

表 8-2 1996—2019 年我国入境旅游人数和旅游（外汇）收入情况

年份	入境旅游人数（万人次）	旅游（外汇）收入（亿美元）
1996	5 112.75	102.00
1997	5 758.79	120.74
1998	6 347.84	126.02
1999	7 279.56	140.99
2000	8 344.39	162.24
2001	8 901.29	177.92
2002	9 790.83	203.85
2003	9 166.21	174.06
2004	10 903.82	257.39
2005	12 029.23	292.96
2006	12 494.21	339.49
2007	13 187.33	419.19
2008	13 002.74	408.43
2009	12 647.59	396.75
2010	13 376.22	458.14
2011	13 542.35	484.64
2012	13 240.53	500.28
2013	12 907.78	516.64
2014	12 849.83	1 053.80
2015	13 400.00	1 136.50
2016	13 800.00	1 200.00
2017	13 948.00	1 234.00
2018	14 120.00	1271.00
2019	14 500.00	1313.00

　　旅游业的发展还能带动关联产业的发展。由于具有技术含量低、对资本的需求少、高度关联和辐射带动等特点，旅游业容易带动相关产业的繁荣，并吸引资金、技术、信息、人力等多种资源的大量流入，促使产业资源配置优化并发挥资源配置的乘数效应。世界旅游组织曾做过统计，旅游业每收入 1 元，相关行业的收入就会增加

4.3元，其经济乘数效应远高于其他行业。具体说来，旅游产业能带动机场、码头、车站、城乡道路等公共设施的修建，旅游景点的开发能带动酒店、餐馆、商店、娱乐场所的兴建，还可以促进供水、供电、供暖、垃圾处理、卫生设施、通信等工程的建设完善，所以旅游业对关联产业的发展具有十分重要的影响。

4）提供大量就业机会

就业问题不仅关系到劳动者个人的切身利益，而且关系着整个社会的秩序是否稳定，因此历来为各国政府所重视。与其他行业相比，旅游业可以提供更多的就业机会。这是因为：首先，旅游业属于劳动密集型产业，可以直接提供很多工作岗位；其次，旅游业是就业层次较多的产业，许多工作不需要很高的技术含量，只需要进行短期培训即可胜任，从而为刚步入社会的青年人就业和下岗职工再就业提供了机会；最后，旅游业的产业关联度高，可以间接扩大相关产业的就业。根据世界旅游组织的统计，旅游业每增加1个直接就业人员，社会就能增加5个就业机会。可见，旅游业的就业效应是相当大的。中华人民共和国文化和旅游部发布的《2019年旅游市场基本情况》显示，2019年，我国旅游直接就业人数为2 825万人，旅游间接就业人数为5 162万人，旅游直接和间接就业人数占全国就业总人口的10.31%。随着旅游产业的发展壮大，特别是休闲旅游在乡村的拓展，旅游业在吸纳就业方面的功能将进一步增强。这不但能够解决就业压力，还能连带解决与失业相关的许多社会问题。世界旅游业理事会原总裁让·克劳德·鲍姆加藤指出，中国旅游业在吸收剩余劳动力方面具有得天独厚的优势。

5）促进贫困地区致富，缩小地区差异

国家及地区发展的不平衡是各国普遍存在的问题，而发展旅游业是缩小地区差距，使落后地区脱贫致富的有效办法。一般而言，偏远闭塞地区的自然、文化资源保存完整，有利于发展旅游业。这种发展不仅会加快当地的水电、交通等基础设施的建设，也会因带动相关行业的发展而提升当地的产出水平，从而吸引多方投资，提高当地居民的消费总额和收入水平，实现地区脱贫。

从经济理论的角度出发，旅游具有缩小区域梯度差异的效应。对一个地区来说，出区旅游产生的是该地区的旅游支出，入区旅游带来的才是该地区的旅游收入。一般情况下，高梯度地区旅游需求旺盛，出区旅游人数较多；低梯度地区的出区旅游人数较少。当低梯度地区开发的特色旅游资源足以吸引高梯度地区的居民前去游览时，双方的总体收入差距就会因为低梯度地区旅游收入的增加而减小。

党的十八大以来，以习近平同志为核心的党中央把脱贫攻坚摆在治国理政的突出位置，组织开展了声势浩大的脱贫攻坚人民战争，脱贫攻坚战取得了全面胜利。伟大事业孕育伟大精神，伟大精神引领伟大事业。全国文化和旅游部门认真落实习近平总书记指示精神，推动乡村旅游发展模式创新、产品升级、服务优化，越来越多的农民在家门口吃上了旅游饭，而乡村旅游也成为人们放松身心、寻觅乡愁的重要选择。党的二十大报告指出："巩固拓展脱贫攻坚成果，增强脱贫地区和脱贫群众内生发展动

力。"未来，旅游在推动乡村振兴、实现共同富裕方面的作用将更加凸显。

8.2.3　旅游对经济发展的消极影响

近年来，随着全球经济的繁荣，旅游业发展迅速，许多国家和地区都将旅游业作为发展经济的重要手段，一些贫困地区甚至将旅游业作为脱贫致富的唯一途径。但从实际情况来看，即使是在旅游资源十分丰富的地区，片面强调发展旅游业也会引起一些不良后果，这主要表现为以下几个方面：

1）旅游业的漏出效应

旅游业能够增加外汇收入，平衡国际收支，但是由于旅游业是一个有进有出的双向产业，如果管理不当，就会导致旅游外汇收入大量漏出，从而产生消极的经济影响。旅游漏出的方式有两种：

（1）进口漏出

部分旅游接待国，尤其是发展中国家，往往不具备满足外国旅游者需要的设施、食品和其他商品，需要从国外进口这些材料，因此接待国从旅游者消费中获得的大部分收入都会因进口这些商品而支付出去。例如，我国在改革开放初期，接待外国旅游者的星级酒店的许多商品都是直接由外国进口的。联合国的统计资料显示，大多数发展中国家的进口漏出占旅游总收入的40%~50%，而在发达国家，进口漏出仅占旅游总收入的10%~20%。

（2）出口漏出

跨国公司和大型外国企业往往是发展中国家旅游目的地基础设施的主要投资者和建筑商，当它们投资的旅游景点或酒店开始盈利时，其利润就又回到了母国，从而产生出口漏出。其他如该国在海外进行旅游促销的花费、分期偿还兴建酒店和旅游景点所欠的海外债务等，也属于出口漏出项目。

2）可能引起物价上涨

旅游者的到来使得当地的商品和服务需求增加，从而带来了物价的上涨，导致当地居民的生活成本上升。当旅游者大规模来访时，甚至会导致当地物价飙升或者商品的短期供应紧张。同时，旅游业的发展还使得酒店、餐馆、娱乐场所等旅游企业的土地投资增加、建筑成本增加和土地价格上涨。这种情况不仅会使当地居民的住房权益受到影响，也会给旅游企业本身的发展带来不良后果。

3）过分依赖旅游业会影响国民经济的稳定

经济多样性是经济健康发展的标志。如果一国或地区在经济上过分依赖一个产业，就会影响国民经济的稳定。然而，一些国家，尤其是资源相对匮乏的发展中国家，往往将旅游业作为繁荣经济的唯一途径，从而使整个国民经济面临很大的风险。例如，在马尔代夫，高达83%的劳动力直接或间接从事旅游业，这种做法将使国家经济极易受到旅游业波动的影响。又如，1997年的亚洲金融危机沉重地打击了泰国、马来西亚和印度尼西亚的旅游业，入境旅游人数大幅度削减，这些国家的国民经济也因此遭受了极大的打击。

另外，即使没有外来突发性因素的影响，长期过分地依赖旅游业，也会损害当地的经济结构。例如，大量农村劳动力放弃务农而从事旅游业，会导致土地荒芜及农产品供应紧张，最终不利于该地的农业乃至整个经济体系的发展。

学习探究 8-1   旅游经济影响的理论依据——乘数效应

旅游乘数是指单位旅游消费对旅游接待地区各种经济现象影响程度的系数。旅游业的乘数效应则是因旅游业的发展而给社会经济发展带来的再生效应，包括直接效应、间接效应、诱导效应。

直接效应是指旅游者在接待国或地区的饭店、景点、交通、购物、餐饮、通信等方面的直接消费（即直接营业收入）减去漏损的那部分外汇，它导致了国家和地区收入的增加和就业的扩大。间接效应是指给旅游相关部门带来的收入增加或产出增加。诱导效应是指旅游收入引发的连锁反应。

旅游乘数的类型主要有以下几种：

（1）营业收入乘数

它是指单位旅游营业收入增加额与由其导致的其他产品营业总收入增加额之间的比例关系。该乘数表明了一地区旅游业的发展对整个地区营业总收入的影响。

（2）产出乘数

它与营业收入乘数很相似，但测定的是单位旅游消费额与由其带来的接待国全部有关企业经济产出水平增长程度之间的比例关系。它不仅考虑到了企业营业总额的增长情况，也考虑到了有关库存的实际变化情况。

（3）收入乘数

它主要反映单位旅游消费额与由其带来的接待国净收入变化量之间的比例关系。

（4）就业乘数

它有两种表示方法：一种是某一特定数量的旅游消费所创造的就业人数；另一种是某一特定数量的旅游消费所带来的直接就业人数与继发就业人数之和同直接就业人数之比。

资料来源　赵长华. 旅游概论［M］. 4版. 北京：旅游教育出版社，2015.

课堂互动 8-2

课堂互动 8-2

有人说，正确评估旅游业的经济效应是一个世界性的难题，为什么？试初步思考解决办法。

答案提示

8.3　旅游的社会文化影响

　　早期的旅游研究大多集中在衡量旅游产生的经济效应上，但是自 20 世纪 70 年代中期以后，越来越多的旅游学者和旅游从业人员开始关注旅游者和东道主之间的关系，特别是由这种关系所引起的非经济影响。进一步的研究使人们意识到，旅游也会带来社会文化影响，特别是由于游客数量增长过快而引发的种种社会问题。这些问题一般在旅游接待国更为突出，因为游客在接待地的活动只是临时性行为，对其个人和所属社会产生的影响并不深刻，而接待国人民可能长期、大量地接触外来人员及外来人员所从属的文化，这种频繁接触所带来的冲击和变化有可能是整个社会范畴的。

　　具体来说，旅游活动的开展之所以会对社会文化产生影响，主要有两个原因：第一，旅游活动的基本特征之一就是不同地域、不同民族以及具有不同文化传统的人群之间的相互接触。旅游者在旅游目的地可以接触和了解异域的社会和文化，其自身行为也会有意无意地对当地居民产生"示范"效应。第二，每年全球出行游客人数的规模都非常大。成千上万旅游者的不断来访已使旅游者与当地居民之间的个体接触演化成群体性的社会接触，从而使旅游活动的开展对社会文化产生重要影响。

8.3.1　旅游与文化

1）文化的概念

　　作为一个常用的概念，文化几乎有数不清的含义。法国社会心理学家莫尔曾经统计，截至 20 世纪 70 年代，世界文献中的文化定义已达 250 多种，这足以说明人们对文化研究的普遍重视。

　　文化是什么？简单地说，它是人类环境中的人造部分。按照我国学者对文化概念的解释，文化分为广义和狭义两种。广义的文化是指人类在社会实践过程中所创造的物质财富和精神财富的总和，如生活习俗、生活方式等。狭义的文化是指社会的意识形态以及与其相适应的文化制度和组织机构，如人类社会生活中的哲学、宗教、艺术、政治思想、法律思想、伦理道德等。文化属于历史的范畴，每个社会都有与自己的社会形态相适应的社会文化，并随着社会物质生产的发展变化而不断演变。

　　需要清楚认识到的是，不同地域、不同人种以及不同民族所创造的文化本身没有高低贵贱之分，文化应该是世界上所有民族都为之做出贡献的整体。文化没有绝对的衡量标准，即使需要一个尺度，这个尺度也不是唯一的。

2）文化与旅游的关系

　　按照上述对文化概念的界定，文化的内容包括人类在精神领域和物质领域中可以传承的带有共性的东西，如语言、文字符号、价值观、社会体系、社会组织等。从这个角度审视旅游与文化的关系，我们可以看到，旅游活动的开展的确会对文化的各个要素产生不可忽视的影响。其中，影响较为突出的几个方面是音乐、建筑、宗教、服装、传统习俗、地方特产、饮食烹饪、语言习惯、休闲活动等。如果就消遣型旅游的动机来说，旅游也应属于现实生活中的社会文化现象，它是一种休闲性的高级文化享受。

由于地域差别、历史流程等因素的影响，人类社会不可避免地会衍生出多种文化，这些文化经过长时间的传承与演变后，变得极富特色。例如，部分宗教严格的礼仪及仪式规定等。旅游者在旅行过程中可能会接触到不同类型的异质文化，其中某些部分甚至是人们无法理解或无法适应的。但是，我们应该明白，文化是社会的一种综合状态，无论是在经济发达地区还是经济相对落后地区，交往双方都应本着友好往来、相互尊重的态度去对待彼此的文化差异，努力寻求文化交流的和谐状态，这样才能促进文化的多元化发展。

现在，我们可以看到，由于多数旅游者，尤其是消遣型旅游者的出游目的是亲身体验异质文化，因此他们对异国他乡的文化差异一般都抱着好奇及尊敬的态度，这种态度从某种意义上来说有利于文化的传承。党的二十大报告也提出："坚持以文塑旅、以旅彰文，推进文化和旅游深度融合发展。"因此，从总体上来说，文化与旅游是一种互相促进、互相发展的关系。当然，旅游的社会文化影响同样是双重性的，它有积极的一面，也有消极的一面。

8.3.2 旅游对社会文化的积极影响

1）有利于提高国民素质及生活质量

（1）旅游活动的开展有助于人们开阔视野、增长知识

求新是旅游动机的起点，旅游者出行的最初目的就是寻求与自身生活环境迥异的新奇事物所带来的刺激，旅游是一种参观、考察、比较的活动，这也是为何中国人将旅游的基本方式首先定位于"观光"的原因。从这个意义上来说，旅游实际上是人们"开眼界""长见识"的过程。旅游者在求新的出游动机下，愿意从旅途中汲取自己原本不懂的知识与道理。所以，旅游是一种最自觉的学习方式，是一种没有精神压力、寓教于乐的学习。古人有"行万里路，读万卷书"的说法，对现代年轻人来说，外出旅游仍然是学习和接触新事物的有效途径。

（2）旅游活动具有增强体魄、磨炼意志的作用

旅游是一种户外活动，常常需要上山下海或是长时间的步行，这个过程会消耗体能，效果类似于体育锻炼。但是，旅游过程中不存在体育活动中的紧张气氛，是一种主动、愉快的锻炼形式。另外，人们每次在克服疲劳及其他困难，成功完成一次旅行后，都会获得自我满足感，这实际上也起到了磨炼意志的作用。

（3）旅游有助于培养人们的爱国主义情操

任何国家都有值得本国或本民族人民自豪的自然风光和历史文化遗产，人们在旅游时目睹各地的自然名胜、历史遗迹和文化现象，可以激发和增强民族自尊心和自豪感，从而会加深对自己祖国的热爱之情。

（4）旅游能调剂生活内容，调节生活节奏

在城市化程度不断提高的现代社会，各种各样的生活压力使得人们特别希望能够适时地改变一下生活环境，以便恢复体力、焕发精神，提高自己对生活的热爱。旅游能够缓解城市生活的紧张和压力，是一种能够全方位满足人们物质与精神享受的高级生活调剂品。

（5）旅游能获得审美享受，拓宽心胸

审美是旅游的本质之一，虽然不是每一位游客都能自觉地从美学角度来看待旅游地的事物，但是人们在旅游过程中不断接触自然美景、人文历史和艺术成就的精华，或多或少都能获得审美享受，提高美学鉴赏能力。这也有助于人们改变某些消极狭隘的想法，陶冶情操，拓宽心胸。

2）有利于促进人们相互了解，增进国际友好往来

旅游活动涉及多种人际交往，概括来说，有旅游者相互之间的交往、旅游者与旅游目的地居民之间的交往、旅游者和旅游地及旅游企业工作人员之间的交往。虽然这些人际交往中存在着浓厚的经济因素，但从本质上看，它们仍然是社会关系的一个组成部分。从这个角度来看，旅游的交往形式具有三个方面的特点：其一，旅游的参与阶层分布广泛、身份平等，是一种全方位、多层次、少限制的自由民间交往；其二，人们在旅游活动过程中只有一个身份，就是游客，没有了平时的上下级关系、利益关系、竞争关系，游客们的交往是自由、直率且灵活的；其三，在旅游活动中，参与者一般心情愉快，相互间保持着融洽的关系，为了旅行的顺利进行，还会彼此照顾、互相善待。由于旅游交往具有以上三个特征，因此它有利于人们相互了解，改善人际关系，而当这种友好的旅游交往大规模、跨国籍地进行时，它就不仅涉及个人的交际问题，还会涉及国际外交关系。

事实上，国际旅游活动的开展客观上具有人民外交的作用。由于旅游是不同地区或国度的人们之间的直接交往，而不是以传媒机构或者以个别人为代表而进行的信息传递和间接沟通，因此这种交往是直接且真实的，不会受到政治因素的干扰，有助于增进不同地区或国家人民之间的相互了解。这也是为何旅游业向来被称为"民间外交"和"和平工业"的原因。基于同样的道理，国际旅游也是接待国对外树立国家形象的有效手段。

就我国的情况来说，旅游为外交事业做出的贡献无疑是巨大的。来华旅游过的绝大多数外国游客都认同了中国社会经济发展取得的巨大成就，加深了对中国的了解。近年来，中国公民出境旅游的规模迅速扩张，这引起了世界上绝大多数国家的重视，特别是对华贸易逆差较大的发展中国家，更想通过吸引中国人去旅游来弥补贸易逆差。所以，开展中国公民出国（境）旅游不再是简单的旅游业务，它与巩固和发展与有关国家之间的国际贸易关系紧密联系了起来。

育德启智 8-4

对外交流
丰富多彩
文明互鉴
成果丰硕

3）有利于促进文化艺术及科学技术的交流

旅游活动中有一种独特的文化现象——"文化漂移"，其表现主要是外来游客会

在不同程度上"暂时借鉴"接待地的主人文化，并对接待地的某种文化要素产生偏爱，如穿文化衫、租当地的服装照相、购买土特产品等。相应地，接待地也会对外界文化加以借鉴，如模仿客源地风格的建筑、餐饮，甚至生活习俗，以及语言"外语"化等。可以说，旅游中的这种"文化漂移"现象是民间文化交流的独特形式。在这里，旅游活动充当了文化传播的重要载体。

旅游也是科学技术传播与交流的重要手段之一。在旅游发展的各个阶段，都曾有人通过旅游进行知识传播、科学探讨、学术切磋，即将治学与旅游结合在一起。而现代商务旅游、会奖旅游以及休闲旅游中访问同行的活动，也使得科技交流的广度和深度不断获得新的发展。同时，旅游在发展过程中对旅游服务设施和设备等方面的更高要求，也推动了有关领域科学技术的发展。

4）有利于促进民族文化的保护与发展

民族文化是本民族所特有的、异于外界的传统文化，它向人们展示了该民族的智慧和创造力，是值得全人类共同景仰的文化遗产。在当代，以民俗为代表的民族文化更是一个国家或地区的重要旅游资源。

民族文化的典型性越强，旅游欣赏价值就越高，旅游吸引力就越强。出于这个原因，发展旅游的国家或地区都会自觉或不自觉地维护自身文化的民族特色。例如，开发和恢复诸如祭祀、节庆一类的传统习俗和文化活动，扩大手工艺品的制造规模，维护和管理一些濒临毁灭的历史建筑，重现和发掘传统的音乐、舞蹈、戏剧等。政府部门应采取科学的手段，对特色文化项目有计划、有组织地进行综合评价、保护、开发与利用，以保护民族文化，甚至使某些已被人们遗忘的文化传统再次复活。

另外，旅游者与旅游目的地居民之间通过旅游活动会发生文化上的接触或交流，这有利于不同民族文化的交融。当然，这种交融并不意味着文化的一元化，而是本民族文化在保持自身特色的基础上，从先进文明中有选择地吸收、借鉴于己有利的东西，最终达到发展自身的目的。

8.3.3 旅游对社会文化的消极影响

在旅游的各种消极影响中，旅游对社会文化的消极影响是最难被人们快速察觉的，也是最难被消除的。这是因为旅游的消极社会文化影响具有以下两种性质：一是自发性。旅游的消极社会文化影响大多源于旅游地自身存在的消极隐患，外来因素只是起到诱发的作用，因此这种消极影响往往盘根错节，深植于本地的社会文化体系中。二是滞后性与隐蔽性。文化的改变是一种潜移默化的思想上的改变，它是逐渐渗透到人们生活中去的，当人们普遍重视这种改变时，它往往已构成难以医治的社会顽症。鉴于此，正确认识旅游对社会文化的消极影响就变得十分重要。

1）导致社会矛盾的产生

旅游业的快速发展有可能导致社会矛盾的产生。一些研究显示，在部分地区，尤其是那些旅游发展缺乏政府监管的地区，旅游业的壮大引发了各种社会问题，如由于主客双方的政治观点对立而引发的冲突、种族或民族矛盾的激化、社会阶层的变异、家庭矛盾的产生等。

种种由旅游引起的社会问题的出现，使得旅游目的地居民与旅游者的社会矛盾日益加深。在严重的情况下，东道国人民还会产生排外情绪，甚至出现一些过激行为。例如，巴厘岛居民就曾经有过对旅游者不友好的行为，夏威夷居民曾公开表示对旅游者的厌恶。以上地区都是著名的旅游地，当地居民都曾以好客及热情闻名于世，但是在旅游业极度繁荣之后，当地居民的态度却变得截然不同。对于这种态度的转变，一些学者进行过仔细的研究。多克塞（Doxey）总结了当地人对旅游者态度变化的总体模式。此后，另一位学者米利根（Milligan）又对该模式进行了修正，见表 8-3。

表 8-3　　　　　　　　　　Doxey 与 Milligan 的研究结论

阶段	Doxey 的早期结论		Milligan 的修正	
	接待者心态	状态	接待者心态	状态
I	欣喜	旅游者受到欢迎，旅游接待没有什么计划性	好奇	人们接受那些在当地人看来地位、薪金和职业前景等方面都比较低劣的工作
II	冷漠	旅游者已司空见惯，接触变得更正式	接受	当地人认可移民到岛上的人，并对旅游不再关注
III	恼怒	达到饱和状态，当地人怀有疑虑。规划人员试图借助增加设施而不是控制增长来实现控制	恼怒	人们开始厌恶外来打工人员，把他们视为使当地人生活标准下降的祸根
IV	对抗	公开表露愤怒情绪，规划有所修改，但促销有增无减，目的是消除对目的地不好的名声	对抗	双方互相怨愤，在年轻人中时有暴力。那些不能直接归于旅游者的过错便都归罪于外来打工人员

资料来源　谢彦君. 基础旅游学［M］. 北京：中国旅游出版社，1999.

事实上，东道主与旅游者之间的关系产生裂痕，其根本原因并不像一些西方学者认为的那样，是由于旅游者的过快增长，而是由于东道主的利益受到了侵犯。例如，由于旅游者的到来，旅游地的道路变得拥挤，人们的日常生活被打扰，商店经营的都是对当地人没用的纪念品等。这些问题在客观上难以避免，如果政府在发展旅游的同时没有采取相应的控制措施与安抚政策，这种矛盾最终会对当地的社会稳定及旅游业的发展造成严重的不良影响。

2）带来不良的"示范效应"

旅游业会为接待地带来不良的"示范效应"，这主要是因为文化具有涵化特征。所谓"文化涵化"现象，是指当两种不同文化相互接触时，不论时间长短，都会产生相互借鉴的过程。但是这种借鉴并不是对称的，而是受到双方文化所处的社会、经济背景及人口差异性质的影响。其趋势是强势文化涵化弱势文化，新潮时尚涵化传统习俗，发达国家的文化涵化发展中国家的文化。西方的快餐文化几乎渗透到世界的每一个角落就是例证。

旅游是一种全方位的社会活动。当旅游者来到旅游目的地时，他们不仅仅带来了购买力，还带来了不同的行为和观念。特别是在国际旅游方面，来自其他国家的旅游者大规模、长时间地来访对目的地文化产生了长远的影响，"以强凌弱"的"文化涵化"现象也就应运而生。旅游者身上表现出的不同的价值标准、道德观念和生活方式都会在旅游目的地无形地传播和渗透，并对目的地社会产生不良的"示范效应"，造成当地人尤其是年轻人思想认识上的混乱。

不良的"示范效应"主要有以下几种表现形式：

（1）价值观的改变及社会犯罪率的上升

由于旅游商品及服务的快速发展，以及对旅游者高消费生活方式的长期接触，接待地居民可能会产生拜金主义思想，一切行为向钱看。周到的服务、礼貌的微笑都不再单纯，仅仅是赚钱的一种手段，一些不良的服务现象也应运而生，如为抢住宿生意而对旅游者拉拉扯扯、兜售质量低下的旅游纪念品等。此外，由于观察到旅游者享受的物质生活，当地人很容易对生活现状产生不满情绪，并逐渐在思想上、行为上产生消极变化。这种盲目的物质追求容易诱发犯罪行为，从而增加了赌博、诈骗等犯罪活动发生的概率。

（2）崇洋思想的泛滥

在部分发展中国家，由于受到历史遗毒的影响，以及旅游者"奢侈"生活方式的诱导，一部分人会变得崇洋媚外。在他们看来，西方旅游者的财富力量及生活方式是资本主义成功的物质证明，从而过高地评价西方资本主义，贬低本国社会，一些旅游企业也在其中起到了推波助澜的作用。例如，在部分高档酒店，餐厅菜单只有英文，却没有本国语言；部分旅行社对本国人和外国人提供截然不同的服务；某些景点甚至只对外国人开放。这些行为无疑在助长崇洋思想的同时，极大地伤害了本国人民的感情。

（3）政治主张和宗教信仰的困惑

旅游者来自具有不同社会制度的国家或地区，他们在与东道国或地区居民交往的过程中，会自觉或不自觉地把自己的政治主张和宗教信仰灌输给对方。这种主张与信仰可能与东道国或地区居民本身所持有的主张与信仰截然不同。东道国或地区居民通过与旅游者的高消费生活水平的比较，可能会逐渐对自己以往所持有的观点感到怀疑，进而对社会制度、民族文化、传统习俗、宗教信仰等许多事物产生困惑。

3）当地文化被不正当商品化

由于旅游活动的需要，作为重要旅游资源的传统文化活动被商业化了，这可能导致对当地人和游客毫无文化价值、丧失了文化真义的假文化及仿制民俗的出现，传统手工艺品也面临着同样的情况。这个问题其实就是旅游产生的经济利益和社会文化影响之间的潜在冲突，而相对于具有隐蔽性和滞后性的社会文化影响来说，旅游的经济效益要明显得多。因此，旅游目的地往往以牺牲文化价值为代价去创造额外的经济价值。具体来说，文化的不正当商品化有以下几种表现：

（1）传统的礼教仪式趋向商品化

为了迎合旅游者的猎奇心理，东道国或地区一些原本十分神圣的传统礼教仪式变成了取悦旅游者的表演，仪式中较为奇异的、与现代文明脱节的部分被放大，成为吸引游客眼球的题材，这无疑会引起旅游者对传统仪式的误解。

（2）手工艺品被歪曲

绝大部分旅游者都会在旅游地购买手工艺品，以纪念出行，但是旅游者对当地的历史文化知之甚少，仅能用根植于自己的文化土壤的标准判断良莠，而手工艺品的制造者们为了将作品销售出去，有可能将一些与传统不协调的东西植入其中。这种做法使艺术品的人文价值和艺术气息大打折扣。

（3）传统文化的孤立现象

由于旅游者对异质文化的喜好，许多不常见的文化要素被发掘出来，经过孤立、整理、加工，变得符合旅游者的需要，最后呈现在世人面前。例如，我们能在各种民俗文化村中看到少数民族生活场景的拷贝，在主题公园中看到帝王巡游祭祀，在旅游景点看到传统的技艺表演，但是这些活动不能重塑文化的精髓。文化是历史的、社会的，它与产生它的环境紧密依存，如果割断了这些联系，那么文化活动就只是一种生搬硬套，是一种出于商业目的的表演。

（4）传统技能的失传

传统工艺品一般是手工制作的，其制作工艺经过一代代手工艺人的反复实践得以传承和发展。当工艺品成为迎合多数旅游者购买需求的商品时，其加工方式也会相应发生变化。从人工的精心雕琢变成机械化的大批量生产，这些价格低廉的工艺品涌入市场，使传统手工艺者的生活难以为继，他们的技术也由此被社会淘汰，面临失传的风险。

8.3.4　正确认识旅游的社会文化影响

旅游业常常是地区性的，因而旅游影响一开始也是地区性的。这些影响是否会引起消极变化并扩大到全社会，会受到国家大小、旅游政策、宗教力量、旅游活动范围等综合性因素的制约。我们应该像看待种种不利于经济发展的问题一样看待这个问题，即它是可以通过管理加以解决的。无论是完善法律法规、加强宣传教育等宏观政策，还是合理开发旅游资源、生产健康旅游产品等微观手段，都可以有效控制旅游的不利影响。虽然对旅游的否定态度不会消失，但是旅游毕竟是一种世界各国人民之间的全方位的大交流，满足这种交流的需要与满足人们经济的需要一样重要。

课堂互动 8-3

你认为影响旅游者与居民关系的主要因素有哪些？

课堂互动 8-3

答案提示

8.4　旅游的环境影响

在大众化旅游高速发展的今天，人们已经不能再从完全无害于环境的"无烟产业"的角度来审视旅游业，虽然相对于钢铁、汽车、化工等重工业来说，旅游业带来的环境问题并不突出，但越来越多的由大规模旅游活动带来的环境变化已使人们无法再忽视这个问题。

事实上，在20世纪70年代，西方国家的部分学者已经开始关注旅游与环境间的关系。到了80年代，人们开始对旅游的环境效应进行系统性的专门研究，各种国际性的旅游组织和研究机构也开始就这一问题表明态度。1980年，世界旅游组织通过了《马尼拉世界旅游宣言》，强调发展旅游业要不损害旅游区人民的社会和经济利益，保护历史、文化和宗教胜迹。此后，世界旅游组织又与联合国环境规划署发表了联合声明，正式提出在旅游和环境问题上，各机构之间应相互协调。

现在，人们对旅游的环境问题日益重视，该问题已经成为旅游学、生态学及环境学的研究重点之一。

育德启智 8-5

去吗？去啊！
走最绿色
的路！

8.4.1　旅游与环境的联系

人类社会发展的各个层面都与环境变迁有着密切的联系。从广义上来说，环境是指包括自然环境和人造环境的物质环境。自然环境是指存在于自然中的气候和天气、水域、地形和土壤、动植物等。人造环境是指人造的物质环境，包括建筑物和其他构造物。需要注意的一点是，综合的环境分析中还要包括环境的社会文化因素和经济因素。

旅游与环境存在着密切的关系，二者相互作用、相互影响。

首先，旅游开发对环境资源有着强烈的依赖关系，环境是旅游开发的前提。旅游开发是指对潜在的旅游资源加以规划、提升，从而转化为旅游产品的过程，这个过程取决于当地所拥有的、旅游者所需要并愿意为之支付的优秀自然景观和人文资源。例如，充满自然情趣的、未被污染的山川、海滩和森林，风光秀美且富于民族特色的传统城镇和村庄，精致的古代建筑等，都构成了旅游产品生产中的基本投入。

其次，旅游业的发展深受环境因素的影响。许多特色自然环境本身就是旅游景点，旅游设施和基础设施也是人造环境的一部分。一个地区旅游业的发展，深受环境因素中的社会经济因素的影响。例如，深圳市的旅游业凭借主题公园取得了巨大的成功，这与该市的区位、经济环境是分不开的。深圳位于我国主要客源地之一的广东省，又邻近我国香港地区，虽然本身旅游资源并不丰富，但在外部经济环境与消费环境良好的条件下，仍然获得了众多客源。

最后，旅游业对环境有反作用。无论是旅游地的旅游资源因为旅游活动的进行而发生的积极变化，还是旅游活动的排泄物被注入环境中去，都可能改变环境的性质和结构。虽然改变的程度会由于旅游地的自然环境特征、社会与经济结构、旅游流的时空特点等影响因素的不同而不同，但是这种改变都有可能在量的不断积累下产生质的变化，最终对旅游业产生重大影响。从这个意义上来说，旅游产业的持续经营又依赖于环境的不断净化过程。

8.4.2　旅游对环境的积极影响

对旅游的环境影响有足够的认识，有助于我们在以下几个方面维护和改善环境状况：

1）保护历史古迹

旅游有助于保护作为旅游景点的历史建筑、古迹遗址，并为其提供维护资金。如果没有旅游业，这些考古场所和历史古迹就有可能被破坏甚至逐渐消失。

2）保护重要自然景区

旅游业有助于保护自然景区，并为其提供维护资金。如果没有旅游业，这些地区的生态环境就有可能恶化。

3）提高环境质量

设计得体的旅游设施可以美化自然环境和城市环境，旅游业也可以通过控制空气污染、水污染、固体垃圾污染和其他环境问题促进环境的全面净化，并可以通过各种园艺项目和相宜的建筑进一步美化环境。

4）改善基础设施

旅游的发展常常能改善地方的基础设施，如机场、道路、通信、公共生活服务设施、给排水系统和排污系统等，从而促进经济发展，改善城市环境。

上述各项内容虽然在主观上可能是出于发展旅游业的需要，但在客观上也对目的地的环境起到了改善作用。

8.4.3　旅游对环境的消极影响

旅游对环境的消极影响主要有以下几个方面：

1）水体污染

水体污染的来源主要有三个：各种水上运动项目，旅游船只排放的垃圾、油污以及在水边修建的度假村、休闲中心。其中，后者的污染是比较大的。例如，许多宾馆的洗衣间会排出洗衣粉和漂白水，餐厅会排出大量油污和清洁剂等，这些化学物质危害了水域生物的生存环境，破坏了水质，甚至可能会威胁到在该水域活动的旅游者。

2）噪声污染

旅游景点往往是人群密集的地方。大量旅游者和旅游车辆会产生噪声，尤其是在主题公园、游乐园等参与性较强的人造景区。

3）空气污染

如果某地区旅游者使用的车辆和为旅游者提供的车辆过多，就会造成空气污染。尤其是近年来自驾车旅游的兴盛，这种污染也变得相对严重起来。另外，在开阔而缺少植被的地方开发建设旅游项目，也可能会带来大量尘埃并造成空气污染。

4）视觉污染

设计不当的旅游设施、旅游建筑物可能会与当地的建筑风格格格不入，从而引起视觉污染。景观美化不到位、过大的宣传牌和广告牌等，也会引起视觉污染。

5）固体废弃物污染

游客乱扔废弃物品是旅游景区普遍存在的问题。此外，酒店和度假区也会产生大量固体垃圾。如果这些固体废弃物得不到适当处理，就会引发虫害、疾病、异味等环境卫生问题，从而使景区失去吸引力。

6）破坏生态平衡

这种影响主要是旅游对动植物及其栖息地的破坏。首先，游客在从事户外旅游活动时，很难不对生存其中的动物造成干扰。例如，在土耳其地中海沿岸沙滩产卵的乌龟就因当地旅游活动的开展而导致繁殖数量下降。其次，在公园和保护区内，大量植物由于游客的踩踏而受损或死亡，还有许多属于珍稀物种的植物被游客采摘。最后，为了兴建饭店、停车场、主题公园或其他旅游设施，地表植被被砍伐，动物栖息地受到破坏。

7）引发各种自然灾害

旅游设施建设地点选择不当或工程设计不合理，都可能诱发自然灾害，或加大灾害的破坏程度。例如，在旅游胜地阿尔卑斯山，数百平方千米的森林被砍伐，以修建滑冰场、缆车、路标塔、过道等，这使得地表难以保存和吸收水分，发生水土流失、洪水、雪灾等灾害的概率大大增加。

8）对历史古迹的破坏

一些旅游者对文物古迹的触摸、攀爬及刻画会使古迹受损，并且旅游者长时间、大规模的来访本身就会减少古迹的寿命。

如今，学者们已经对旅游业的发展对环境产生的影响做了相当多的研究（见表8-4），我们可以在这些研究的基础上提出解决办法。然而，这一研究领域仍然需要进一步深掘及细化，尤其是要处理好旅游的环境承载力问题、可持续发展问题，以及岛屿、热带雨林等生态敏感地区的旅游开发问题。

表 8-4　　　　　　　　　　　旅游对环境的潜在影响

自然环境	改变动植物的种群结构	①破坏繁殖习性 ②猎杀动物 ③猎杀动物以供纪念品交易 ④动物的迁移 ⑤植被因采集柴薪而遭破坏 ⑥因伐除植物建成旅游设施而改变植被覆盖率 ⑦野生动物保护区、禁猎区建立
	污染	①水质因排放垃圾、泄露油污而遭受污染 ②车辆排放物导致空气污染 ③旅游交通运输和旅游活动产生噪声污染
	侵蚀	①土壤板结导致地表土进一步流失和侵蚀 ②改变地表滑移、滑坡的危险性 ③改变雪崩的危险性 ④损害地质特征（如突岩、洞穴等） ⑤损害河道
	自然资源	①地下水、地表水的耗竭 ②为旅游活动提供能量的矿物质燃料的耗竭 ③改变发生火灾的危险性
	视觉效果	①各种设施（如建筑物、索道滑车、停车场） ②垃圾
人文环境	城市环境	①土地不再用于最初的生产 ②水文特征发生变化
	视觉效果	①建筑物密集区的扩张 ②新的建筑风格 ③人及其附属物
	基础设施	①基础设施超负荷运行（如公路、铁路、停车场、电网、通信系统、废物处理设施、供水设施） ②新的基础设施的建设 ③为适应旅游需要而进行的环境管理（如拦海坝、垦荒）
	城市特征	①居住、商业和工业用地方面的变化 ②城市化的道路系统（如车行道和人行道） ③出现分别为旅游者和城市居民开发的不同区域
	古迹修复	①废弃建筑物的重新使用 ②古代建筑和遗址的修缮和保护 ③修复废弃建筑物作为别墅
	竞争	某些旅游点可能因其他区、点的开放或旅游者兴趣的变化而贬值

资料来源　谢彦君. 基础旅游学 [M]. 北京：中国旅游出版社，1999.

课堂互动8-4
答案提示

课堂互动8-4

除了旅游者和旅游企业的行为，还有哪些行为会对旅游区环境造成不良影响？

本章小结

边听边学8-1
本章小结

　　当前，旅游已经成为现代社会的一种普遍实践活动，旅游者的行为和旅游企业的行为开始成为对整个人类社会具有一定影响力的重大社会因素，由此便产生了旅游影响问题。旅游影响具有外部性、关联性、双重性、定向性四种性质，其中外部性是基本性质。旅游影响的类型有多种划分方法，目前学界主要将其分为经济影响、社会文化影响及环境影响三大类型，并从积极、消极两个方面对其进行分析。就经济影响而言，旅游可以赚取外汇，增加政府财政收入，促进旅游地经济的发展，但也可能引起物价上涨，产生漏出效应，甚至影响国民经济的稳定；就社会文化影响而言，旅游有助于提高国民素质及生活质量，增进国际友好往来，促进文化艺术和科学技术的交流以及民族文化的保护与发展，但也可能导致社会矛盾的产生，带来不良的"示范效应"，并造成当地文化的不正当商品化；就环境影响而言，良好的旅游规划和管理可以保护历史古迹及自然景区，改善当地的基础设施和生活环境质量，但是涌入的游客和大量旅游设施的建设也会给环境带来各种污染。总之，旅游业的三大影响相互关联，同时具有积极、消极两个方面的作用，并且无法割裂，对于这一内容应予以重点掌握。其中，旅游的乘数效应及漏出效应是较难掌握的概念，需要结合一定的经济学知识来理解。

主要概念

边听边学8-2
主要概念

旅游影响　积极影响　消极影响　外部性　旅游乘数　文化　文化涵化

基础训练

在线测评8-1
填空题

8.1　填空题

1）人们在旅游研究中经常使用的旅游乘数有四种：_____、_____、_____和_____。

2）环境既包括_____，也包括_____。

3）社会文化影响是指旅游活动对旅游目的地社会结构、_____、生活方式、_____和文化特征等方面的影响。

4）旅游的换汇成本较_____，基本不受_____的干扰。

8.2　选择题

1）以下影响属于按照旅游影响的内容结构划分的有（　　）。

A.经济影响　　　　B.滞后影响　　　　C.积极影响　　　　D.显性影响

2）旅游对经济的积极影响有（　　　）。

A.增加政府收入　　　　　　　　B.保护历史古迹

C.减小地区差异　　　　　　　　D.改善当地居民的福利状况

3）以下可能产生水体污染的项目有（　　　）。

A.某海域举行大型帆船比赛

B.一个海滨度假村新立了一块巨大的广告牌

C.一艘大型豪华游轮的首航

D.某财团拟在海边建一座饭店

4）根据多克塞的研究，旅游发展到第三个阶段，当地居民对旅游者的态度是
（　　　）。

A.欣喜　　　　　B.恼怒　　　　　C.冷漠　　　　　D.对抗

5）下列各项属于不良"示范效应"的是（　　　）。

A.崇洋媚外　　　　　　　　　　B.手工艺品技术失传

C.艺术表演庸俗化　　　　　　　D.宗教信仰困惑

E.怀疑原本的政治主张

在线测评8-2

选择题

6）旅游对环境的积极影响有（　　　）。

A.改变了当地的建筑风格　　　　B.提高了人们的审美水平

C.美化城市环境　　　　　　　　D.保护自然景区

8.3　简答题

1）旅游影响有哪些类型？它们的共性是什么？

2）试述旅游业对经济发展的积极作用。

3）旅游业对国民经济发展的消极影响有哪些？

4）旅游有哪些社会文化影响？

5）试述旅游业发展对旅游地环境的影响。

在线测评8-3

简答题

8.4　讨论题

1）有观点认为，一国的经济不宜过分依赖旅游业。谈谈你对该观点的理解。

2）在预防和控制旅游的消极影响方面，你认为可以采取怎样的措施？

3）目前，旅游业的发展对我国社会发展的各个层面产生了怎样的影响？试从宏观角度加以讨论，并举出事例。

8.5　案例分析题

莫让过度商业化制约景区可持续发展

"进入古镇，到处都是红柳烤肉、臭豆腐、大鱿鱼、奶茶、工艺品铺子，招牌都差不多，建筑样式也大致相同，不同的可能只有明信片上面的地址。"刚刚结束了一场古镇之旅的邹先生吐槽道。据媒体报道，暑期有很多游客吐槽景区过度商业化的问题，包括景区内购物场所数量较多、面积较大、经营秩序欠佳；商业街过长，景观质量差，普遍存在不明码标价、服务质量差等经营不规范问题。

其实，游客并非排斥商业，因为景区只有通过相应的商业开发才能提高附加值。比如，嵌入当地文化内核的景区商业经营，更能增加游客的体验感。即使是餐饮，也要体现景区的特色，并在精细化服务上做文章。也就是说，景区商业化必须满足游客的舒适化需求。

游客真正反感的，是商业侵蚀了游客的体验感。一些景区不在其独特的核心点上去创新延长产业链，营造"别无分号"的场景，反而在服务设施上打造"卖全国"的"连锁店"。

景区过度商业化虽然为景区带来了短期的经济利益，维持了景区的运转，为企业赢得了资金，但如果顾此失彼地继续漠视景区的文化价值和生态价值，就会导致同质化的商业模式肆意入侵，最终导致景区本土文化流失和生态环境破坏。

谨防景区过度商业化必须坚持在保护中开发、在开发中保护，通过挖掘旅游资源中的历史文化价值和时代价值，以文塑旅、以旅彰文，把文化资源优势转变为经济发展优势，在文旅深度融合中推进景区可持续发展。

同时，政府相关部门必须完善相关法律法规，理顺旅游开发体制机制，加大监督与执法力度，为游客打造一个舒适安全的旅游休闲环境。

资料来源　丁慎毅. 莫让过度商业化制约景区可持续发展［N］. 中国旅游报，2022-08-08（3）.

问题：旅游业给景区带来了哪些影响？应采取哪些措施防止景区过度商业化？

实践训练 ✔

结合自己的家乡或者其他熟悉的地区，考察旅游业给当地带来的综合影响。

第9章

旅游业管理

【学习目标】

1. 了解旅游组织的类型及功能；
2. 熟悉国际和国内各种旅游组织的名称并了解其职能；
3. 掌握旅游产业政策的概念、性质、内容和作用，并能够根据所在地旅游业的发展情况提出相应的改善措施；
4. 了解旅游业宏观管理的必要性，掌握旅游业宏观管理的基本手段，并能够结合所在地区旅游业宏观管理的情况提出改进措施；
5. 树立法治意识，提高旅游法律素养。

【知识导图】

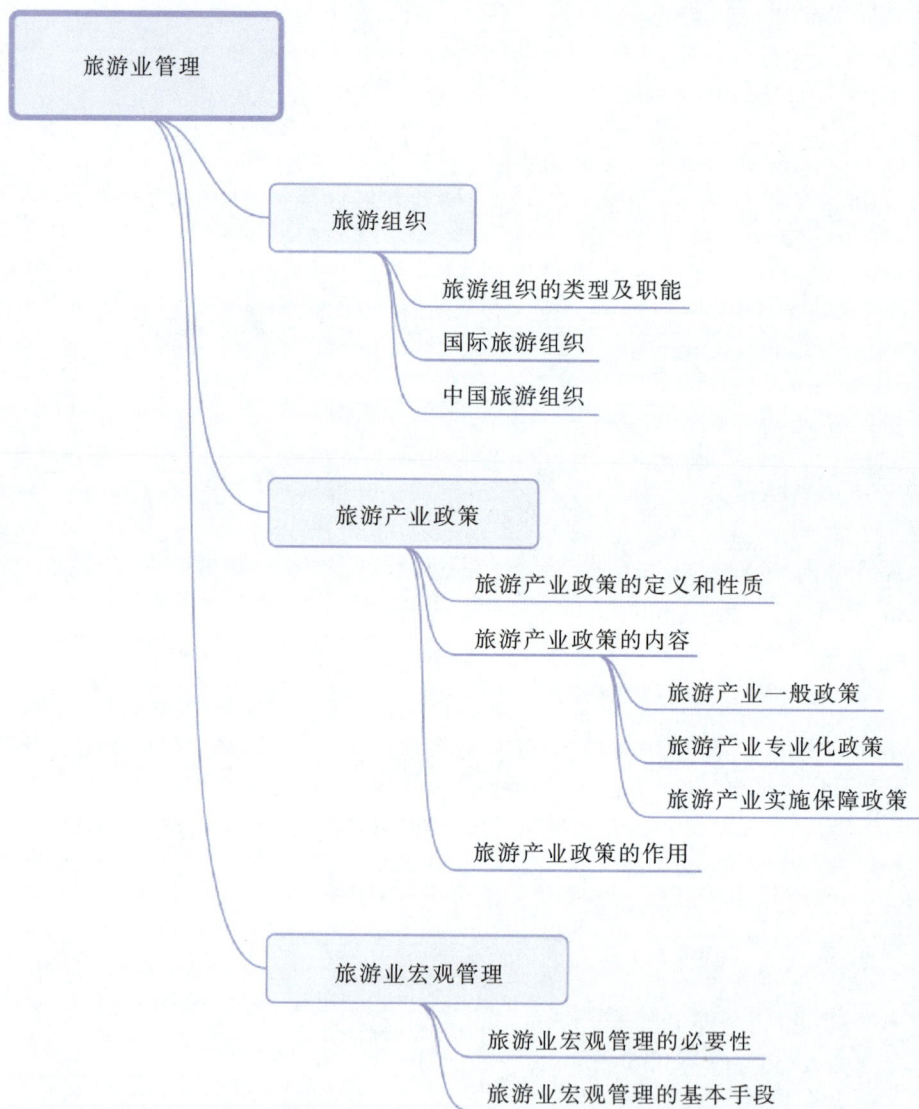

旅游业管理
- 旅游组织
  - 旅游组织的类型及职能
  - 国际旅游组织
  - 中国旅游组织
- 旅游产业政策
  - 旅游产业政策的定义和性质
  - 旅游产业政策的内容
    - 旅游产业一般政策
    - 旅游产业专业化政策
    - 旅游产业实施保障政策
  - 旅游产业政策的作用
- 旅游业宏观管理
  - 旅游业宏观管理的必要性
  - 旅游业宏观管理的基本手段

❧ 引例 ❧

"民法典时代"旅游更美好

2020 年 5 月 28 日，第十三届全国人民代表大会第三次会议表决通过了《中华人民共和国民法典》（以下简称《民法典》），自 2021 年 1 月 1 日起施行。《民法典》是新中国历史上第一部以法典命名的法律，我国的民法制度迎来"民法典时代"。那么，《民法典》颁行后，对于层出不穷的旅游新业态是否做出了明确规范？将会给旅游业的发展带来哪些影响呢？

与旅游行业息息相关

"民法是包括旅游在内的民事领域的基础性、综合性法律。《民法典》生效后，《中华人民共和国民法总则》《中华人民共和国物权法》《中华人民共和国婚姻法》《中华人民共和国合同法》《中华人民共和国侵权责任法》等相关法律都将被替代，这意味着法律人现有的知识体系将发生重大变化。"《旅游法》起草人之一、北京第二外国语学院文化和旅游政策法规中心副主任王天星认为，"除其中的婚姻家庭编、继承编外，《民法典》的其他部分与每一个旅游者、旅游经营者的权益都息息相关。"

明晰旅游者的权利义务

住酒店被偷拍怎么办？手机 App 订票暴露过多个人信息怎么办？交通工具上遭遇霸座怎么办？……在《民法典》中，一系列旅游者关心的问题都能找到答案。

王天星介绍，其实对旅游者权益的保护，在 2013 年颁行的《旅游法》中就做了比较集中的规定。但是对旅游者个人隐私的保护，限于《旅游法》立法之时人们对个人隐私的认识程度，并没有对宾馆、民宿等旅游者在外旅游期间的私密空间保护做出有针对性的规定。《民法典》对包括旅游者在内的自然人的隐私权保护，更详细、更具体、更有力度。

据了解，《民法典》"第四编　人格权"中对自然人的隐私权及其保护做出了详尽的规定。除法律另有规定或者权利人明确同意外，任何组织或者个人不得进入、拍摄、窥视他人的住宅、宾馆房间等私密空间。"隐私权是旅游者的一项重要的人格权。《民法典》的上述规定，有利于强化旅游者的隐私权，彰显旅游者隐私权保护的重要意义，对于遏制、防范、惩戒侵害旅游者隐私权的行为，必将发挥重要的作用。"王天星认为，"这些规定直面新时代公民个人权利面临的现实挑战，体现了新时代中国法律对人格权保护的鲜明态度，回应了大众旅游时代人们对入住宾馆期间个人隐私可能被侵犯的担心与顾虑。"

为管理提供法律依据

旅游景区作为公共场所，对于进入其中的旅游者负有安全保障义务。这种安全保障义务的边界在哪里？对于那些擅自进入未开发的野山、原始森林、荒漠等高危险区域而遇险的旅游者，高危险区域的管理者是否应承担法律责任？承担什么责任？承担责任是否有限度？

对此，王天星认为，在《旅游法》《中华人民共和国消费者权益保护法》的立法中，限于立法之时的社会实践、法学研究等多方面原因，相关立法都未做出明确规定。而如今，《民法典》做出了明确回应。例如，未经许可进入高度危险活动区域，管理人能够证明已经采取足够安全措施并尽到充分警示义务的，可以减轻或者不承担责任。据此，景区如果能够证明已经采取足够的安全措施，对于驴友不幸遇险、遇难等情形，可以减轻或不承担责任。

《民法典》还规定了"自甘风险"规则，即公民自愿参加具有一定风险的文体活动，因其他参加者的行为受到损害的，受害人不得请求其他参加者承担侵权责任，但是其他参加者对损害的发生有故意或者重大过失的除外。这意味着，对驴友来说，自愿参加应"自甘风险"。在王天星看来，这些规定体现了社会治理的原则，有利于规范旅游市场的秩序与行为边界，有利于旅游新业态的健康发展。

资料来源 王洋，李志刚."民法典时代"旅游更美好［N］.中国旅游报，2020-06-18（1）.

思考：《民法典》对旅游从业者有何影响？

分析：《民法典》全面践行社会主义核心价值观，以法治承载道德观念，以道德滋养法治精神，彰显了明确的价值导向。旅游从业者要认真学习这些法律条文，只有学法、懂法，才能依法、用法。只有真正掌握法律的精髓和规范，才能按照法律的规定合法经营、健康发展，才能运用法律武器保障自身的合法权益。

随着旅游业的发展，旅游活动越来越成为一种国际化的活动。旅游活动的开展越来越需要政府间的合作，利益关系也越来越紧密，从而出现了许多国际旅游组织。与此同时，各个国家也对旅游业的发展越来越重视，并通过建立旅游行业组织，制定旅游产业政策，运用市场和宏观管理手段，共同对旅游业进行管理和调控。

9.1　旅游组织

旅游业是一项综合性的产业，由食、住、行、游、购、娱等与旅游直接或间接相关的众多旅游企业组成。为了保证这些旅游企业自身的健康发展、与其他相关企业的良好协作，以及与国民经济各部门的均衡协调发展，旅游组织（tourism organization）应运而生。旅游组织是指对旅游企业进行规范管理的各种国家组织和行业组织。

9.1.1　旅游组织的类型及职能

旅游组织形式多样，类型丰富。按照地域的不同，旅游组织可以分为国际旅游组织和国内旅游组织，如世界旅游联盟属于国际旅游组织，中国旅游饭店业协会属于中国国内旅游组织；按照管理性质的不同，旅游组织可以分为旅游行政组织和旅游行业组织；按照动机的不同，旅游组织可以分为营利性旅游组织和非营利性旅游组织。旅游组织的分类见表9-1。

表 9-1　　　　　　　　　　　　　　旅游组织的分类

分类标准	分类内容
地域	国际旅游组织、国内旅游组织
管理性质	旅游行政组织、旅游行业组织
动机	营利性旅游组织、非营利性旅游组织

旅游组织的分类标准多种多样，但目前最常见的是按照管理性质将旅游组织分为旅游行政组织和旅游行业组织。下面主要介绍旅游行政组织和旅游行业组织及它们的职能。

1）旅游行政组织及其职能

旅游行政组织就是政府的旅游主管部门，它以公平和不营利为原则，为国家旅游业的发展起到了良好的协调、监督、管理作用。其职能主要有以下几个方面：

①制定旅游业的发展目标、方针政策、行政法规，对旅游业进行宏观管理和调控。

②管理和完善国内旅游市场，维护旅游者的权益。

③对相关旅游企业进行指导和管理。

④组织旅游教育、培训和考核工作。

⑤调查研究和统计旅游业的发展状况。

⑥开拓国际市场，拟定国际旅游开发战略，宣传推广旅游产品。

⑦管理入境旅游事务。

2）旅游行业组织及其职能

旅游行政组织以外的其他旅游组织均属于旅游行业组织，它是指在旅游业的发展过程中，为了促进行业发展、加强行业间的沟通与协作、提高行业声誉，由旅游企业、团体、个人等自愿组成的各类组织。需要指出的是，在旅游行业组织中，世界旅游组织与其他行业组织有所不同，它的成员是各国政府，是政府间的旅游组织，它可以召集由各国政府参加的国际会议来协调国际旅游事务、规划国际旅游发展和制定国际性旅游公约等。旅游行业组织的职能如下：

①组织行业间的交流，交换行业信息，推动对外宣传。

②组织学术研讨和培训，提高经营管理水平。

③调查和协调行业内部的关系，解决行业中的事务和问题，消除行业内部的不合理竞争。

④建立行业标准和规范。

⑤推广新技术，进行行业间的技术指导。

⑥统计行业数据，研讨、预测行业的发展趋势。

9.1.2 国际旅游组织

随着科技的发展，人类的旅游活动日益频繁，整个世界已经变成了一个地球村，现代旅游也已经成为国际性的经济活动，它不仅促进了国家或地区之间的经济发展，而且在政治上为加强各国人民之间的相互了解、促进各民族之间的文化交流起到了巨大的推动作用。与此同时，旅游活动也会造成各国之间的摩擦和冲突，产生许多复杂的国际问题，这在客观上要求成立各种国际性的旅游组织来协调各种国际问题，制定共同遵守的规则，保证国际旅游各项业务的顺利开展。

学习探究 9-1　　　　　　　　　　　**国际旅游组织一览表**

国际旅游组织一览表见表 9-2。

表 9-2　　　　　　　　　　国际旅游组织一览表

组织名称	英文缩写	成立时间	总　部	性　质
世界旅游组织	UNWTO	1975 年	西班牙马德里	政府间国际旅游组织
亚太旅游协会	PATA	1951 年	泰国曼谷	行业性、地区性、非政府间国际旅游组织
世界旅行社协会联合会	UFTAA	1966 年	比利时布鲁塞尔	非政府间国际旅游组织
世界旅游城市联合会	WTCF	2012 年	中国北京	旅游领域的非政府间、非营利性国际组织
世界旅游业理事会	WTTC	1990 年	英国伦敦	全球旅行与旅游企业领导者论坛组织
世界旅游联盟	WTA	2017 年	中国杭州	全球性、综合性、非政府间、非营利性国际旅游组织

1）世界旅游组织（World Tourism Organization）

世界旅游组织（UNWTO）最早可追溯到 1898 年设立的旅游协会的国际联盟，1919 年改称国际旅游同盟，1934 年在海牙成立了包括各国官方旅游宣传机构在内的国际官方旅游宣传组织联盟，1947 年正式成立官方旅游组织国际联盟，成为联合国附属机构，总部设在伦敦。1951 年，总部迁至日内瓦。1975 年，正式定名为世界旅游组织，总部设在西班牙马德里。2003 年 11 月，成为联合国专门机构。世界旅游组织标识如图 9-1 所示。

世界旅游组织的组织机构包括全体大会、执行委员会、秘书处及地区委员会。世界旅游组织下设 6 个地区委员会，包括非洲委员会、美洲委员会、东亚和太平洋委员会、南亚委员会、欧洲委员会、中东委员会。出版刊物有《世界旅游组织消息》《旅游发展报告（政策与趋势）》《旅游统计年鉴》《旅游统计手册》《旅游及旅游动态》。

图 9-1　世界旅游组织标识

世界旅游组织的宗旨是：促进和发展旅游事业，使之有利于经济发展；促进各国之间的相互了解，促进和平与繁荣，以及不分种族、性别、语言或宗教信仰，尊重人权和人的基本自由；强调在贯彻这一宗旨时，要特别注意发展中国家在旅游事业方面的利益。

世界旅游组织的主要工作是：制定国际性旅游公约、规则，研究全球旅游政策，收集和分析旅游数据，定期向成员提供统计资料；参与旅游领域的经济活动，倡导以旅游促进经济发展、消除贫困、解决就业、与各国开展合作项目；为旅游经济活动提供咨询、援助，开展技术合作。

我国于 1983 年加入世界旅游组织，成为该组织第 106 个正式成员国。1987 年 9 月，在该组织第七次全体大会上，中国首次当选为该组织执行委员会委员，同时当选为统计委员会委员和亚太地区委员会副主席。1991 年，中国再次当选为该组织执行委员会委员。2017 年 9 月 13 日，世界旅游组织第 22 届全体大会在四川成都召开。自 2021 年 1 月 25 日起，中文正式成为 UNWTO 官方语言。

世界旅游组织确定每年的 9 月 27 日为世界旅游日。为了不断向全世界普及旅游理念，促进世界旅游业的不断发展，世界旅游组织每年都会推出一个世界旅游日的主题口号。

2）亚太旅游协会（Pacific Asia Travel Association）

亚太旅游协会（PATA）1951 年 1 月成立于夏威夷，是不以营利为目的的非政府间国际旅游组织。其总部原设在美国旧金山，现设在泰国曼谷，另设有两个分部：一个在菲律宾马尼拉，负责处理东亚地区事务；另一个设在澳大利亚悉尼，负责处理南太平洋地区事务。亚太旅游协会标识如图 9-2 所示。

亚太旅游协会成员的范围较广，既有国家旅游组织、各种旅游协会和旅游企业，也有与旅游相关的组织。

亚太旅游协会的宗旨是：发展、促进和便利世界其他地区的游客来太平洋地区旅游，以及太平洋地区居民在本地区内开展国际旅游。该协会的大型活动有一年一度的

图9-2 亚太旅游协议标识

协会年会，主要讨论本地区旅游发展的状况、需要及存在的问题。此外，与会成员还会参加协会每年一度的业务会议，以更新自己的旅游业务知识。地区外分会则通过报告会或考察旅行，了解亚洲太平洋地区的旅游情况。协会还有一家出版社，出版发行各种旅游教科书、研究报告、宣传材料、旅游指南以及多种期刊，其中主要的期刊是《太平洋旅游新闻》。

我国于1993年加入亚太旅游协会，并成为其官方会员。2007年，PATA北京办事处成立，这是第一个在中国正式注册的旅游相关国际组织。

3）世界旅行社协会联合会（United Federation of Travel Agents' Associations）

世界旅行社协会联合会（UFTAA）1966年11月22日在意大利罗马正式成立，总部设在比利时布鲁塞尔。世界旅行社协会联合会是世界上最大的非政府间国际旅游组织之一。其正式成员是世界各国的旅行社协会，每个国家只能有一个全国性的旅行社协会代表该国参加。世界旅行社协会联合会标识如图9-3所示。

图9-3 世界旅行社协会联合会标识

世界旅行社协会联合会的宗旨是：团结和加强各国全国性旅行社协会和组织，协助解决会员间在专业问题上可能发生的纠纷；在国际上代表旅行社行业同各种旅游组织和企业（运输业、旅馆业和官方机构等）建立联系，进行合作；确保旅行社业务在经济、法律和社会领域内最大限度得到协调、赢得信誉、受到保护和获得发展；向会员提供必要的物质上、业务上、技术上的指导和帮助，使其在世界旅游业中占有适当的地位。

1995年8月1日，中国旅游协会正式加入该组织及其所属亚太地区联盟。

4）世界旅游城市联合会（World Tourism Cities Federation）

世界旅游城市联合会（World Tourism Cities Federation）成立于2012年9月15日，是一个旅游领域的非政府间、非营利性国际组织，也是首个总部落户中国、落户北京的国际性旅游组织，是全球第一个以城市为主体的国际旅游组织。世界旅游城市联合会标识如图9-4所示。

图9-4 世界旅游城市联合会标识

世界旅游城市联合会以"旅游让城市生活更美好"为主旨，是世界旅游城市互利共赢、合作发展的平台。世界旅游城市联合会致力于推动会员城市间的交流与合作，共享旅游业发展经验，探讨城市旅游发展问题，加强旅游市场合作与开发，提升旅游业发展水平，促进世界旅游城市经济社会协调发展。世界旅游城市联合会成立大会上还公布了《北京宣言》。《北京宣言》提出："城市是人类文明的结晶，旅游是和平与友谊的使者。城市是旅游的首要目的地，又是重要的客源地。"

5）世界旅游业理事会（World Travel & Tourism Council）

世界旅游业理事会（WTTC）成立于1990年，总部设在英国伦敦，是全球旅行与旅游企业领导者论坛组织。它的成员包括全球旅游业中近百位最著名企业的总裁、董事长和首席执行官。世界旅游业理事会在中美和南美、亚太、中东欧等地设立代表处。

世界旅游业理事会的主要任务是：与政府合作，实现旅游业这个庞大产业的最大经济效益，扩大社会就业。

世界旅游业理事会的工作目标是：确立旅游产业刺激经济、促进就业的战略地位；面向开放、竞争的市场；促进产业持续发展；消除增长的障碍。

6）世界旅游联盟（World Tourism Alliance）

世界旅游联盟（WTA）成立于2017年9月12日，是一个全球性、综合性、非政府间、非营利性的国际旅游组织，总部设在浙江杭州。世界旅游联盟标识如图9-5所示。

世界旅游联盟以"旅游让世界更美好"为核心理念，以旅游促进发展、旅游促进减贫、旅游促进和平为目标，加强全球旅游业界的国际交流，增进共识、分享经验、深化合作，推动全球旅游业可持续、包容性发展。

图 9-5　世界旅游联盟标识

世界旅游联盟的主要工作是：①为会员提供交流平台，促进会员间的业务合作和经验分享；②与一些重要国际组织沟通合作；③研究全球旅游发展趋势，收集、分析、发布旅游数据；④提供规划、制定服务、行业咨询和业务培训；⑤召开联盟年会、峰会和博览会，开展旅游市场宣传推介，促进资源共享，跨界跨业合作；⑥为政府和企业发展旅游业提供咨询。

世界旅游联盟的主要机构包括大会、理事会和秘书处。大会是该组织的最高权力机构，由全体会员组成；理事会是会员大会的执行机构；秘书处是该组织的日常行政管理机构。

国际旅游组织还有很多，如国际山地旅游联盟、国际宿营和旅游联合会等，它们对国际旅游业的发展及各种旅游经济活动都具有重要的影响。

9.1.3　中国旅游组织

中国旅游组织主要有两大类：中国旅游行政组织和中国旅游行业组织。

1）中国旅游行政组织

按照中共中央 2018 年 3 月印发的《深化党和国家机构改革方案》，我国组建了文化和旅游部，不再保留文化部、国家旅游局。2018 年 4 月 8 日上午，文化和旅游部正式挂牌。

组建后，文化和旅游部的主要职责是：

①贯彻落实党的文化工作方针政策，研究拟订文化和旅游政策措施，起草文化和旅游法律法规草案。

②统筹规划文化事业、文化产业和旅游业发展，拟订发展规划并组织实施，推进文化和旅游融合发展，推进文化和旅游体制机制改革。

③管理全国性重大文化活动，指导国家重点文化设施建设，组织国家旅游整体形象推广，促进文化产业和旅游产业对外合作和国际市场推广，制定旅游市场开发战略并组织实施，指导、推进全域旅游。

④指导、管理文艺事业，指导艺术创作生产，扶持体现社会主义核心价值观、具有导向性、代表性、示范性的文艺作品，推动各门类艺术、各艺术品种发展。

⑤负责公共文化事业发展，推进国家公共文化服务体系建设和旅游公共服务建设，深入实施文化惠民工程，统筹推进基本公共文化服务标准化、均等化。

⑥指导、推进文化和旅游科技创新发展，推进文化和旅游行业信息化、标准化建设。

⑦负责非物质文化遗产保护，推动非物质文化遗产的保护、传承、普及、弘扬和振兴。

⑧统筹规划文化产业和旅游产业，组织实施文化和旅游资源普查、挖掘、保护和利用工作，促进文化产业和旅游产业发展。

⑨指导文化和旅游市场发展，对文化和旅游市场经营进行行业监管，推进文化和旅游行业信用体系建设，依法规范文化和旅游市场。

⑩指导全国文化市场综合执法，组织查处全国性、跨区域文化、文物、出版、广播电视、电影、旅游等市场的违法行为，督查督办大案要案，维护市场秩序。

⑪指导、管理文化和旅游对外及对港澳台交流、合作和宣传、推广工作，指导驻外及驻港澳台文化和旅游机构工作，代表国家签订中外文化和旅游合作协定，组织大型文化和旅游对外及对港澳台交流活动，推动中华文化走出去。

⑫管理国家文物局。

⑬完成党中央、国务院交办的其他任务。

2）中国旅游行业组织

我国的旅游行业组织主要有中国旅游协会、中国旅游饭店业协会、中国旅游车船协会、中国旅行社协会等。这些旅游行业组织由有关的旅游企业、与旅游密切相关的业务部门及旅游科研部门和有关专家学者组成，在业务上接受文化和旅游部的指导。中国主要的旅游行业组织见表9-3。

表9-3　　　　　　　　　　中国主要的旅游行业组织一览表

组织名称	英文缩写	成立时间	会　址	性　　质
中国旅游协会	CTA	1986年	北京	全国综合性旅游行业协会组织
中国旅游饭店业协会	CTHA	1986年	北京	旅游饭店、地方饭店协会组织
中国旅游车船协会	CTACA	1988年	北京	车船企业及相关企业组织
中国旅行社协会	CATS	1997年	北京	旅行社、旅行社协会组织

（1）中国旅游协会（China Tourism Association）

中国旅游协会（CTA）于1986年1月30日成立，会址设在北京，是由中国旅游行业的有关社团组织和企事业单位在平等、自愿的基础上组成的全国综合性旅游行业协会。

中国旅游协会的业务范围包括：

①经政府有关部门批准，参与制定相关立法、政府规划、公共政策、行业标准和行业数据统计等事务；参与制定、修订行业标准和行业指南，承担行业资质认证、行

业人才培养、共性技术平台建设、第三方咨询评估等工作。

②向会员宣传、介绍政府的有关法律法规政策，向有关政府部门反映会员的诉求，发挥对会员的行为引导、规则约束和权益维护作用。

③收集国内外与本行业有关的基础资料，开展行业规划、投资开发、市场动态等方面的调研，为政府决策和旅游行业的发展提供建议或咨询。

④利用互联网等现代科技手段，建立旅游经济信息技术平台，进行有关国内外的市场信息、先进管理方式、应用技术以及统计数据的采集、分析和交流工作。

⑤接受政府部门转移的相关职能和委托的购买服务；参与有利于行业发展的公共服务。

⑥参与行业信用建设，建立健全会员企业信用档案，开展会员企业信用评价，加强会员企业信用信息共享和应用；建立健全行业自律机制，健全行业自律公约，制定行业职业道德准则，规范行业发展秩序；维护旅游行业公平竞争的市场环境。

⑦开展有关旅游产品和服务质量的咨询服务，组织有关业务技能培训和人才培养；受政府有关部门委托或根据市场和行业的需要，举办展览会、交易会，组织经验交流，推广新经验、新标准和科研成果的应用。

⑧加强与行业内外的有关组织、社团的联系、合作与沟通，促进互利互惠的利益平衡。

⑨以中国旅游业的民间代表身份开展对外和对港澳台的交流与合作，搭建促进旅游业对外贸易和投资服务的平台，帮助旅游企业开拓国际市场；在对外经济交流，旅游企业"走出去"过程中，发挥协调、指导、咨询、服务作用。

⑩依照有关规定编辑有关行业情况介绍的信息资料、出版发行相关刊物，设立下属机构或专门机构。

⑪依法从事促进行业发展或有利于广大会员利益的其他工作。

中国旅游协会的最高权力机构是会员大会。会员大会每五年召开一次。会员大会的执行机构是理事会。理事会每届任期五年，每年召开一次会议。

截至目前，中国旅游协会共有会员单位两百余家。协会会员的基本结构为大型综合性旅游集团、传统细分业态中的龙头企业、大型涉旅企业、新兴业态中具有发展潜力的创新型企业、省级旅游协会和重要旅游城市旅游协会、与旅游业关联度较高的国家级行业协会六大类型。

中国旅游协会共有18家分支机构，分别为妇女旅游委员会、民航旅游专业委员会、旅游教育分会、温泉旅游分会、休闲农业与乡村旅游分会、休闲度假分会、旅游商品与装备分会、民宿客栈与精品酒店分会、探险旅游分会、亲子游与青少年营地分会、健康旅游分会、文旅投资分会、旅游营销分会、金钥匙分会、文化体育旅游分会、智慧旅游分会、地学旅游分会和最美小镇分会。各分会的运转健康有序，所开展的活动在不同领域得到了一定程度的认可，形成了良好的业界口碑。

（2）中国旅游饭店业协会（China Tourist Hotel Association）

中国旅游饭店业协会（CTHA）成立于1986年2月25日，会址设在北京，是由中国境内的旅游饭店、饭店管理公司（集团）、饭店业主公司、为饭店提供服务或与饭店主营业务紧密相关的企事业单位及各级相关社会团体自愿结成的全国性、行业性社会团体，是非营利性社会组织。1997年11月，第四届会员代表大会将"中国旅游饭店协会"更名为"中国旅游饭店业协会"。

中国旅游饭店业协会的宗旨是：代表和维护中国旅游饭店行业的共同利益，维护会员的合法权益，为会员服务，为行业服务，在政府与会员之间发挥桥梁和纽带作用，为促进我国旅游饭店业的健康发展做出积极贡献。

中国旅游饭店业协会的业务范围包括：

①宣传、贯彻国家有关旅游业的发展方针和旅游饭店行业的政策、法规，参与制定相关立法、条例、政府规划、公共政策、行业标准等事务。

②为会员提供法律咨询服务，保护会员的共同利益，维护会员的合法权益，向行业管理部门及政府有关部门反映会员的愿望和要求。

③发挥对会员的行为引导、规则约束作用，制定行规行约，制定行业职业道德准则，建立健全监督执行机制，参与行业信用建设，建立健全会员企业信用档案。加强会员企业和游客信用信息共享和应用，维护饭店行业公平竞争的市场秩序。

④经政府有关部门授权，收集整理国内外与本行业相关的基础性资料，开展行业规划、投资开发、市场动态等方面的行业数据统计调研，为政府和饭店行业发展提供建议和咨询。

⑤接受政府有关部门委托或根据市场和行业发展需要，组织开展各项培训、会议、研讨、论坛、考察及有关产品展览等工作，加强会员之间的交流与合作，加强与行业内外有关组织、社团的联系、协调与合作，促进互利互惠的利益平衡。

⑥科学制定团体标准，参与制定、修订行业标准、国家标准和行业规范。经政府有关部门委托，承担人才培训、公共技术平台建设等工作。

⑦开展与海外饭店业相关行业组织或企业之间的交流与合作；开展对外和港澳台的交流与合作，帮助旅游饭店企业开拓海外市场，发挥组织、协调、服务等作用。

⑧依照有关规定，建立健全会刊、官方网站、官方微信等信息渠道，为会员单位提供信息服务。

⑨承接行业管理部门转移的相关职能和委托的购买服务等工作，参与有利于行业发展的公共服务工作，承办行业管理部门及其他政府部门委托的其他工作。

中国旅游饭店业协会的最高权力机构是会员代表大会，会员代表大会每五年召开一次。理事会是会员代表大会的执行机构，在会员代表大会闭会期间领导本会开展工作，对会员代表大会负责。

（3）中国旅游车船协会（China Tourism Automobile & Cruise Association）

中国旅游车船协会（CTACA）成立于1988年1月，会址设在北京，是由中国境内的旅游汽车、游船企业和旅游客车及配件生产企业、汽车租赁、汽车救援等单位在平等、自愿的基础上组成的全国旅游车船行业的专业协会，是非营利性的社会组织。

中国旅游车船协会的宗旨是：遵守国家的宪法、法律法规和有关政策，遵守社会道德风尚，广泛团结和联系旅游车船业界人士，代表并维护中国旅游车船行业的共同利益与会员的合法权益，在业务主管单位的指导下，努力为会员服务、为行业服务、为政府服务，在政府和会员之间发挥桥梁和纽带作用，为促进我国旅游车船行业的持续、快速、健康发展做出积极贡献。

中国旅游车船协会的业务范围包括：

①向会员宣传政府的有关政策、法律法规并协助贯彻执行。

②向政府反映会员的愿望和要求，并争取政策支持，保护会员的共同利益，维护会员的合法权益。

③收集国内外旅游车船行业的基础资料，开展旅游车船行业规划、投资开发、市场动态等方面的调研，为政府决策和旅游车船行业发展提出建议，协助推动旅游车船行业内部相关方面的协调发展。

④协助业务主管单位建立旅游车船经济信息网络，进行有关国内外的旅游车船市场信息、先进管理方式和应用技术的采集、分析和交流工作，开展旅游车船市场的调研和预测。

⑤受业务主管单位委托，协助业务主管单位搞好旅游车船行业质量管理工作，参与相关法规和政策的研究制定，参与制定、修订旅游车船行业标准和行业发展规划、行业准入条件。经政府有关部门批准，参与和开展旅游车船行业资质认证工作，推动和督促会员提高服务质量。

⑥开展行业自律，建立完善行业自律性管理约束机制，健全相关制度，协助业务主管单位制定并组织实施旅游车船行业职业道德准则，推动旅游车船行业诚信建设，规范旅游车船行业行为，维护旅游车船行业公平竞争的市场环境。

⑦开展有关旅游车船业产品和服务质量的咨询服务，组织有关业务培训。经政府有关部门委托，根据市场和行业发展需要，举办展览会、交易会。组织旅游车船行业经验交流，推广新经验、新标准和科研成果的应用。

⑧加强与国内外旅游车船行业有关组织、社团的交流、协调与业务合作。

⑨依照有关规定，建立网站，编辑本团体刊物。

⑩承办业务主管单位委托的其他工作。

中国旅游车船协会的最高权力机构是会员代表大会，理事会是会员代表大会的执行机构。

（4）中国旅行社协会（China Association of Travel Services）

中国旅行社协会（CATS）成立于1997年10月，会址设在北京，是由中国境内的旅行社、为旅行社提供服务的企事业单位以及与旅行社相关的社会团体自愿结成的全国性、行业性社会团体，是非营利性社会组织。

中国旅行社协会的宗旨是：为政府提供咨询、服务企业发展、优化资源配置、加强行业自律、创新社会治理、履行社会责任，代表和维护旅行社行业的共同利益和会员的合法权益，努力为会员服务、为行业服务、为政府服务，充分发挥桥梁和纽带作用，与政府相关部门、其他社会团体以及会员单位协作，为促进我国旅游市场繁荣、稳定，旅行社行业持续、快速、健康发展做出积极贡献。

中国旅行社协会的业务范围包括：

①经政府有关部门授权，参与制定相关立法、条例、政府规划、公共政策、行业标准和行业数据统计等事务；经政府有关部门批准，参与制定、修订国家标准和行业指南，开展制定、组织实施和对实施进行监督等团体标准化工作；承担人才培训、公共技术平台建设、第三方咨询评估等工作。

②向会员宣传贯彻政府的法律法规政策，向行业管理部门及政府有关部门反映会员的愿望和要求，为会员提供法律咨询服务，保护会员的共同利益，维护会员的合法权益。

③发挥对会员的行为引导、规则约束作用，制定行规行约，建立健全行业自律机制，建立行业自律公约，制定行业职业道德准则，规范行业发展秩序，督促会员单位提高经营管理水平和服务质量，维护旅行社行业公平竞争的市场环境。

④收集整理国内外与本行业相关的基础性资料，开展行业规划、投资开发、市场动态等方面的调研，为政府和旅行社行业发展提供建议和咨询。

⑤按照国家相关规定，利用互联网等现代科技手段，建立旅行社信息平台，对国内外市场信息、先进的管理经验、新技术应用以及旅行社、导游和游客信用评价等进行数据采集、统计和分析；依照有关规定，编印会刊和信息资料，为会员提供信息服务。

⑥承接行业管理部门转移的相关职能和委托的购买服务等工作，参与有利于行业发展的公共服务工作，承办行业管理部门委托的其他工作。

⑦根据国家相关规定，参与行业信用建设，建立健全会员企业信用档案，依照有关规定，开展会员企业信用等级评价，加强会员企业和游客信用信息共享和应用。

⑧开展有关旅游产品和服务质量的咨询服务，组织行业相关的专项培训和人才培养；受政府委托承办或根据市场和行业发展需要，举办展览会、交易会、研讨会、推介会、旅游资源考察等交流活动。

⑨加强与行业内外的有关组织、社团的联系、协调与合作，促进互利互惠的协同发展。

⑩按照相关规定，开展与海外旅行社协会及相关行业组织之间的交流与合作；以旅游业的民间代表身份开展对外和对港澳台的交流与合作，帮助企业开拓海外市场；在对外经济业务交流，组织旅行社企业"走出去"过程中，发挥组织、协调、指导、服务作用。

中国旅行社协会实行团体会员制，所有在中国境内依法设立、守法经营、无不良信誉的旅行社，为旅行社提供业务服务的企事业单位，与旅行社相关的社会团体等，只要承认本团体的章程，有加入本团体的意愿，均可申请加入协会。

中国旅行社协会的最高权力机构是会员代表大会，会员代表大会每五年召开一次。该协会设立理事会和常务理事会，理事会对会员代表大会负责，是会员代表大会的执行机构，在会员代表大会闭会期间领导协会开展日常工作；常务理事会对理事会负责，在理事会闭会期间行使其职权。

课堂互动9-1

中国旅游行政组织和中国旅游行业组织的关系是什么？

<h2 style="text-align:center">9.2 旅游产业政策</h2>

旅游业与国民经济中的许多行业和部门都息息相关，旅游经济活动的顺利开展离不开其他相关部门的支持和配合，这在客观上要求国家制定旅游产业政策来引导旅游产业与相关部门和企业，从而达到最优化的配合。与此同时，旅游产业政策在很多情况下是通过市场来调节的，但市场往往具有滞后性等不足，因此要促进整个旅游业的发展，国家必须加强宏观调控，充分利用经济、行政、法律等手段，发挥其作用，对旅游产业的发展做出统一、科学、合理的规划和指导，以调动社会各方面的积极性。

9.2.1 旅游产业政策的定义和性质

产业政策是随着近代资本主义的产生而出现的，其重点在于政府对经济的发展采取什么态度、政策和手段。目前，人们对产业政策还没有一个权威的解释。总结各方观点，产业政策可以定义为：国家根据一定时期内国民经济发展的内在要求而制定和实施的促进产业均衡发展的综合性政策体系。

对旅游产业政策的定义，国内外学者的表述不尽相同，但其内涵和本质的差别并不大。旅游产业政策是政府为了实现一定时期内的经济和社会发展目标而制定的完善和优化旅游产业运行的各种方针、政策和措施的总称。

旅游产业政策的基本性质如下：

1）旅游产业政策是国家产业政策的一部分

旅游产业政策归属于国家产业政策，国家产业政策是航标，任何旅游产业政策都要符合国家产业政策的大背景，并根据旅游产业自身的特点而制定。

2）旅游产业政策与其他产业政策的相互关联性

社会的发展是多元化的，各产业之间相互协调、有机联合。因此，旅游产业政策不但要有其内在的协调性，与其他产业政策之间也要相互协调。

3）旅游产业政策是多层次的

一个国家不仅要有全国性的旅游产业政策，主要解决大产业结构的合理化问题，还要有地区性和部门性的旅游产业政策，主要解决本地区、本部门的结构合理化问题。二者不是相互冲突的，地区性和部门性的旅游产业政策必须在全国性的旅游产业政策的基本原则和规范之内，与全国性的旅游产业政策共同形成一个多层次的、多元化的、以国家旅游产业政策为中心的产业政策体系。

4）旅游产业政策是动态性的

旅游产业政策要根据国家总体产业政策实施引起的经济结构的变化而变化，根据国家的产业政策结构及经济运行趋势进行调整，因此旅游产业政策不是固定不变的。在不同的时期，不仅要有不同的旅游产业政策，而且要有相应的预防突发事件的政策。总体来说，旅游产业政策不是长期的，也不是短期的，而是中期的。

5）旅游产业政策辐射面广

从旅游产业的宏观功能来看，由于旅游产业不是传统意义上的服务业，也不是一般的第三产业，而是关联度高、涉及面广、带动力强的综合性产业，因此旅游产业政策中也涉及食、住、行、购、娱等方面的相关政策，具有辐射面广的特点。

6）旅游产业政策具有前瞻性

旅游产业政策是政府部门根据国家和地区旅游业的发展情况提出的，体现了国家和地区未来旅游业的发展目标。

9.2.2　旅游产业政策的内容

旅游产业政策的基本内容包括旅游产业一般政策、旅游产业专业化政策、旅游产业实施保障政策。

1）旅游产业一般政策

旅游产业一般政策包括旅游产业结构政策、旅游产业地区政策和旅游产业组织政策。

（1）旅游产业结构政策

旅游产业结构政策是根据一定时期内旅游产业结构的现状分析其未来变化的趋势，并按照产业结构的发展规律制定相关政策，以保证旅游产业结构顺利发展，最终推动旅游业发展的政策。它通过调整旅游供给结构来协调旅游需求结构与旅游供给结构的矛盾。由于旅游业的综合性和依托性都很强，因此旅游产业结构包括三个层次：第一个层次是旅游业在国民经济产业体系中的位置，以及旅游业和相关产业的联系与均衡。第二个层次是国际旅游业与国内旅游业的关系与政策协调。第三个层次是旅游产业中六要素的合理化，即旅游生产力体系中食、住、行、游、购、娱六要素的配套发展。

（2）旅游产业地区政策

我国幅员辽阔，旅游资源的分布具有差异性。每个地区都应根据本地区的资源特点发展旅游业，充分借助本地区天然形成的资源优势，进行重点投资和开发。因此，旅游产业地区政策具有一定的特殊性，应根据本地区的自然和人文环境的变化进行适当的调整。

（3）旅游产业组织政策

旅游产业组织政策就是运用微观经济理论分析企业、市场和产业之间的关系，然后选择高效益的、能使资源有效使用的、合理配置的产业组织形式，从而保证供给有效增加、供求矛盾得以协调的政策。它涉及旅游企业的市场进入、经济规模、竞争和垄断、国内外产业组织的对接、经营风险等一系列问题，其核心是实现产业组织的合理化，加快旅游企业的一体化、集团化发展。这一政策是旅游产业结构政策必不可少的配套政策。

2）旅游产业专业化政策

旅游产业专业化政策包括旅游市场开发政策、旅游产品政策、旅游技术政策和旅游产业导向政策。

（1）旅游市场开发政策

旅游广角 9-2

政策东风再起
邮轮破浪前行

旅游市场开发主要包括国内旅游市场开发、入境旅游市场开发和出境旅游市场开发。旅游市场开发政策属于满足旅游需求的政策。一般来说，产业政策主要是对供给的调节，但是由于旅游产业具有开放性，因此我们必须关注市场，通过政策手段来扩大国内和国际游客对国内旅游产品的需求。旅游市场开发政策是旅游产业政策的重要方面之一。比如，我国的"十一"黄金周就是激发国内旅游需求的政策之一。

（2）旅游产品政策

旅游产品政策是协调一个国家或地区的主打旅游产品与配套旅游产品关系的一项旅游产业政策，包括协调观光旅游产品、生态旅游产品、度假旅游产品、商务旅游产品、文化旅游产品与特种旅游产品之间的关系，协调一个整体旅游产品中的旅游吸引物、旅游设施、旅游服务、旅游交通与当地社会条件等方面的关系。

（3）旅游技术政策

旅游技术政策是旅游业发展中面临的一个新课题。旅游技术政策就是研究在科技发展如此迅速的今天，应当通过什么样的政策将现代科技成果应用于旅游业，以更好地促进旅游业的发展。比如，研究交通工具、新型材料、计算机、卫星通信等高科技产品和技术在旅游开发、旅游管理、旅游营销、旅游交通、旅游服务及教育培训等方面的推广和应用，从而提高经济效益、工作效率、服务质量，提升旅游者的旅游体验。

（4）旅游产业导向政策

旅游业发展的目标和原则是旅游产业政策制定中要明确解决的问题。一般而言，旅游产业导向政策包括鼓励性政策和限制性政策。鼓励性政策如鼓励和引导企业、金融机构、社会资金投向旅游业及相关产业中具有高附加值、高税收、低能耗和无污染的产业，促进产业结构的优化升级；限制性政策如防止对旅游资源的破坏性开发等。此政策的制定要充分发挥现有产业功能的优势，注重同类企业的空间集聚和产业链条的延伸。

3）旅游产业实施保障政策

要保证以上几个方面旅游产业政策的落实，就要给予法律保障，因此必须有相应的保障政策。需要指出的是，旅游产业实施保障政策的落实不仅仅是行政部门的职责，还应该充分调动相关的公众参与监督，完善民主监督机制，这样制定的旅游产业实施保障政策才更有效，才更能发挥监督管理的作用。

旅游产业政策这三个方面的内容既有区别又有联系，它们互为前提、互为条件，在实施中共同发挥作用，共同促进了旅游产业的发展。

9.2.3 旅游产业政策的作用

1）加快旅游业的发展

合理的旅游产业政策为国家或地区旅游业的发展指明了方向，能够预测出旅游业发展中遇到的问题并提出合理化的建议。

2）调节旅游经济供给与需求的平衡，促进国民经济良性循环

产业政策是建立在商品经济基础上的，通过产业政策的实施，能够间接调控旅游市场经济，调节旅游供给与需求的平衡，保证国民经济正常运行。

3）优化产业布局，发挥地区优势

合理的国家或地区的旅游产业政策能够从战略的高度，根据本国或本地区旅游业的特点，合理规划和管理本国或本地区的旅游业，并提供各项优惠政策扶植旅游业。

4）优化资源配置

市场机制落后的国家，旅游市场尚不够成熟，因此可以总结发达国家的经验教训，并将其运用到产业政策中，以优化资源配置。

🔁 **课堂互动 9-2**

旅游产业一般政策、旅游产业专业化政策和旅游产业实施保障政策之间是什么关系？

课堂互动 9-2

答案提示

9.3 旅游业宏观管理

9.3.1 旅游业宏观管理的必要性

1）国民经济健康发展的需要

国民经济是一个多种产业相互作用、有机运行的整体，旅游经济作为国民经济的重要组成部分，其发展速度应该与国民经济其他产业的发展速度相适应，这样才能保证国民经济的健康、有序运行，发展得过快或者过慢，都会影响国民经济的整体运行水平。因此，我们需要运用宏观管理的手段，如行政手段，来加强对旅游经济的调控。

2）旅游业全面均衡发展的需要

旅游业是一个综合性较强的行业，涉及食、住、行、游、购、娱等与旅游有直接或间接联系的许多行业，这从客观上要求有一个部门对旅游业进行宏观管理，建立一个"统一领导、集中管理"的宏观管理体制，以保证各个行业之间能够全面协调、健康发展。比如，在交通设施不完善的地区，要加大对交通设施建设的投资力度，要让游客"进得去，出得来"，重点解决旅游发展过程中的瓶颈问题。

3）社会稳定发展的需要

旅游所带来的复杂的社会效应要求我们必须对旅游业进行宏观管理。旅游产业效应会波及政治、经济、环境、文化等很多方面，这种效应有积极的，也有消极的。对于积极的效应，需要通过加强旅游业的宏观调控来强化；对于消极的效应，更需要通过加强旅游业的宏观调控和管理将其降到最小。

4）优化旅游地区资源结构的需要

旅游业的发展需要国家或地区进行宏观管理和调控。对国家来说，合理规划全国旅游产业区域布局，有助于从战略的高度合理开发和利用各地区的旅游资源；对地区来说，整合区域旅游资源，可以充分发挥区域旅游资源优势，从而形成自身的特色和品牌。

5）建成世界旅游强国的需要

我国的旅游业是在实行改革开放政策以后才起步的新兴产业，只有不断发现旅游业中遇到的问题并加以解决，不断加强旅游业的宏观管理和调控，才能够加快我国旅游产业的发展，为基本建成世界旅游强国、基本实现社会主义现代化做出积极贡献。

9.3.2 旅游业宏观管理的基本手段

为了保证旅游业的健康发展，必须加强对旅游业的宏观管理与协调，其手段主要有经济手段、法律手段和行政手段。

1）经济手段

经济手段是国家运用经济政策，通过对经济利益的调整而影响和调节社会经济活动的措施，包括财政政策、货币政策、金融政策、价格政策、汇率政策、税收政策等。

①在财政方面，国家通过财政补贴和财政投资来支持旅游业的发展。多年以来，我国利用财政基金支持了度假区、风景名胜区、森林公园等一大批旅游项目及旅游基础设施的建设。

②在金融方面，国家通过贷款的方向、规模、期限等间接调控旅游经济的发展，如对旅游企业实行优惠的贷款政策等。

③在税收方面，国家通过制定税种、规定税率和征收税费来调节旅游经济的发

旅游广角9-4

展。例如，新冠肺炎疫情直接影响了旅行社业、酒店业、交通运输业（特别是旅客运输业）、餐饮业、文化娱乐业、会展业等行业的收入，因此国家决定对受疫情影响比较突出的行业实行税收优惠政策。这个举措就是国家利用经济手段针对突发事件所采取的积极有效的调控措施之一。

2）法律手段

法律手段是国家通过制定和运用法律法规来调节经济活动的手段。旅游业的健康、有序发展在客观上需要用法律手段来保障。我国已经颁布的旅游方面的法规有《旅游法》《风景名胜区条例》《旅行社条例》《导游管理办法》《中国公民出国旅游管理办法》《旅行社责任保险管理办法》等。

《文化和旅游部办公厅关于抓好促进旅游业恢复发展纾困扶持政策贯彻落实工作的通知》

3）行政手段

行政手段是国家行政机关采取行政命令、指令、规定和法令等强制性手段来调节和管理社会经济活动的办法。国家可以通过以下行政措施对旅游业进行宏观管理：

①简化入境旅游手续，以吸引境外旅游者。目前，各国都在逐步简化入境审批手续，我国也在这方面积极努力。

②提供准确的旅游信息，以指导旅游企业的经营，各级旅游行政管理部门负责为旅游企业提供旅游政策指导和相关旅游咨询服务。

③制定完善和系统的全国性和地区性的旅游发展规划，提出旅游业的发展方向，对旅游规划、开发给予宏观指导。

🔄 课堂互动9-3

各个地方旅游行政管理部门根据国家颁布的《旅游投诉处理办法》对旅游投诉案件进行处理。请问这一现象是国家对旅游业进行宏观管理吗？如果是，那么采用了哪种手段进行管理？

课堂互动9-3

答案提示

本章小结

旅游组织是指对旅游企业进行规范管理的各种国家组织和行业组织。旅游组织按照管理性质的不同，可分为旅游行政组织和旅游行业组织。旅游行政组织是政府的旅游主管部门，负责制定一个国家或地区旅游业的发展目标，制定旅游相关法规及行业规范，组织旅游资源普查，指导旅游资源的开发与利用，进行旅游业的整体促销，监督旅游服务质量，维护旅游者的权益。旅游行业组织是指在旅游业的发展过程中，为了促进行业发展，加强行业间的沟通与协作，提高行业声誉而组成的各类组织，由旅游企业、团体、个人等自愿组成。旅游组织按照地域的不同，可分为国际旅游组织和国内旅游组织。旅游产业政策是政府为了实现一定时期内的经济和社会发展目标而制定的完善和优化旅游产业运行的各种方针、政策和措施的总称。旅游产业政策的基本内容包括旅游产业一般政策、旅游产业专业化政策、旅游产业实施保障政策。旅游产

边听边学9-1

本章小结

业政策的作用是加快旅游业的发展；调节旅游经济供给与需求的平衡，促进国民经济良性循环；优化产业布局，发挥地区优势；优化资源配置。旅游业宏观管理是国民经济健康发展、旅游业全面均衡发展、社会稳定发展、优化旅游地区资源结构、建成世界旅游强国的需要。旅游业宏观管理的主要手段有经济手段、法律手段和行政手段。

　　本章的重点是旅游业宏观管理的基本手段、旅游产业政策的内容；难点是旅游产业政策的性质和内容。

边听边学 9-2

主要概念

主要概念

　　旅游行政组织　　旅游行业组织　　旅游产业政策

基础训练

9.1　填空题

在线测评 9-1

填空题

1）旅游组织按管理性质可分为_____和_____。

2）2021年，世界旅游日的主题口号是_____。

3）在旅游行业组织中，_____组织与其他行业组织有所不同，它的成员是各国政府，是_____的旅游组织，它可以召集由各国政府参加的国际会议来协调国际旅游事务、规划国际旅游发展和制定国际性旅游公约。

4）_____是我国旅游行政管理机构，统一管理对内和对外旅游工作。

5）旅游产业专业化政策包括_____、_____、_____、_____。

6）旅游业宏观管理的基本手段主要有_____、_____、_____。

9.2　判断题

在线测评 9-2

判断题

1）世界旅游组织是旅游行政组织。　　　　　　　　　　　　　　　（　　）

2）旅游产业政策是国家产业政策的一部分。　　　　　　　　　　　（　　）

3）旅游行业组织以自愿和不营利为原则，为国家旅游业的发展起到了良好的协调作用。　　　　　　　　　　　　　　　　　　　　　　　　　　　　　（　　）

4）《中华人民共和国旅游法》的颁布与实施，是国家运用宏观调控中的行政手段对旅游业进行管理。　　　　　　　　　　　　　　　　　　　　　　　（　　）

9.3　简答题

在线测评 9-3

简答题

1）旅游行政组织和旅游行业组织的职能分别是什么？

2）目前世界主要的国际旅游组织有哪些？

3）目前中国的旅游行业组织有哪些？

4）旅游产业政策包括哪些内容？

5）旅游产业政策的作用是什么？

9.4 讨论题

结合你所在地区旅游业的发展现状，谈谈应当采取哪些措施来加强当地旅游业的宏观管理。

9.5 案例分析题

《"十四五"旅游业发展规划》（以下简称《规划》）指出，"十三五"期间，我国年人均出游超过4次，年出入境旅游总人数突破3亿人次。"十四五"时期，我国将全面进入大众旅游时代，要完善节假日制度，推动各地区制定落实带薪年休假具体办法。

《规划》提出，到2025年，旅游业发展水平不断提升，现代旅游业体系更加健全，旅游有效供给、优质供给、弹性供给更为丰富。国内旅游蓬勃发展，出入境旅游有序推进，旅游业国际影响力、竞争力明显增强，旅游强国建设取得重大进展。建设一批富有文化底蕴的世界级旅游景区和度假区，打造一批文化特色鲜明的国家级旅游休闲城市和街区，红色旅游、乡村旅游等加快发展。旅游无障碍环境建设和服务进一步加强，智慧旅游特征明显，产业链现代化水平明显提高。

展望2035年，旅游需求多元化、供给品质化、区域协调化、成果共享化特征更加明显，以国家文化公园、世界级旅游景区和度假区、国家级旅游休闲城市和街区、红色旅游融合发展示范区、乡村旅游重点村镇等为代表的优质旅游供给更加丰富，旅游业综合功能全面发挥，整体实力和竞争力大幅提升，基本建成世界旅游强国。

《规划》提出，拓展大众旅游消费体系。完善节假日制度，推动各地区制定落实带薪年休假具体办法。鼓励机关、社会团体、企事业单位引导职工灵活安排休假时间。鼓励制定实施旅游景区门票减免、淡季免费开放、演出票打折等补助政策。鼓励推行区域旅游景点套票、月票、年卡和旅游公交等服务。支持金融机构依法依规创新旅游消费支付方式。

创新旅游消费场景。推动旅游电子商务创新。支持发展共享旅游消费，鼓励发展与自驾游、休闲度假相适应的租赁式公寓、共享汽车、异地还车等服务，因地制宜发展无接触旅游消费。积极发展夜间消费。推动建设国家文化和旅游消费试点城市、示范城市。保护发展老字号，鼓励有条件的城市打造老字号特色街区。鼓励各地区利用工业遗址、老旧厂房开设文化和旅游消费场所。

建立健全旅游市场服务质量评价体系，形成科学有效的服务监测机制。旅游景区等场所开展预约服务的同时，应保留人工窗口和电话专线，为老年人保留一定数量的线下免预约进入或购票名额。规划建设一批对沿线旅游发展具有重要促进作用的干线铁路、城际铁路和资源开发性支线铁路。优化旅游公共服务设施布局，完善配套设施和功能。

资料来源 佚名. 国务院：推动各地落实带薪年休假鼓励景区门票减免、淡季免费开放 ［EB/OL］. ［2022-01-21］. https://baijiahao.baidu.com/s? id=1722540387636014675&wfr=spider&for=pc.

问题：

1）带薪休假对旅游经济的发展有哪些影响？

2）如何有效落实带薪休假制度?

实践训练

根据你所在地区旅游产品的构成情况，了解本地区的旅游产品政策。

第 10 章

旅游可持续发展

【学习目标】

1. 了解可持续发展思想和旅游可持续发展思想的形成过程；
2. 掌握可持续发展和旅游可持续发展的含义；
3. 熟悉旅游可持续发展的目标，了解旅游可持续发展的要求，了解旅游可持续发展应遵循的原则；
4. 掌握生态旅游的概念，熟悉旅游可持续发展与生态旅游的关系，掌握生态旅游可持续发展的内涵；
5. 强化人类命运共同体意识，践行推动绿色发展、可持续发展的使命感及责任感。

【知识导图】

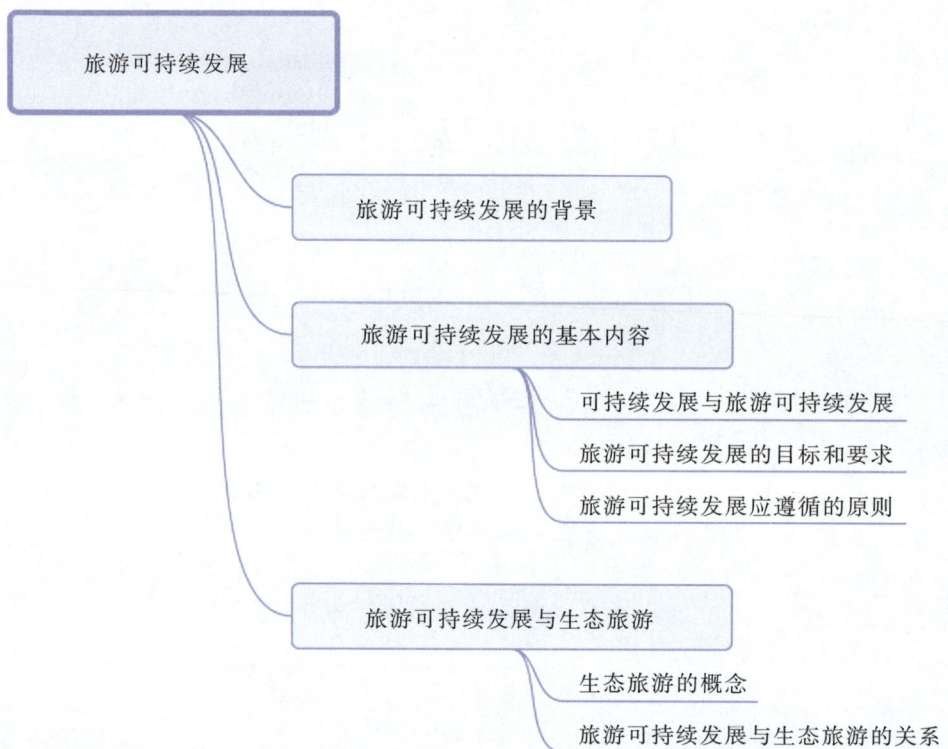

⌇ 引例 ⌇

桂林漓江的过去和现在

漓江，是中国锦绣河山的一颗明珠，是桂林风光的精华，早已闻名遐迩，著称于世。两岸奇峰秀丽，水绕山环，沃野似锦，烟霞迷蒙，被誉为"人间仙境"。但是你们知道漓江过去的一段历史吗？这个要追溯到20世纪70年代，那时桂林正在大力发展重工业，制药、纺织、橡胶、机械、造纸、炼钢等工业排放的污水直接排入漓江，对漓江造成了严重污染，漓江一时变成了黑江。当时，漓江两岸的人民由于山岭水泽的阻隔，水陆交通不便，因此以捕鱼为生。污染的日益严重，导致江里鱼虾骤然减少，人民生活艰难。改革开放以后，国家开始重视对漓江的保护问题，并对漓江进行了治理。20世纪70年代末至80年代初，桂林市先后"关、停、并、转、迁"了60多家污染严重的工厂，并在市郊建成了3个污水净化厂，初步切断了漓江的污染源。经过几年的努力，漓江的污染带消失了，漓江逐渐恢复了以往的清澈，漓江里的鱼虾又多了起来。与此同时，桂林市还加大了对漓江两岸的建设和旅游资源的开发利用，在漓江两岸开垦了大批梯田，栽种了无数的凤尾竹、毛竹和大量的果树，稻田之间的人工湖也处处可见。这些举措给当地居民带来了丰厚的经济回报，留给游人的是迷人的凤尾竹、碧绿的漓江水、绿油油的稻田。

资料来源　韩荣良. 桂林导游 [M]. 北京：中国旅游出版社，2004.

思考：是什么改变了桂林漓江的过去？请你预测未来漓江旅游的发展趋势是怎样的？

分析：首先，桂林市在20世纪70年代末至80年代初采取的一系列措施挽救了漓江；其次，桂林市加大了对漓江两岸的建设和旅游资源的开发利用，不仅保护了漓江的生态环境，保护了当地的自然资源、人文资源、社会文化、风土人情，给现在及未来的旅游者留下了宝贵的旅游资源，而且给漓江两岸的居民带来了丰厚的经济回报。未来漓江旅游的发展趋势是开展生态旅游，即在保护漓江自然和人文旅游资源的情况下，一方面满足旅游者的生态体验需求；另一方面保证当地居民的生存环境和生活质量。

10.1　旅游可持续发展的背景

第二次世界大战以后，世界进入了工业化时代。这个时期既是人类经济迅速增长的时期，也是对环境破坏最严重的时期，突出表现为人类在追求发展的过程中往往以牺牲生态环境为代价，这种发展模式导致了人类环境的恶化和各种资源的枯竭，严重威胁到了人类及地球上其他生物的生存，制约了人类的进一步发展，人们开始用理性的思维审视经济和环境之间的关系。1962年，美国生物学家蕾切尔·卡森出版了一部科普图书，名叫《寂静的春天》。这本书以生动而严肃的笔触描写了因过度使用化学药品和肥料而导致的生态破坏和环境污染，以及最终给人类带来的巨大灾难。这部书被公认为改变了世界历史的进程，标志着人类开始关心生态环境。1972年，《增长的极限：罗马俱乐部关于人类困境的报告》发表。该报告指出，如果世界人口、工业化、污染、粮食生产和资源消耗等方面按照现在的趋势继续下去，那么这个行星在100年后最可能发生的结果是人口和工业生产力双方有相当突然的和不可控制的衰退。同年，《联合国人类环境会议宣言》于斯德哥尔摩通过，第一次提出了环境与发展的主题。会议建议将其开幕日6月5日定为"世界环境日"，这一节日被同年举行的第27届联合国大会确认。1987年，联合国世界环境与发展委员会（WCED）发表了题为《我们共同的未来》的研究报告，首次提出了"可持续发展"（sustainable development）的概念，这标志着可持续发展思想的成熟。

可持续发展思想形成后，1990年，全球可持续发展大会在加拿大温哥华召开，旅游组行动策划委员会提出了《旅游业可持续发展行动战略》（草案）。1992年，联合国在里约热内卢召开的环境与发展大会通过了以可持续发展为核心的《关于环境与发展的里约宣言》《21世纪议程》等文件，第一次把可持续发展从理论和概念推向行动。1993年，《可持续旅游杂志》在英国诞生，标志着旅游可持续发展（sustainable development of tourism）思想在旅游研究领域形成规模。1995年4月24日至4月28日，联合国教科文组织、联合国环境规划署和世界旅游组织在西班牙召开了可持续旅游发展世界会议，包括中国在内的75个国家和地区的600多名代表出席，会议最后通过了《可持续旅游发展宪章》和《可持续旅游发展行动计划》。1996年9月，世界旅游组织、世界旅游理事会与地球理事会联合制定了《关于旅游业的21世纪议程》。1997年2月16日至2月19日，亚太地区旅游与环境部长会议在马尔代夫召开，会议讨论了亚太地区旅游业发展与环境的关系。会议认为，旅游可持续发展的目标应该包括：①有效提供旅游产品和服务，从而为发展当地的经济与当地的生活服务；②增加就业；③保护并妥善管理自然资源，以保证生物的多样性及生态平衡；④维护和改善居民的生活质量；⑤在同代、两代乃至几代人之间实现财富分配的均衡。同年，第19届联合国大会特别会议首次将可持续旅游纳入了联合国可持续发展议程。1998年10月14日至10月18日，亚太议员环发大会第六届年会在我国桂林举行，在这次研讨会上，世界旅游组织探讨了旅游可持续发展指标的确定和运用，以及监督旅游可持续发展进程等方面的问题，并通过了《桂林宣言》。2002年8月26日，可持续发展世界首脑会议在南非约翰内斯堡国际会议中心召开，并签署了《在旅游目的地进行负责任的旅游的开普敦宣言》，这个宣言通过了一系列更为广泛的发展原则，特别是消除贫困，以及相信"负责任的旅游"的目的是"让人们有更好的地方居住，有更好的地方观光"。2010年，全球可持续旅游委员会（GSTC）在美国华盛顿成立，其宗旨是"不断提升游览体验；更加珍视环境；通过旅游业可持续发展让社区与居民受益"。同年，中国黄山风景区正式加入全球可持续旅游委员会。2011年，第十一届世界旅游旅行大会在美国拉斯维加斯举行，大会围绕全球旅游新趋势、旅游业可持续发展等议题展开讨论。2012年，由全球可持续旅游委员会牵头制订并由世界旅游组织（UNWTO）、联合国环境规划署（UNEP）、联合国基金会（UNF）等国际组织支持的《全球目的地可持续旅游标准》（征求意见稿）用汉语、英语、俄语、阿拉伯语、法语、西班牙语以及加泰罗尼亚语 7 种语言发布。2020 年，世界自然基金会（WWF）联合相关旅游行业领军企业和有关非政府组织，通过线上形式共同发起成立可持续旅行联盟，致力于遏制野生动植物非法贸易，倡导减少塑料垃圾污染，减少食物浪费，实现旅游业可持续发展。2021 年，第 76 届联合国大会组织召开高级别辩论会，聚焦"将可持续旅游置于全球包容性复苏的核心"主题，就如何通过促进旅游业恢复发展，增进人类福祉、推动经济繁荣与可持续发展等议题进行研讨。

旅游广角 10-1

关于负责任
的旅行

从以上事件可以看出，旅游可持续发展越来越受到国际社会的关注。目前，旅游可持续发展思想已基本形成并逐步走向成熟。

🔄 **课堂互动 10-1**

可持续发展思想提出后，旅游业是怎样与可持续发展思想结合起来的？

课堂互动 10-1

答案提示

10.2　旅游可持续发展的基本内容

10.2.1　可持续发展与旅游可持续发展

1）可持续发展的含义

1987 年，联合国世界环境与发展委员会第一次阐述了"可持续发展"的概念，即"既满足当代人的需求，又不对后代人满足其需求的能力构成危害的发展"，这一概念得到了国际社会的广泛认同。可持续发展包含以下三个方面的内涵：

（1）可持续发展的公平性内涵

①本代人的公平。可持续发展要满足全世界当代人的基本需求和给全世界每一个人公平的机会，以满足他们要求美好生活的愿望，强调当代全世界的每一个人都有享受基本需要的权利，要把消除贫困作为可持续发展进程中优先考虑的问题。

②代际的公平。当代人在享受自己的基本需要和美好生活的同时，不要损害子孙后代利用自然资源，尤其是不可再生资源的权利。

③公平分配有限资源。这强调的是发达国家要和发展中国家公平分配有限的资源。世界上任何一个国家都不能独自享有世界上有限的资源，所有国家都要平均分配世界上有限的资源。目前的现实是，占全球人口 26% 的发达国家消耗的能源占全球能源总量的 80%。

（2）可持续发展的持续性内涵

持续性就是在取得经济利益的同时，要保护好人类赖以生存的大气、淡水、海洋、土地和森林等自然资源和环境，使子孙后代也能够永续发展和安居乐业。持续性的核心是人类的经济和社会发展不能超过资源与环境的承载能力。

（3）可持续发展的共同性内涵

共同性体现了全球的整体性、统一性和共享性。可持续发展体现的公平性和持续性对全球来说是共同的。要实现可持续发展这一总目标，必须采取全球共同的统一联合行动。

2）旅游可持续发展的含义

旅游可持续发展是可持续发展在旅游领域的延伸，其含义也包括可持续发展的三个基本内涵，如图10-1所示。目前，旅游可持续发展在国际上还没有一个统一的定义，但综合目前国内外学者对旅游可持续发展的研究，我们做出如下定义：旅游可持续发展是指保护自然和人文资源及环境，维持当地居民的正常生活和社会文化风貌，寻求旅游与环境、文化和人类生存的协调发展，既满足当代人旅游发展的需要，也不危害后代人满足其需要的能力的旅游发展思想。

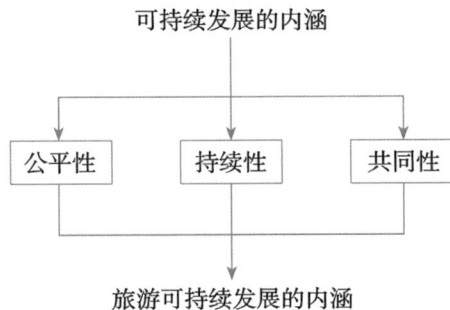

图10-1　旅游可持续发展的含义

旅游可持续发展思想包括三大核心要素：

（1）公平性

公平性包含三层意思：一是同代人之间的公平。旅游可持续发展要求人们必须重视东道主社区对提高旅游者的旅游质量所做的贡献，因此旅游接待地区居民有权参与本地旅游开发的重大决策，就其所期盼的社区类型出谋划策，并分享旅游业带来的收益（匡林，1997）。二是代际的公平。当代人进行旅游开发和旅游活动要不损害后代人享有同等质量和数量旅游资源的权利。三是公平分配不可再生旅游资源。要保护好不可再生旅游资源，不可再生旅游资源是全世界人民的共同资源，当代人及后代人都有使用不可再生旅游资源的权利。

（2）持续性

持续性强调旅游资源的开发应建立在生态系统和社会系统的承受能力之上，旅游资源开发的目的之一是更好地保护旅游资源，在充分满足当代人旅游需要的同时，保证未来的旅游者也享有同样的资源；旅游活动也应控制在生态系统的承受能力之内，保证不会因为游览者数量过多而导致对旅游资源的永久性破坏。

（3）共同性

由于各国的历史、文化、社会经济发展水平、旅游资源丰富程度及开发情况不尽相同，因此有关旅游可持续发展的具体目标和方针政策也不可能完全相同。但是旅游可持续发展作为全球旅游发展的总目标，所体现的公平性和可持续性的内涵是相同的。为了实现这个全球发展的总目标，我们必须共同采取行动。因此，国际旅游组织、各国政府、各国旅游行业组织、世界各国的旅游景区景点、旅游业相关产业及世界各地的旅游者都有责任推进旅游可持续发展，保证旅游可持续发展的顺利实施。

旅游广角10-2

可持续旅行联盟成立一周年年会线上举办

10.2.2　旅游可持续发展的目标和要求

1）旅游可持续发展的目标

1990 年，在加拿大温哥华召开的全球可持续发展大会上，旅游组行动策划委员会提出了旅游业发展的目标：

①增进人们对旅游所产生的环境、经济效应的理解，强化生态保护意识。

②促进旅游的公平发展。

③改善旅游接待地的生活质量。

④向旅游者提供高质量的旅游经历。

⑤保护上述目标所依赖的环境质量。

2）旅游可持续发展的要求

要实现旅游的可持续发展，必须做到以下几个方面：

（1）注意旅游资源开发对旅游地产生的影响

旅游资源的开发与利用会给旅游地的环境造成影响，如果旅游资源开发与利用得当，不仅不会对生态环境造成破坏，反而会促进旅游资源的质量与环境同步提高。因此，我们在旅游资源开发与利用的过程中，要强化生态保护意识。旅游的发展会产生巨大的经济效益，会带动许多相关产业的发展，因此旅游业应与旅游地相关产业有机结合起来，共同对旅游地的经济和社会发展做出贡献。

（2）国家应高度重视旅游可持续发展

相对于其他很多行业来说，旅游业称得上是一个新兴产业，各个国家都应该给予积极扶持。国家之间也应该联合起来制定相关的政策、法规，签署有利于旅游业公平发展的相关文件。旅游的公平发展还要求旅游业的发展要立足长远，将近期利益与长远利益结合起来，使子孙后代也能享受旅游业带来的经济利益。

（3）改善旅游接待地居民的生活质量

与旅游接待地居民相关的食、住、行、游、购、娱、通信等配套服务设施也直接或间接地服务于旅游者。从这个角度看，也要改善旅游接待地居民的生活质量。

（4）向旅游者提供高质量的旅游服务

旅游者前往旅游地旅游，目的就是获得高质量的旅游体验，旅游地有责任、有义务向旅游者提供高质量的旅游服务。高质量的旅游服务包括舒适的游览环境、完善的配套设施、健康的旅游地环境文化及高素质的旅游服务人员等。

（5）注意保护旅游地的环境

旅游地的环境质量会直接影响到该地的生态平衡、旅游业的发展、当地居民的生活质量及旅游者的旅游体验。因此，保护好旅游地的环境十分重要。发展旅游业切忌走一些发达国家"先污染，后治理"的老路，而应该及早树立环境保护意识，走可持续发展的道路。

10.2.3 旅游可持续发展应遵循的原则

1995年，可持续旅游发展世界会议通过的《可持续旅游发展宪章》规定了以下18条旅游可持续发展的原则：

①旅游发展必须建立在生态环境的承受能力之上，符合当地经济发展状况和社会道德规范。可持续发展是对资源进行全面管理的指导性方法，目的是使各类资源免遭破坏，使自然和文化资源得到保护。旅游作为一种强有力的发展形势，能够并应积极参与可持续发展战略。健全的旅游管理应该保证旅游资源的可持续发展。

②旅游可持续发展的实质就是要求旅游与自然、文化和人类生存环境成为一个整体；自然、文化和人类生存环境之间的平衡关系使许多旅游目的地各具特色，特别是那些小岛屿和环境敏感地区，旅游发展不能破坏这种脆弱的平衡关系。考虑到旅游对自然资源、生物多样性的影响，以及消除这些影响的能力，旅游发展应当循序渐进。

③必须考虑旅游对当地文化遗产、传统习惯和社会活动的影响。在制定旅游发展战略的过程中，要充分认识当地的传统习惯和社会活动，要注意维护地方特色、文化和旅游胜地，发展中国家更要如此。

④为了使旅游对可持续发展做出积极贡献，所有从事这项事业的人们必须团结一致、互相尊重和积极参与。团结一致、互相尊重和积极参与要以在各个层次上（包括当地、全国、区域及国际）的有效合作机制为基础。

⑤保护自然和文化资源并评定其价值，为我们提供了一个特殊的合作领域。在这一领域的合作，意味着我们将面临一场由文化与职业变革所带来的真正挑战。我们必须尽最大的努力创造出一套完整的规划与管理方法，将所有行之有效的合作与管理方法统一起来，包括技术革新方法。

⑥有关各方协商之后认为，地方政府要下决心保持旅游目的地的质量和满足旅游者需求的能力。两者应为旅游发展战略和旅游发展规划项目的主要目标。

⑦为了与可持续发展相协调，旅游必须以当地经济发展所提供的各种机遇作为发展的基础。旅游与当地经济应该有机结合在一起，并对当地经济的发展起到积极的促进作用。

⑧所有可供选择的旅游发展方案都必须有助于提高人民的生活水平，有助于加强与社会文化之间的相互联系，并能够产生积极的影响。

⑨各国政府和政府机构应该加强与当地政府和环境方面的非政府组织的协作，完善旅游规划，实现旅游可持续发展。

⑩可持续发展的基本原则是在全世界范围内实现经济发展目标和社会发展目标相

结合。为此，迫切需要提出一些方法，以便更加合理地分配旅游收益和旅游费用，这意味着消费模式的改变和在价格制定过程中增加生态环境费用的新定价方法的引进。希望各国政府和多边组织停止那些对环境产生不良影响的财政援助，研究和探讨国际通用经济方法的可操作性，保证资源的可持续利用。

⑪环境和文化易受破坏的地区，无论是现在还是将来，在技术合作和资金援助方面都要给予优先考虑，以实现旅游可持续发展。那些被落后的、影响严重的旅游方式降低了档次的地区同样需要特别对待。旅游活动每年会持续很长时间，客观上需要深入研究和探讨，以保证以资源可持续利用为出发点的经济方法在当地和整个区域的使用效果，保证资源的可持续利用。法律手段的重要作用必须得到充分发挥。

⑫提供选择那些与可持续发展原则相协调的旅游形式，以及各种能够保证中期和长期可持续发展的旅游形式。在这方面，需要开展广泛的地区合作，特别是那些小岛屿和环境敏感地区。

⑬对旅游和环境负有责任的政府、政府机构和非政府组织应当支持并参与建立一个开放的信息网络，以便交流信息，开展科学研究，传播适宜的旅游和环境知识，转移环境方面的可持续发展技术。

⑭需要加强可行性研究，支持普及性强的科学试点工作，落实可持续发展框架中的旅游示范工程，扩大国际合作领域的合作范围，引进环境管理系统。

⑮对旅游发展负责任的政府机构、协会、非政府组织要拟定可持续旅游发展框架，并建立实施这些方案的项目，检查工作进展情况，报告结果，交流经验。

⑯要注意旅游中交通工具的作用及其对环境的影响，运用经济手段减少对不可再生资源的使用。

⑰旅游活动的主要参与者，特别是旅游从业人员坚决遵守这些行为规范，是旅游可持续发展的根本所在。这些行为规范是形成有责任感的旅游活动的有效方法。

⑱应当采取一切必要措施，使旅游行业的所有团体，无论是当地的、地区的、国家的，还是国际的，都重视可持续旅游发展世界会议的内容和目标，执行由全体会议代表一致通过的《可持续旅游发展行动计划》。

课堂互动10-2

怎样理解"改善旅游接待地居民的生活质量"这一实现旅游可持续发展的要求？只要能够为旅游者提供高质量的旅游服务就够了，为什么还要改善东道地区居民的生活质量？

育德启智10-2

在铸就社会主义文化新辉煌中彰显旅游力量

课堂互动10-2

答案提示

10.3　旅游可持续发展与生态旅游

生态旅游（ecotourism）是旅游可持续发展在旅游业中的一个很好的应用，生态旅游与旅游可持续发展有着密不可分的联系，生态旅游赋予了旅游可持续发展更特别的意义。

10.3.1 生态旅游的概念

20世纪80年代初，"生态旅游"一词由世界自然保护联盟（IUCN）特别顾问、墨西哥专家谢贝洛斯·拉斯喀瑞首次提出。此后，生态旅游便在全世界范围内蓬勃开展起来，但是目前还没有一个权威的关于生态旅游的定义。

国际生态旅游学会（The International Ecotourism Society，1993）把生态旅游定义为具有保护自然环境和维系当地居民双重责任的旅游活动。世界保护联盟（The World Conservation Union，1996）对生态旅游的定义为：生态旅游就是前往那些相对没有受到干扰的自然区域进行的对环境负责任的旅游，其目的在于享受并了解自然（以及相应的过去和现在的文化特色），旅游者的负面影响较小。

我国学者根据我国旅游业的发展现状，给生态旅游下了很多定义。中国科学院生态环境研究中心韩也良教授认为：生态旅游首先应明确是一项专项旅游，一种突出生态内涵的旅游。1995年在西双版纳召开的中国首届生态旅游研讨会就生态旅游的定义、内涵等问题进行了探讨，会议认为：生态旅游是社会在不同发展阶段的产物，旅游和生态旅游是密不可分的，甚至是难以区分的，随着人们生态意识的提高，两者将是一致的。从以上论述可以看出，人们对生态旅游的理解和解释是多种多样的。

综合国内外学者的观点，我们做出如下定义：生态旅游是指在保护旅游地环境、自然和人文资源的情况下，满足旅游者的生态体验需求，提供高质量的旅游经历，并保证旅游地居民的生存环境和生活质量不断提高的一种旅游形式。

10.3.2 旅游可持续发展与生态旅游的关系

1）生态旅游发展的目标是实现旅游可持续发展

生态旅游的指导思想是旅游可持续发展理论，注重旅游的开发与利用及旅游活动对环境的影响。虽然传统的大众旅游也注意到了对环境的影响，但其更多注重的是经济效益。生态旅游就是在可持续发展理论的指导下，注重协调好经济效益、社会效益及环境效益三大效益之间的关系，将发展可持续旅游作为自己的目标，并保证旅游可持续发展能够落到实处。

2）生态旅游是实现旅游可持续发展的一种工具和途径

生态旅游是一种特殊的旅游形式，是在保护当地自然资源、人文资源、社会文化、风土人情的基础上，充分考虑到当地居民和环境，给予旅游者最自然的旅行经历的一种旅游形式。这种旅游形式使当地的自然和人文旅游资源得以合理保护和利用，使当地的文化和风土人情能够代代相传，使世世代代的旅游者都能够公平地享受旅游地带来的美好自然风光和人文景观。

3）生态旅游是旅游可持续发展的一种模式

生态旅游不等同于旅游可持续发展（如图10-2所示），它只是旅游可持续发展的

一种模式。生态旅游强调不以牺牲环境为代价换取旅游业的发展，强调发展旅游业的同时开发和保护自然景观，并且使当代人享受旅游的自然景观与人文景观的机会与后代人平等，不会剥夺后代人合理享有同等旅游资源的机会，这些要求正是旅游可持续发展中公平性和持续性的体现，并同旅游可持续发展理论有着天然的耦合关系。

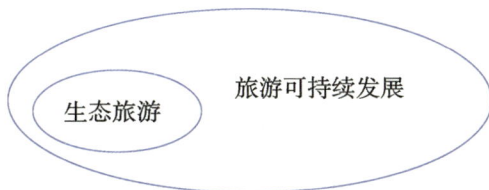

图 10-2　生态旅游与旅游可持续发展的关系

学习探究 10-1　　　　　　　　　　　生态旅游与传统旅游的比较

生态旅游与传统旅游的比较见表 10-1。

表 10-1　　　　　　　　生态旅游与传统旅游的比较

比较因子	生态旅游	传统旅游
目标	保护生态环境，满足游客的生态体验需求	以吸引游客为目的，较少考虑生态环境保护
利益取向	适当的利润，寻求长期利润，维护环境资源的价值	利益最大化，注重短期利润
旅游者行为	注意对旅游地资源的保护	随心所欲
效益关系	三大效益横、纵向综合考虑	三大效益横向考虑
员工要求	训练有素的员工	未经训练的员工
受益者	开发商、游客、当地社区和居民	开发商和游客
管理方式	自然环境第一，有选择地满足游客的需求	游客第一，有求必应
正面影响	促进经济发展，创造就业机会，交通、娱乐设施的改善与环境资源保护相协调	促进经济发展，注重获取短期收益，促进交通、娱乐和基础设施的改善
负面影响	交通受到管制，游客行为受到约束，游客的活动必须以不打扰当地居民和生物的生活为前提	高密度的基础设施建设和土地利用问题，水体、大气和固体废弃物的污染问题，扰乱了居民和生物的生活规律

资料来源　吕永龙．生态旅游的发展与规划［J］．自然资源学报，1998（1）；杨桂华．论生态旅游资源［J］．思想战线，1996（6）．

课堂互动10-3

答案提示

课堂互动 10-3

怎样理解生态旅游的管理方式是"自然环境第一，有选择地满足游客的需求"，而不是"游客第一，有求必应"？这违反"顾客至上"的原则吗？

本章小结

边听边学10-1

本章小结

《寂静的春天》一书的出版使人们开始关注环境。1987年，联合国在《我们共同的未来》中首次提出了"可持续发展"的概念。旅游业首次引入可持续发展思想是在1990年通过的《旅游业可持续发展行动战略》（草案）中，之后又陆续通过了《可持续旅游发展宪章》《关于旅游业的21世纪议程》。目前，旅游可持续发展思想已基本形成并逐步走向成熟。可持续发展是指"既满足当代人的需求，又不对后代人满足其需求的能力构成危害的发展"，包括公平性、持续性和共同性三个内涵。旅游可持续发展是指保护自然和人文资源及环境，维持当地居民的正常生活和社会文化风貌，寻求旅游发展与环境、文化和人类生存的协调发展，既满足当代人旅游发展的需要，也不危害后代人满足其需要的能力的旅游发展思想，包括公平性、持续性和共同性三个内涵。生态旅游是指在保护旅游地环境、自然和人文资源的情况下，满足旅游者的生态体验需求，提供高质量的旅游经历，并保证旅游地居民的生存环境和生活质量不断提高的一种旅游形式。旅游可持续发展与生态旅游的关系为：生态旅游发展的目标是实现旅游可持续发展；生态旅游是实现旅游可持续发展的一种工具和途径；生态旅游是旅游可持续发展的一种模式。

本章的重点是旅游可持续发展的概念及生态旅游的概念；难点是旅游可持续发展与生态旅游的关系。

主要概念

边听边学10-2

主要概念

可持续发展　旅游可持续发展　生态旅游

基础训练

10.1　填空题

在线测评10-1

填空题

1）1962年，美国生物学家蕾切尔·卡森出版了一部科普图书，名叫《_____》。这部书被认为改变了世界历史的进程，标志着人类开始关心生态环境。

2）可持续发展要满足全世界每一个人的基本需求，给全世界每一个人公平的机会，以满足他们要求美好生活的愿望，这一思想反映了可持续发展的_____内涵。

3）旅游可持续发展的内涵包括_____、_____、_____。

10.2 判断题

1）1972年，《增长的极限：罗马俱乐部关于人类困境的报告》发表，该报告被认为改变了世界历史的进程，标志着人类开始关心生态环境。　　　　（　　）

2）生态旅游等同于旅游可持续发展。　　　　（　　）

3）1972年在斯德哥尔摩举行的联合国人类环境会议将"世界环境日"定为每年的6月6日。　　　　（　　）

4）旅游可持续发展的共同性要求各个国家，以及与旅游相关的各个行业都应联合起来，共同采取行动实现旅游的可持续发展。　　　　（　　）

5）生态旅游只强调对旅游地自然环境的保护，而不重视对旅游地历史文化资源的保护及对旅游地居民生活质量的关注。　　　　（　　）

在线测评10-2

判断题

10.3 简答题

1）可持续发展的内涵包括哪些内容？

2）旅游可持续发展的内涵包括哪些内容？

3）旅游可持续发展的目标是什么？

4）旅游可持续发展与生态旅游的关系是什么？

在线测评10-3

简答题

10.4 讨论题

1）怎样理解旅游可持续发展内涵中的共同性内涵？

2）生态旅游和传统旅游的区别有哪些？

10.5 案例分析题

青藏铁路建设绿色屏障工程保护高原生态环境

青藏铁路沿线的绿色屏障工程，使青藏铁路建设和环境保护同步发展。

青藏铁路公司按照"宜林则林、宜草则草、林草结合"的原则，做好沿线植被恢复工作，着力在"三保护、一打造"（即保护青藏高原生态环境、保护青藏高原旅游资源、保护野生动物通道和打造青藏铁路绿色通道）上下功夫，加快青藏铁路沿线的绿色屏障工程建设。

在西宁至格尔木二线工程的建设中，青藏铁路公司与地方政府合作实施了沿线大范围植树措施，并采用了滴灌等方式，以节约资源并保证成活率，同时在西藏境内积极开展植草行动，以恢复沿线植被。

青藏铁路开通后，青藏铁路公司始终严格控制车站和列车的废物排放，对垃圾进行分类管理和集中处理，进一步完善长期环境监测机制，重点开展对铁路沿线水、气、生态环境的监测，以及对野生动物迁徙、冻土环境等多项内容的观测，研究、完善和改进铁路运营环保方案和高原生态保护措施。

青藏铁路不仅拥有规模达100千米的野生动物通道，而且其所开创的海拔4 000米以上的高寒草甸、草原恢复工程，以及在高寒缺氧情况下深度处理低温生活污水的成套技术，都达到了国际领先水平。

西藏自治区环保局的长期监测显示，青藏铁路沿线野生动物的迁徙未受到影响，铁路两侧自然景观未受到破坏，大气、水体等环境质量未发生明显改变，湿地、湖泊得到了有效保护。

资料来源　李月，胡星. 青藏铁路沿线正在建设绿色屏障工程保护高原环境［EB/OL］. ［2009-03-18］. http：//www.gov.cn/jrzg/2009-03/18/content_1262254.htm.

问题：

1）你觉得青藏铁路开展生态保护，给青藏地区的旅游带来了哪些好处？

2）青藏铁路开通以来，各有关部门为了保持绿色旅游通道，在哪些方面加大了投入？

3）你认为青藏高原开展旅游项目应该注意哪些方面的问题？

实践训练

选择你所在地的一个风景区作为研究对象，调查此风景区在旅游可持续发展方面采取的措施，并就目前的发展状况提出自己的建议。

主要参考文献及网站

[1] 李天元，张朝枝，白凯. 旅游学 [M]. 4版. 北京：高等教育出版社，2019.

[2] 赵长华. 旅游概论 [M]. 4版. 北京：旅游教育出版社，2015.

[3] 李天元. 旅游学概论 [M]. 7版. 天津：南开大学出版社，2014.

[4] 林南枝，陶汉军. 旅游经济学 [M]. 3版. 天津：南开大学出版社，2009.

[5] 布尔. 旅游经济学 [M]. 龙江智，译. 2版. 大连：东北财经大学出版社，2006.

[6] 骆高远，等. 旅游资源学 [M]. 杭州：浙江大学出版社，2006.

[7] 李肇荣，高元衡. 旅游经济基础 [M]. 北京：旅游教育出版社，2006.

[8] 刘砺. 生态旅游及其内涵的分析与探讨 [J]. 特区经济，2006（4）.

[9] 吕君. 旅游可持续发展的本质及其研究意义 [J]. 北方经济，2006（12）.

[10] 保继刚. 旅游开发研究：原理·方法·实践 [M]. 2版. 北京：科学出版社，2005.

[11] 张立明. 旅游学概论 [M]. 武汉：武汉大学出版社，2005.

[12] 马勇，周宵. 旅游学概论 [M]. 2版. 北京：旅游教育出版社，2004.

[13] 刘玉洁，周鹏. 市场调研与预测 [M]. 大连：大连理工大学出版社，2004.

[14] 石长波. 旅游学概论 [M]. 哈尔滨：哈尔滨工业大学出版社，2004.

[15] 王洪滨. 旅游学概论 [M]. 北京：中国旅游出版社，2004.

[16] 韩荣良. 桂林导游 [M]. 北京：中国旅游出版社，2004.

[17] 杜江，张凌云. 解构与重构：旅游学学科发展的新思维 [J]. 旅游学刊，2004（3）.

[18] 戈尔德耐 C R，里奇 J R，麦金托什 L W. 旅游业教程：旅游业原理、方法和实践 [M]. 贾秀海，等译. 8版. 大连：大连理工大学出版社，2003.

[19] 吴忠军，程道品. 旅游概论 [M]. 北京：中国财政经济出版社，2003.

[20] 鄢志武. 旅游资源学 [M]. 武汉：武汉大学出版社，2003.

[21] 张建萍. 生态旅游理论与实践 [M]. 2版. 北京：中国旅游出版社，2003.

[22] 利克里什 N J，詹金斯 K L. 旅游学通论 [M]. 程尽能，等译. 北京：中国旅游出版社，2002.

[23] 刘振礼，王兵. 新编中国旅游地理 [M]. 2版. 天津：南开大学出版社，2002.

[24] 肖星，严江平. 旅游资源与开发 [M]. 北京：中国旅游出版社，2002.

[25] 田孝蓉，李峰. 旅游经济学 [M]. 郑州：郑州大学出版社，2002.

［26］罗明义．国际旅游发展导论［M］．天津：南开大学出版社，2002．

［27］贾静．旅游心理学［M］．郑州：郑州大学出版社，2002．

［28］方相林．旅游学概论［M］．郑州：郑州大学出版社，2002．

［29］陶汉军．新编旅游学概论［M］．北京：旅游教育出版社，2001．

［30］王兴斌．旅游产业规划指南［M］．北京：中国旅游出版社，2000．

［31］杨佳华．生态旅游的绿色实践［M］．北京：科学出版社，2000．

［32］郑焱．中国旅游发展史［M］．长沙：湖南教育出版社，2000．

［33］甘枝茂，马耀峰．旅游资源与开发［M］．天津：南开大学出版社，2000．

［34］魏向东．旅游概论［M］．北京：中国林业出版社，2000．

［35］沈祖祥．旅游文化概论［M］．福州：福建人民出版社，1999．

［36］谢彦君．基础旅游学［M］．北京：中国旅游出版社，1999．

［37］杨桂华．旅游资源学［M］．昆明：云南大学出版社，1999．

［38］李建欣．旅游学科体系研究：回顾与展望［J］．旅游学刊·基础理论与教育专刊，1999（9）．

［39］王淑良．中国旅游史（古代部分）［M］．北京：旅游教育出版社，1998．

［40］王淑良．中国旅游史（近现代部分）［M］．北京：旅游教育出版社，1998．

［41］孙文昌．旅游学导论［M］．青岛：青岛出版社，1992．

［42］翦伯赞．中国史纲［M］．上海：大孚出版公司，1946．

［43］中华人民共和国文化和旅游部，https：//www.mct.gov.cn．

［44］中国旅游新闻网，http：//www.ctnews.com.cn．

［45］人民网，http：//www.people.com.cn．

［46］中国旅游网，http：//cntour.com.cn．